宁国政协文史资料第十七辑

咸同年间的
宁国县

胡斌　高生元 ◉ 主编

团结出版社

© 团结出版社，2024 年

图书在版编目（CIP）数据

咸同年间的宁国县 / 胡斌，高生元主编 . 一北京：
团结出版社 ,2024.10. —ISBN 978-7-5234-1140-7

Ⅰ . K295.44

中国国家版本馆 CIP 数据核字第 202471NU49 号

责任编辑：郭　强
封面设计：书香力扬

出　版：团结出版社
　　　　　（北京市东城区东皇城根南街 84 号　邮编：100006）
电　话：（010）65228880　65244790
网　址：http://www.tjpress.com
E-mail：zb65244790@vip.163.com
经　销：全国新华书店
印　装：四川科德彩色数码科技有限公司

开　本：170mm×240mm　16 开
印　张：15　　　　　　　　字　数：218 千字
版　次：2025 年 1 月 第 1 版　　印　次：2025 年 1 月 第 1 次印刷

书　号：978-7-5234-1140-7
定　价：68.00 元

序

一个城市最深刻的记忆总是伴随着其磨难、重生和嬗变的历程。

宁国地处皖东南,连接皖浙两省七县市,扼江南山区之咽喉,通徽宁商旅之要冲,山川形壮、关隘险峻,自东汉建安置县以来即为兵家易争之地。而兵锋所向,往往灾连祸结,吴越时期如此,三国时期如此,五代时期亦是如此。然而,规模最为巨大、影响最为深远的当属清咸同年间的太平天国战乱了。

咸同年间是清代历史上的一个重要时间节点。不仅全国的政治、经济、文化体系经历了激烈的冲突、失衡和重构,地方社会的秩序与格局也变动急剧。以宁国县为例,1856年至1864年间,清军与太平军在宁国县展开二十余次的拉锯战,特别是天京(今南京)陷落后,洪秀全之子幼天王洪天贵福途经宁国逃往江西,直隶提督刘铭传、记名提督周盛波所部与匡王赖文鸿、堵王黄文金所部在宁国全境激烈厮杀。或受战火波及,或为乱军掳掠,三津大地到处硝烟弥漫、哀鸿遍野、草木号哭、死伤枕藉。再加上蝗灾、水旱灾和瘟疫横行,宁国人口从战前的30余万人锐减至10004人(清《宁国县通志》)。无论是县城集镇,还是乡野山区,江南古邑昔日的富庶繁华被战火焚尽,茅屋倾塌,田地荒芜,一片凄惨萧索景象。

战乱之后,为了充实人丁,同治四年(1865)清政府从湖北德安府应山县(今广水市)及本省的安庆桐城等地进行了移民,"一担箩筐下江南"是当时最真实的写照。之后,浙江、河南、闽南、湖南及宁国周边等地的人也相继迁居来此,最终形成了五方杂居、多元文化相融共生的格局。

中华人民共和国成立后，宁国人民在这种移民文化的影响下，继续发扬友好相处、和谐并存、携手发展的良好精神风貌，各项事业蒸蒸日上。特别是改革开放以来，顺应着时代的滚滚洪流，励精图治，砥砺前行，逐渐锤炼出"开放包容、敢为人先、艰苦创业"的宁国精神，经济社会快速发展，城乡面貌日新月异，各项建设都取得了令世人瞩目的巨大成就。

然而，历史的阵痛却永远无法磨灭……

为了留存岁月真相，记录山河巨变，从深层次探寻宁国文化成因，以史为鉴，昭示未来，宁国市政协组织编写了文史资料第十七辑《咸同年间的宁国县》一书。

在组稿过程中，各位作者不辞劳苦，按照政协文化文史和学习委拟定的方案积极开展工作。有的深入山野乡村，有的穿梭闾巷里弄，在浩瀚的图书典籍中查找资料，在陈旧的宗室族谱里挖掘线索，在偏僻的田间地头搜寻历史遗存，足迹遍布三津大地的角角落落，终于取得了极其丰硕的成果。先后发现了匡王赖文鸿在宁国县印制的"门牌"、太平天国铸造的铜钱、太平军遗留的兵器和"吴岭镇"碑额等珍贵的历史文物，采访梳理出多支太平军部队在宁国县的活动轨迹，以及战乱之后太平军官兵隐居宁国县罕为人知的史实，同时，还对太平天国时期宁国县人口变迁的原因、移民来源和影响进行了细致分析研究，并组织专家学者对书稿进行深入严谨的审读，使其真正发挥存史资政、团结育人的作用。

习近平总书记强调，要加强历史研究和传承，使中华优秀传统文化不断发扬光大。在新时代，赓续中华文脉，推进文化事业与文化产业共同繁荣，是我们义不容辞的责任。整理百余年前的时光碎片，以此进一步明晰宁国文化发展的脉络，丰富宁国人民的精神谱系，正是贯彻落实习近平总书记重要指示精神生动而具体的实践。

白驹过隙，可窥沧海桑田；中流击水，自当高挂云帆。

是为序。

宁国市政协主席　陈柏平

2024 年 8 月 8 日

目录
CONTENTS

太平天国运动

调查与研究

附 录

太平天国运动

咸同年间的宁国县

太平天国运动简述

发生在 19 世纪中叶的太平天国运动，处于中国封建制度开始解体、资本主义制度即将诞生的历史关头，由洪秀全、杨秀清、萧朝贵、冯云山、韦昌辉、石达开等领导，于 1851 年 1 月 11 日，从广西金田村率先发起，体现了新时代农民战争的特点。它影响深远，不仅惠及此后几十年的中国历史，更成了百年后中国人民革命斗争胜利的奠基石之一。

然而，就其阶级特性而言，太平天国运动是一次没有先进阶级领导的单纯农民革命，是"停滞的社会生活之产物"。因此，自然经济的限制、血缘家族的印记、农民小生产者的追求等无不如影随形，与其同在。"开创新朝"，始终是它为之奋斗的政治目标。它"尚不知有民权主义"，"到了南京之后就互争皇帝……自相残杀"，并从此由盛而衰，由衰而败。

洪秀全雕像

起义原因

1853 年 5 月 20 日，在太平天国北伐军攻占临淮关的第三天，马克思撰写了题为《中国革命和欧洲革命》的雄文。自此，马克思、恩格斯在一系列的论著中概述了太平天国革命的起因、性质、作用和前途。

鸦片战争以后，中国开始沦为半殖民地半封建社会。西方列强凭借《南京条约》等一系列不平等条约，从政治、经济各方面大肆侵华。清政府为了支付高达 2100 万银圆的战争赔款和赎城费，弥补由于鸦片大量输入而造成的财政亏空（道光二十七年至二十八年平均每年流出白银 1000 万元），加紧横征暴敛，增加税收一至三倍。兼之外国工业品大量倾销，使中国城乡手工业受到摧残，农民和手工业者纷纷破产，地主阶级乘机兼并土地，加重剥削。

民族矛盾的加剧促进了国内阶级矛盾的激化，广大农民饥寒交迫，纷纷揭竿而起，鸦片战争后十年间，各族人民自发的反清起义就高达百余次。

广西是多民族聚居区，清朝统治者对广大少数民族的压迫和阶级剥削十分严酷；与此同时广西频繁发生天灾，广大农民苦不堪言，反抗斗争此起彼伏，终于在道光三十年末爆发了由洪秀全等人领导的、大规模的太平天国农民起义。

起义经历

金田起义

1844 年（清道光二十四年），洪秀全偕冯云山在广西传教，秘密进行反清活动。1850 年夏，洪秀全发布总动员令，号召各地拜上帝会众到桂平金田村"团营"。1851 年 1 月 11 日，洪秀全集 2 万余人在广西金田村正式宣布起义，建号太平天国，与杨秀清、冯云山、萧朝贵、韦昌辉、石达开等组成领导核心。清廷闻讯，调集兵力进行围剿。

永安建制

太平军向东南发展受阻后转至武宣。3 月 23 日，洪秀全在武宣东乡自称"天王"，并分封杨秀清为中军主将，萧朝贵为前军主将，冯云山为后军主将，韦昌辉为右军主将，石达开为左军主将。5月16日由东乡突围北上象州，因遭清军堵截，折回金田地区，被包围。9月下旬，突围北上攻占永安（蒙山），粉碎清军围攻。

太平军在永安一面抗击清军进攻，一面进行军政建设。12月，天王洪秀全封杨秀清为东王，萧朝贵为西王，冯云山为南王，韦昌辉为北王，石达开为翼王，所封各王，俱受东王节制。

突围北上

1852年4月5日，太平军自永安突围，攻桂林不下，转攻全州，冯云山中炮身亡。后折入湖南道州（道县），在此整顿队伍，增修战具、制备军火，并作出"专意金陵，据为根本"的战略决策。8月10日，弃道州东进，占郴州，建立"土营"。9月攻长沙，萧朝贵阵亡。12月占岳州（岳阳），建立"水营"。

定都天京

1853年1月，攻下武昌，震动清廷。2月9日，洪秀全等率领号称50万众、船1万余艘，夹江东下，连克九江、安庆、芜湖，势如破竹。3月19日，占领江南重镇江宁（南京），定为国都，改江宁为天京。随后颁布《天朝田亩制度》，虽然未推行下去，但是表达了底层大众"耕者有其田"的美好愿望。旋派军两支攻占镇江、扬州，与天京形成掎角之势。

太平军攻占江宁后不久，清军即赶来堵截。

钦差大臣向荣率万余人在天京城东建立江南大营，阻扼太平军东出苏、常；钦差大臣琦善率万余人在扬州外围建立江北大营，遏止太平军北上中原。同时拟南北配合，伺机夺占天京。洪秀全、杨秀清决定固守天京，同时派兵北伐京师，西征长江中游。

出师北伐

1853年5月13日，天官副丞相林凤祥和地官正丞相李开芳等率领2万余人由浦口出发，奉命"师行间道，疾取燕都"。太平军经安徽、河南、山西、直隶（河北）长驱北上，于1853年10月29日进抵天津西南的静海、独流镇，驻守待援。清廷震惊，以胜保为钦差大臣，后又任命惠亲王绵愉为奉命大将军、科尔沁郡王僧格林沁为参赞大臣，会同胜保"进剿"。

北伐军陷于清军重兵包围之中，时值隆冬，军资缺乏，援军不至，处境日艰，被迫于1854年2月5日突围南走束城，旋又至阜城。清军紧追不舍，北伐军再度被围。洪秀全、杨秀清得知北伐军抵达天津附近时，才考虑派军增援。

1854年2月4日，夏官副丞相曾立昌、冬官副丞相许宗扬等统率北伐援军7500人，从安庆出发，经皖北、苏北，直入山东。4月12日克临清，旋遭胜保部围攻，27日在南退途中溃散覆灭。5月天京再组援军未果，北伐军遂陷入孤军困战。林凤祥、李开芳得知援军北上，于5月5日由阜城突围东走，占领东光县连镇。为分敌兵势，迎接援军，李开芳率千余骑于28日突围南下，占据山东高唐，获悉北伐援军已败，乃筑垒固守。北伐军兵分两地，势更孤单。

1855年3月7日，连镇被僧格林沁攻陷，林凤祥被俘。僧格林沁旋南下会胜保军猛攻高唐。李开芳突围南走茌平县冯官屯。5月31日，冯官屯在僧格林沁引水浸灌下失守，李开芳被俘。北伐军将士英勇善战，但由于战略上犯了孤军深入的兵家大忌，终致全军覆没。

派军西征

在北伐的同时，1853年6月3日，春官正丞相胡以晃、夏官副丞相赖汉英等率战船千余艘，步军两三万人，由天京溯江而上，开始西征。意欲夺取皖赣，进图湘鄂，控制安庆、九江、武汉等军事要地，以保卫天京。10日西征军占领安庆，旋进围南昌，攻城80日未下，撤围北返。

1853年12月，太平军弃守扬州，江北仅占瓜洲。1854年夏，清军自广东调"红单船"50艘驶抵天京江面，天京上下游交通受阻。

石达开至安庆主持西征战事，集中兵力进攻皖北，于1854年1月14日攻克庐州（合肥）。继率师西攻，于黄州堵城大败清军，乘胜再占汉口、汉阳，进围武昌。同时分军两支向鄂北、湖南进军，与曾国藩所率湘军战于岳州、湘潭和靖港，失利退出。湘军乘势陷武汉，并突破太平军田家镇、半壁山防线。

1855年1月，兵锋直逼九江。为阻遏湘军攻势，石达开率军驰援，于湖口、九江大败湘军水师，一举扭转不利战局。旋乘胜反攻，再克武汉三镇。清廷为挽救败局，调集兵力围攻武汉，西征军与湘军在武汉周围激烈争夺。

1855 年 8 月，芜湖失守，镇江危急，天京外围的军事形势日趋严重。是年底，洪秀全、杨秀清决定从西征战场调兵回救。

1855 年 10 月上旬，曾国藩自江西遣军援鄂，武汉形势危急。与此同时，石达开又率部西上，败湘军于咸宁、崇阳，并乘虚挺进江西，连占 7 府 40 余县，困曾国藩于南昌，西征军事达到巅峰。

1856 年 3 月，石达开奉命率主力回救天京，西征作战结束，基本实现预定战略目标。自太平军北伐、西征后，天京一直处于清军江南、江北大营的包围之中。

石达开急忙率领国宗石镇吉、丞相张岁谋、曾锦谦，统军约三万人，一路东进，自江西兵分三路入皖南东进，中路自浮梁入祁门，4 月 8 日，假扮清军赚开城门，进克祁门。南路自乐平、德兴北攻，于 4 月 12 日占婺源，15 日入休宁，17 日进至屯溪，攻五岭，击毙清军守备欧阳斌等。4 月 23 日，中路军入黟县。26 日中路军由黟县出羊栈岭，南路军出箬岭，与翼王石达开亲自率领的经建德、石台而至的北路军会师，同入太平县城，斩杀知县欧阳黎照，会师后，太平军过旌德、绩溪，克泾县、破宁国县。1856 年 5 月 2 日（农历三月二十八日）首次攻占宁国县城，接着马不停蹄地压向宁国府，5 月 10 日攻占宁国府所在地宣城。

1856 年 2 月，燕王秦日纲率数万人自天京援镇江，北渡瓜洲，4 月攻破江北大营，重占扬州，旋又南渡，连破镇江外围清军营垒后撤回天京。6 月中旬时石达开率部从宁国府宣城进军于高淳、溧水，与秦日纲联合，此时太平军兵力雄厚，攻破江南大营。向荣败走丹阳，不久忧愤而死。至此，天京的威胁基本解除。

天京内讧

1856 年 8 月，杨秀清居功自傲，逼洪秀全封他为"万岁"，洪秀全密令韦昌辉、石达开回京相救。9 月初，杨秀清及其部属数万人被韦昌辉残杀。

不久，韦昌辉又被洪秀全处死。合朝文武迎石达开到京辅政。石达开因遭洪秀全疑忌，于 1857 年 5 月负气出走，率数万将士脱离天朝，独立作战。虽继续反清，但远离根据地，于 1863 年 6 月在四川大渡河畔覆灭。

经此"内讧"，太平天国受到极大损害，军事形势不断恶化，武汉、九江相继失守，湖北、江西根据地大部丢失，只有安徽战场控制地区略有扩大。从此，太平天国开始衰败。

防御之战

此时，在太平天国影响下，全国人民的反抗斗争处于高潮，加之洪秀全起用李秀成、陈玉成等一批年轻将领，才使军事形势没有发展到恶化的地步。

1858 年初，清军重建江南、江北大营，再次围攻天京。为解京围，后军主将李秀成请命出京，与前军主将陈玉成在安徽枞阳举行会议，确定作战方略。

会后，陈玉成率部首先攻占庐州，后南下会李秀成部，于 1858 年 9 月 27 日攻破位于浦口的江北大营。此时，湘军自湖北两路东犯，南围安庆，北攻庐州。湘军悍将李续宾率 5000 之众于 11 月 3 日进抵庐州南面的三河镇，陈玉成得报，约李秀成等部先后赴援，在三河外围全歼李续宾部，并乘势收复舒城、桐城等地，迫使进围安庆的湘军撤回湖北。

1860 年初，江南大营再次合围天京。忠王李秀成与干王洪仁玕商定采取"围魏救赵"之策，解救京围。2 月 10 日，李秀成率 2 万余人经皖南入浙，攻占杭州，诱使江南大营分军往救。俟清军援兵抵杭，即弃城昼夜兼程北返。4 月下旬，各路太平军进抵天京外围。5 月 2 日，再破江南大营。旋乘胜东征，连占句容、丹阳、常州，6 月 2 日占领苏州。接着进军上海，因内应被破坏，又遭英法侵略军阻击，未能得手。正当太平军进攻上海之际，清两江总督曾国藩、湖北巡抚胡林翼督率湘军水陆师 5 万余人东下进围安庆。9 月，洪秀全调集大军，西上救援。陈玉成率军走江北，李秀成率军走江南，约定次年 4 月"合取"湖北，迫使湘军回救，以解安庆之围。

1861 年 3 月，陈玉成占领湖北黄州，由于受到英国侵略者恐吓阻挠，停攻武汉，4 月下旬返回安徽。李秀成部迟至 6 月才抵武昌外围，得知陈玉成部先回安徽，也东返浙江。"合取湖北"计划彻底落空。此后，洪秀全增调兵力，三次强攻围困安庆之敌，均为湘军所败。9 月 5 日，安庆被湘军攻陷。陈玉成坐守庐州，束手无策。

1862 年初，派扶王陈得才、遵王赖文光等赴河南、陕西招兵，皖北兵力更加单薄。李秀成率部再次进军上海，因英法侵略军与清军联合抵抗，未能得手。4 月至 5 月间，署江苏巡抚李鸿章率淮军 6500 人自安庆分抵上海，东线军事形势日渐严峻。5 月，荆州将军多隆阿率清军来攻，陈玉成弃城走寿州，为团练头子苗沛霖诱擒，解送清营遇害。天京西部防线瓦解，东南方面却有所发展，太平军于年底攻占杭州及浙江大部地区。

1862 年 3 月下旬，湘军水陆师 2 万余人从安庆沿江东下，5 月底直抵天京城郊。洪秀全急令在上海前线督战的李秀成火速回援。9 月，李秀成等"十三王"统率 10 余万人自苏州等地回救，急攻 40 余日，未能取胜。

不久，洪秀全又责令李秀成率部"进北救南"，企图取道江北西入湖北，迫使围城湘军回救。李秀成部在西进途中遭湘军节节阻击，进至安徽六安被迫折返，途中又遭湘军拦截，损失精锐数万。

与此同时，李鸿章淮军在"常胜军"支持下，由上海西进，于 1863 年12 月攻陷苏州、无锡，兵锋直逼常州。浙江巡抚左宗棠率部自江西改浙江，于 1864 年 3 月攻陷杭州，并基本占领浙江全省。曾国荃部湘军则逐一攻占天京城外要点，对天京形成合围。苏州陷落后，李秀成自前线返回天京，建议"让城别走"，遭洪秀全拒绝，乃布置死守。

起义结果

一、天京失守

洪秀全定都天京后，开始大肆封王，同时也暴露出上层内部尖锐的矛盾冲突：洪秀全在建立拜上帝教之前称自己是天父耶和华之子，在传教初期受到清政府的围剿，出现群龙无首的局面时，杨秀清站出来自称"天父"。在太平军建国过程中，杨秀清权势越来越显赫，洪秀全越来越成为"虚君"，同时杨秀清还经常以"天父"名义教训洪秀全。两个人的矛盾越发不可调和。"天京事变"是内部的权力斗争，导致大批将领被杀。更为严重的是，神话宗教思想体系崩溃，洪秀全以拜上帝教的形式组织起来的太平天国军心民心涣散。天京事变成为太平天国由盛转衰的转折点。后期虽然重用了李秀成等年轻将领，但是颓势无法避免。

1864 年 6 月，洪秀全病逝，幼天王洪天贵福继位。1864 年 7 月 19 日，湘军轰塌天京太平门附近城墙十余丈，蜂拥入城，其他方向的湘军也缘梯而入，城内太平军或战死，或自焚，无一降者。

天京的陷落，标志着太平天国农民战争的失败。但分散在长江南北各个战场上的数十万太平军，仍英勇顽强地抗击清军的进攻。

二、余部斗争

天京城破后，李秀成带幼天王突围而出，不久失散。1864 年 7 月 22 日，李秀成被俘，8 月 7 日被害。

幼天王在江苏东坝与洪仁玕相遇，由安徽广德入宁国，再入浙江。经浙江进入江西，10 月分别被俘，11 月在南昌遇害。

活动于江苏、浙江、安徽南部的太平军，在侍王李世贤、康王汪海洋等带领下，转战于江西、福建、广东，最后于 1866 年 2 月在广东嘉应州（梅州）被清军击灭。

远征陕西的陈得才、赖文光等部太平军，在回救天京途中，于 1864 年 11 月在湖北、安徽境内为清军所败，余部由赖文光率领，与捻军合编，坚持反清斗争，直至 1868 年失败。

1864 年 7 月 19 日天京陷落，标志着太平天国运动彻底失败。

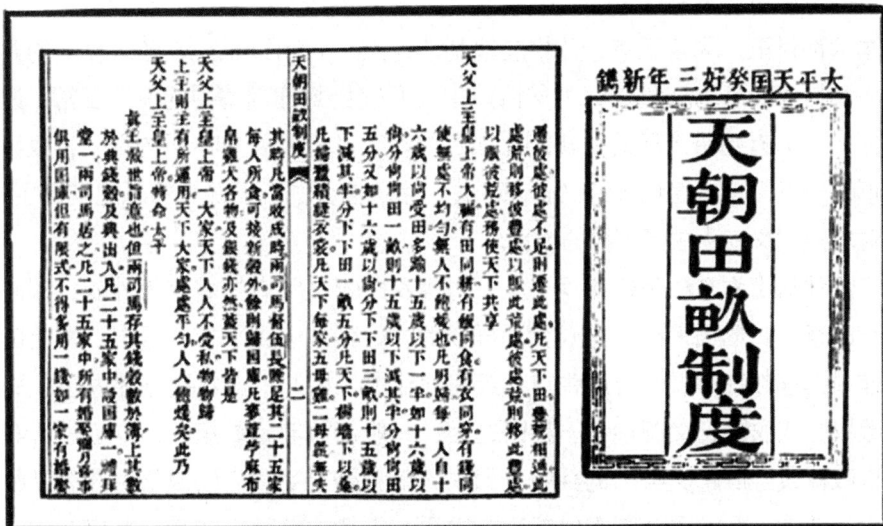

太平天国所颁《天朝田亩制度》

三、失败原因

1. 内部原因

农民阶级的局限性　农民阶级有先天局限。太平天国起义带有旧式农民战争的烙印。农民阶级的分散性、守旧性，以及眼光短浅等毛病，在太平军中都有突出表现。许多太平军将士参加起义都是出于生活所迫，希望改变贫穷落后的经济地位。用太平天国名将李秀成的话说，当时太平军将领号召"凡拜上帝之人不必畏逃"，可以"同家食饭"。这和旧式农民起义者的动机是一致的。许多太平军将士在参加起义队伍时，就是抱着当将军、当丞相、当夫人的目的来的。太平军将领也用这些来鼓动士兵英勇作战。如洪秀全在永安突围时，号召"男将女将尽持刀，同心放胆同杀妖"，因为这样做了，就能"脱尽凡情顶高天，金砖金屋光焕焕，高天享福极威风，最小最卑尽绸缎，男着龙袍女插花"。这样的许愿在杨秀清发布的布告中也出现过。为了达到这些不太清晰的目标，他们作战非常勇敢，作出很大的牺牲。他们付出的代价是惨重的，但最终总是归于失败，这是历史的规律，也是历史的局限。

正是因为这样，历史上再高明的农民领袖也只能按照封建国家的轨道行事。洪秀全本来是要建立一个新朝代新国家，但在永安封王时连一个合适的名称也找不到，只好"姑从凡间歪例"，把左辅、右弼、前导、后护各军师都封王，称为王爷，并相应地制订《太平礼制》来规定各级官员的尊卑和特权。洪秀全还在《天父诗》中公开宣扬封建道德中的三纲五常，说什么"只有媳错无爷错，只有臣错无主错"。由于历史和阶级的局限，政权形式一旦沿着封建政权的轨道走下去，性质就变了，领导人的思想就变了，对农民起义就失去了支撑的力量。

神权左右皇权导致核心矛盾 历代农民起义常有披着宗教外衣，即以神的意志和形式来组织群众发动群众的，如张角以太平道为号召，朱元璋信奉白莲教等等。但当这些宗教组织演化成农民起义，特别是建立了农民政权，或农民起义领袖称王称帝之后，一般都放弃宗教组织，专心进行夺取政权或发展起义势力的斗争，如朱元璋称帝之后，立即取缔白莲教，禁止其活动。而洪秀全则在建都南京之后，仍然依赖拜上帝教，教权就成了争权夺利的工具。

洪秀全既是拜上帝教的教主，又是太平天国的天王。作为教主，他虽然享有至高无上的地位，但他却失去替天父、天兄传言的权力。金田起义前，出于起义斗争形势的需要，杨秀清代天父下凡，援救了起义，洪秀全只好承认。杨秀清作为天父的代言人，可以随时制约洪秀全。洪秀全作为天王，却没有实际权力。这就使杨秀清的权力过大，造成洪秀全权力不能集中的局面。其实，洪秀全并不是没有解决这个问题的机会。假若在金田起义或永安封王时就取消拜上帝教，一切按新建立的组织行使职能，杨秀清代天父传言的资格就自然消失了，洪秀全作为天王的权力就能集中。由于王权和神权并行，神权实际上又高于王权，而神权又落在大臣杨秀清手中，这就必然造成洪秀全和杨秀清的矛盾，而这两人的矛盾又必然要延伸到其他大臣之中。

天京事变后，原先的天兄代言人萧朝贵在长沙牺牲，天父代言人杨秀清又在事变中被韦昌辉所杀，暴露了所谓天父、天兄人格化是个骗局的事实，其中杨秀清被杀更是骗局暴露的高潮，太平天国出现了空前的信仰危机。正如恩格斯指出的："宗教的第一句话就是谎话。宗教一开头向我们说明某种人的事物的时候，不就把这种事物说成某种超人的、神的事物吗？"

洪秀全向教徒灌输的上帝是"无所不在、无所不知、无所不能"的，而今天父代言人被人家袭杀时并没有显示出这些权能，人们自然不会和先前一样，虔诚地去信所谓的"皇上帝"了。严重的信仰危机，导致分散主义滋生，使太平天国一步一步走向低谷，难有回天之力。

指挥失误和丧失斗志　过早建都丧失锐气。太平军攻克南京后杨秀清率文武百官迎洪秀全入城。遂决定建都于南京，并改南京为天京。在太平军攻占武昌时，就存在着去向问题，北进河南则威胁清京，东下金陵则有可能形成割据局面。如今太平军已顺利攻占南京，同样又存在着去向问题。如果以南京为根据地，然后向北发兵，把战略重点放在推翻清王朝上，这样的话，太平军就应集中精锐部队及最有权威的将领进入河南、河北、山东，兵锋直指清廷，这当是太平军攻占南京的战略抉择之一。如果过早在南京建都，太平军必然以保卫天京的安全为目的来部署一切兵力，起义的进攻阶段就会停顿下来，锐气就会减退。因此，在南京建都实在是犯了兵家之大忌，而这却是出自洪秀全、杨秀清的意愿。太平军离开广西之后，便有"取金陵为本"之议。杨秀清认为只要占领了南京，即使成不了事，也可占领黄河以南。洪秀全则多次称南京为"小天堂"，把"小天堂"作为奋斗的目标。在建都问题上，洪、杨都有偏安一隅和及早享受的思想。

恩格斯曾经指出："在战争中，尤其是在革命战争中，在没有获得任何决定性的胜利之前，迅速行动是一个基本规则。"

占领南京当然不是决定性的胜利。洪秀全、杨秀清们理应略作休整之后，迅速行动起来，率主力部队越过长江，乘清军已如惊弓之鸟之际，向江北推进。时值三月，天气转暖，士兵生活容易适应，加上皖北、山东饥民甚多，太平军一到，饥民相率加入太平军，形势当会有重大发展。建都天京之所以是失策的，是因清政府还未推翻，起义的历程正急速地向前发展之时，突然停止了脚步，这就给清廷留下极大的喘息机会。清军在惊魂稍定之后重整旗鼓，很快在南京城外扎下了江南大营，使太平军的作战部署不得不以护卫天京安全为主要任务。太平军战略上由主动进攻转为被动防御。太平天国的领袖们，由于贪图安逸而逐渐丧失了继续奋斗的锐志。

腐败极其严重　腐败从根本上动摇了太平天国政权的根基。太平天国的腐败是和建都天京同时产生的。尽管洪秀全曾经提出要建立一个没有以强凌弱、尔虞我诈的公平世界，鼓吹凡天下男人皆兄弟、天下女子皆姊妹的平等思想，但他这些从西方基督教教义中捡来的东西，在洪秀全思想中既没有消化，也没有深化。洪秀全很难把这些平等思想付诸实践，只能按照封建王朝的等级制度，即《太平礼制》所规定的等级来确定自己所应该享受的待遇和特权。

洪秀全、杨秀清占据南京以后，便以为可以立国，把享受和特权放在首要地位。洪秀全改两江总督府为天王府，尽其奢华营造天王府。天王府城周围十余里，墙高数丈，内外两重，外曰太阳城，内曰金龙城，殿曰金龙殿，苑曰后林苑，雕琢精巧。东王府也是穷极工巧，骋心悦目。在起义尚未成功之时，太平天国的领袖们就大造王府，广选后妃，洪秀全的后妃竟达88人之多。洪秀全住进王宫，作为农民领袖本是司空见惯的通病。问题是天王府不是当作指挥起义战争的中心，而是行使特权的神圣无比的宫殿。朝天门外大书曰："大小众臣工，到此止行，有诏方准进，否则雪中云。"而在木牌楼上则书有"天子万年""太平一统"。一个"止行"诏，洪秀全就把自己和众位大臣隔开了。当年同生死共患难的杨秀清、韦昌辉、石达开等都不能随意出入天王府。昔日的兄弟今日的臣工们，临朝时，也只好站在朝门外列队，对洪秀全不能仰视，否则就有杀身之祸。洪秀全俨然已成为"一人垂拱于上，万民咸归于下"的封建皇帝。

杨秀清是农民起义领袖中有眼光的，不论是指挥战争，还是组织政府，他都有许多建树，为太平天国立下了不朽功勋。但是建都南京后，杨秀清的封建特权恶性膨胀。一到南京，他就建起了高大的王府，三年多的时间，从不出南京城一步，在城里成为统治一切的全权主宰。杨秀清所有军国大事仅与东殿尚书侯谦芳、李寿春等一二人计议，严重脱离群众，加之作风极度张扬，每次出门都盛陈仪仗，不知自忌，甚至用"代天父下凡"来惩罚洪秀全，最后更是发展到"逼封万岁"。为了显示特权，杨秀清还设立各种酷刑，如鞭打、枷杖、斩首、五马分尸等，连韦昌辉、秦日纲、黄玉昆等一些高级将领都被他杖责过。杨秀清的骄横，造成他和诸多朝臣的积怨，也招致洪秀全的不满，终于酿成了一场灾难——天京事变：杨秀清及其家属、部下和太平军精兵两万多人被韦昌辉滥杀。天京事变后石达开回到天京，受到天京军民的热烈欢迎，满朝同举石达开提理政务。可洪秀全却对石达开大生疑忌，重用自己的兄弟安福二王，以牵制"翼王"，并有"阴图戕害之意"。在这种情况下，石达开率 20 万精兵远离天京。经过天京事变、石达开出走，太平天国处于十分困难的境地。虽经陈玉成、李秀成等后期太平天国名将的努力，军事上稍有起色，但终究缺乏回天之力，最后一步一步走向失败。

2. 外部原因

主要是清政府为确保封建王朝的专权统治和外国侵略者勾结起来，残酷镇压太平天国。

历史影响

一、评价

太平天国运动是中国历史上规模最大的农民起义，它有力地打击了清王朝的封建统治和外国的侵略，加速了封建社会的崩溃，阻止了中国殖民化的进程，在中国历史上留下极其重要的一页。

但是太平天国运动失败的教训同样是非常深刻的。由于领导集团政治上缺乏目标，过早的封建化，组织上不能始终保持领导核心的团结，军事上战略决策一再失误，主要领导人目光短浅，贪图享乐，领导之间不团结，以及外交上缺乏经验，太平天国所鼓吹的"同教一家"，使其领导人没有真正认识到列强的实质，这场由千百万群众参加的伟大战争，最后遭到内外镇压，陷于失败。

二、争议

关于太平天国运动的性质，史学界存在着明显的分歧，归纳起来，大致有以下两种：

第一种，认为是一场旧式农民革命。如刘大年在《中国近代史研究中的几个问题》一文中说，"太平天国期间封建经济占统治地位，社会生活中最普遍、最突出的是农民和地主的矛盾"，而"参加太平天国运动的群众是旧式农民战争中的群众"，因此，"太平天国是旧式农民革命的顶峰"。

第二种，认为带有资产阶级革命性质。如郭毅生在《略论太平天国革命的性质》一文中提出：太平天国革命无可非议的是农民战争，以农民作为革命的主力，但它爆发于中国开始进入半封建半殖民地社会之后，崛起于经济较为发达、中西交通频繁的两广，"此时社会各阶级已发生了新的变化，农民已不是中世纪的封建农民，他们具有资产阶级民主派的特点，农民以外还有新兴的市民等级，这一社会力量投入革命斗争中，成为其核心和骨干"。如"杨秀清、萧朝贵、秦日昌等人便是无产阶级分子杰出代表"（此等人作者认为属于市民等级，编者注）。"因此，就不能不使得太平天国革命具有了迥异于以往单纯农民战争的许多特点，如政治纲领中提出的平等观念，否定专制神权和专制政权的思想，便带有较为明显的资产阶级性质。"

三、影响

太平天国运动发生在中国进入近代社会的初期，它既是单纯的农民战争，又带有旧资产阶级民主革命的性质，可以说是中国近代史上旧民主主义革命的序幕。农民要求获得土地，以平均地产为核心的平均主义思想，是他们阶级意识形态的主要反映。太平天国颁布的《天朝田亩制度》，把农民平均主义思想发展到了顶峰。太平天国革命是中国历史上规模最大的农民革命。

从形式上看，清王朝的统治还延续了近半个世纪，但在这半个世纪中，中国人民受到了太平天国革命的影响和鼓舞，一直没有停止过对封建王朝的斗争，半个世纪后终于爆发了辛亥革命。

　　1949 年 9 月 30 日，毛泽东同志在为天安门广场上的人民英雄纪念碑起草的碑文中指出："由此上溯到一千八百四十年，从那时起，为了反对内外敌人，争取民族独立和人民自由幸福，在历次斗争中牺牲的人民英雄们永垂不朽！"

（胡　斌　高生元）

太平天国运动宁国县始末

1851年1月11日，洪秀全在广西桂平县金田村率众起义，建号为"太平天国"。1853年1月，太平军攻克武汉三镇，队伍增至50万。2月，太平军水陆兼程，沿江东下，连克九江、安庆、芜湖等重镇。3月19日，占领南京，定为都城，改名天京。

为了巩固和发展胜利成果，1853年5月，太平军进行了北伐。北伐军由林凤祥、李开芳率军进兵北京，他们出江苏、过安徽、进河北、渡黄河、入山西，直捣直隶，进逼天津。由于孤军远征，终于失败，1855年，全军覆没。

为了控制长江中下游，确保天京安全，洪秀全同时派兵西征。1853年5月，洪秀全命令赖汉英、胡以晃、曾天养等将领率军溯江西上，攻占了安徽、湖南、湖北的广大地区，在湖南境内，多次打败曾国藩组织的以地主团练为骨干的湘军。

1855年，清军在天京的南北两方建立了江北大营、江南大营，以此来围剿太平天国。1856年初，太平军东征，解镇江之围，攻取扬州，破江北大营。此时，石达开在江西连克新昌（今宜丰）、瑞州（进高安）、临江、袁州（今宜春）、吉安等地。3月，占樟树镇（今清江），陷曾国藩于困境。洪秀全急诏石达开率军回援天京。石达开急忙率国宗石镇吉、丞相张遂谋、曾锦谦，统军约三万人，一路东进，自江西兵分三路入皖南，宁国县进入太平天国运动时期。

清咸丰六年丙辰（1856）

5月2日（农历三月二十八日），太平军石达开率所部首次攻占宁国县城。清军浙江巡抚何桂清战败而逃，胡乐巡检赵润被杀，宁国县城为太平军所有，清知县吴世昌和城里百姓逃到山区躲藏，县城被洗劫一空。石达开令部将丞相张遂谋留守宁国县。五月上旬，石达开率太平军旋即北上攻占了宁国府所在地宣城。

石达开率军从宁国府建平县（今郎溪县）入江苏，6 月中旬占溧水，抵天京城外孝陵卫，与秦日钢等部于 1856 年 6 月 20 日击破江南大营，清军溃败，钦差大臣向荣逃往丹阳，旋死。太平天国的军事达到鼎盛时期。

6 月 13 日（农历五月十一日），清军徐天麟、张应超部一万四千人进攻宁国县，张遂谋率领本部太平军退入江苏。之后，两江总督何桂清接防宁国、徽州、休宁等地。

10 月 20 日（农历九月二十二日），太平军石达开部将领彭大顺、张遂谋领兵复克宁国县城，两江总督何桂清逃回常州。

据民国《宁国县志》记载：1852—1855 年连续蝗灾，1856 年（清咸丰六年），宁国"大旱，人相食"，百姓生活极其艰难。

咸丰七年丁巳（1857）

是年，清廷派重兵重建江北大营、江南大营。

是年，浙江提督邓绍良视安徽宁国县为浙江屏障，率总兵吴全美、明安泰、德安等屯军扼守。11 月（农历十月），清军与太平军大战于宁国县南极曹口河东畈，彭大顺在朱家桥大桥上杀清军团练头目吴壎、马占彪。清军人多势众，太平军战败而退。吴壎，宁国县南极乡洪家庄人，因德才皆优，咸丰七年被清廷吏部选为江西德化县知县，未到任，率团练兵勇驻东乡漕口阻击太平军，兄弟七人均参战。会神拳。同治六年（1867），皇帝载淳赐匾"景仰德望"给吴氏，以旌表吴门"义举"。

年底，清军吴全美、德安部攻战宁国县城。

咸丰八年戊午（1858）

是年 3 月 5 日（农历正月二十日），太平军将领李世贤率军攻占宁国县城，与总兵吴全美、德安等部清兵激战。上元人宁国知县吴世昌被杀，清军死伤一千多人，清军吴全美、德安率残部逃往芜湖湾址。

是年，李世贤驻安徽芜湖，主持皖南军务，7月，参加枞阳军事会议。7月26日（农历六月十八日），清军邓绍良部总兵明安泰、德安复陷宁国县城。

9月，太平军破浦口江北大营。1858年12月，李世贤、刘官芳率军从芜湖出发，在宁国府湾址镇（今属芜湖）歼灭浙江提督邓绍良部，邓绍良战死于湾址黄池。

咸丰九年己未（1859）

是年，朝廷令直隶天津人曹克忠任宁国县知县。曹克忠开始投效湘军，后跟从多隆珂。曹克忠招募五百人为忠字营，领军击败潜山、太湖一带太平军，其本人因此升为参将，赐号"悍勇巴图鲁"，赏赐黄马褂。1859年底，李鸿任宁国县知县，皖南道台李元度部驻守宁国城。

道光《宁国县志》载宁国县境图

咸丰十年庚申（1860）

2月22日（农历二月初一），太平军李世贤、刘官芳率军从宣城薛溪岭（与宁国汪溪四十八棚处交界）攻克宁国县城。李世贤部随后进入浙江，合李秀成部克安吉、长兴。3月率部围湖州（今吴兴）。不久，撤至安徽广德，参与攻占建平（今郎溪），共商救援天京之策。继克江苏溧阳，攻宜兴，逼常州，围金坛，占句容，投入摧毁江南大营之役，以功封侍王，并与杨辅清占领宁国府（即宣城）。

2月，为解天京之围，李秀成等用围魏救赵之计，进军浙江。3月，攻克杭州。总兵张玉良等带兵万余人从江宁赶往浙江复夺杭州。李秀成等随即回军进攻清军江南大营，时大营兵饷欠缺，军心涣散，5月6日，江南大营被攻破，全部溃散。钦差大臣和春、提督张国梁等退守镇江，寻走丹阳，张国梁溺水而死，和春逃往常州、无锡，自杀于浒墅关，大营溃灭。太平军乘胜进军苏南，占苏州，直逼上海，同美国侵略分子华尔的洋枪队及英、法侵略军作战。1862年，太平军再攻上海，杀法国侵华舰队司令卜罗德于南桥（今奉贤）；毙华尔于慈溪（今宁波慈城）。1863年春，又击杀"常胜军"首领、法国侵略分子勒伯勒东、达尔第福等于绍兴。

1860年7月4日（农历六月十八日），李世贤率部经宁国县胡乐司出师丛山关（今属绩溪），击退清军皖南道台李元度部，克绩溪、徽州（今歙县）、休宁，逼祁门曾国藩湘军大营。后转入浙江，占严州、富阳等地，攻杭州、湖州不克，复占领宁国县城。

9月，清军李元度纠集湘军主力霆军（鲍超部队，鲍超字春霆，故名），宋国永、谭胜达等将领领兵与太平军李世贤部激战于宁国县吴岭镇（今虹龙）。龙岩人宁国知县李鸿带团练堵击太平军，被杀，双方伤亡数千人。

11月底，湘军主力浙江提督鲍超部攻战宁国县城，太平军撤退至东岸水碓坎。12月9日（农历十一月初八），太平军李世贤部与追及清军鲍超部在宁国县东岸水碓坎激战一场，后退往绩溪，取道胡乐司。邑人周赟组织乡丁，协助胡乐巡检司抵抗太平军。胡乐巡检王清和其弟以及周赟之族弟均战死。周赟被俘，太平军强迫他在军中做文书，达半年之久。他在太平军中过着度日如年的日子，后来终于脱逃出来。县令后由县丞汪光谦（歙县人）兼任，王宗沂任胡乐巡检。

太平天国·铜线正面

圣宝·铜钱背面

咸丰十一年辛酉（1861）

4月17日（农历三月初八），胡鼎文、郜永宽率部再破宁国县城，县署训导何金麟（青阳人）一家男女五口，逃到南阳关口被执，投井而死。庠生周文吉（邑人）顽守而战死。邑人操三宝、汪苏州率团练战死宁墩纽口。鲍超部兵败撤退。

4月24日（三月十五日），宁国、绩溪、旌德三县团练、乡民进攻旌德县城太平军。先是太平军守城不出战。天黑以后，天又下雨，团练和乡民又饥又寒，便在城外空旷之地燃火取暖，太平军乘乡民不备之时冲出城。

9月5日，太平军历经近两年的安庆保卫战，终遭败北。湘军用炸药轰塌城墙，安庆沦陷。安庆为清军所占，天京上游屏障已失，太平天国形势急剧恶化。

清同治元年壬戌（1862）

7月，鲍超率部再次攻战宁国，太平军受挫，退守广德。8月，鲍超率部克宁国府宣城。1862年，胡云衢任宁国县知县。

5月底，江苏布政使曾国荃所部湘军陆师约二万人进驻雨花台，兵部侍郎彭玉麟所部湘军水师进泊护城河口，围攻天京。洪秀全急诏在苏南的李秀成等回援天京。

8月，李秀成集结大军，兵分三路：北路由李秀成与李世贤率主力进攻围京清军；中路由陈坤书等领兵攻安徽芜湖金柱关，以断敌粮道；南路由杨辅清、黄文金、胡鼎文等攻安徽宁国，以牵制敌援（曾国藩湘军大营驻守在皖南祁门，宁国是祁门通往天京的咽喉要道，所以皖南宁国为天京屏障）。

9月，太平军江北军事重镇庐州（今合肥）又告失守，太平天国局势更加恶化。

9月6日（闰八月十三），太平军奉王古隆贤、跟王兰仁得、金王钟万信等在浙江昌化受挫，退守宁国，清兵尾追，清军鲍超率部阻击，宁国县、宣城复被清军占领。

10月2日（九月初九），太平军杨辅清、胡鼎文、黄文金回师宁国，收复县城。宁国县典史傅简（会稽人）、训导樊熙朝（舒城人）殉清。樊熙朝家眷二女一媳被追至鸡山坪，无处可逃，俱投井而亡。10月，太平军克宣城，击毙皖南道台尹福成、知府颜培文，提督周天培逃脱。不久，清守将刘松山复陷宁国县。

11月24日（十月初三），辅王杨辅清、堵王黄文金、金王钟万信合击鲍超部，收复宁国县。12月8日（十月二十八）杨辅清、黄文金复克宁国府宣城，往天京高桥门等处，抗拒湘军。

当时，宁国县百姓只要听说太平军（百姓称"长毛"）要来，或是清军要来，就急忙向深山老林里躲藏，跑慢了就没命了（称"长毛跑反"）。当时留传："长毛要毛不要头，清军要头不要毛。"老人、妇女、小孩跑得慢，死得最多。笔者小时候（20 世纪 60 年代初）听一位 80 多岁的邵氏老奶奶说："我父亲亲眼所见，长毛失败后，一些游兵散勇在隆昌坞（今南极乡龙川坞），军纪很差，百姓多有恐惧。"

清朝末期铜陵举人夏思沺，字少岩。他的诗《咏高山二烈》真实地记录了太平军流寇在宁国、旌县交界一带毫无军纪、残害妇女之暴行，与太平军之宗旨大相径庭："咸丰庚申腊，避寇旌宁间。知音遇伯牙，穷途免饥寒。狂寇乘寒来，冒雪登高山。高山女如云，泪洒血成斑。就中有二烈，高节不可攀。一为胡氏妇，脱身入深潭。一为俞氏女，抱树手交环。入潭贼不顾，抱树贼戕攒。血流心已死，头裂手不宽。夜静闻胡呼，贞魂相与还。红日两冰人，战战何时干。二烈幸未死，死已非所患。我已知死乐，鸿毛独无颜。未报一士恩，徒为二烈叹。题诗泪磨墨，投笔催心肝。何人题此诗，铜陵夏少岩。"

太平军到梅村（今南极乡梅村），一个五百多灶（户）的大村子，人都跑光了。太平军到处寻找，找到一位躲避不及的村妇。太平军严酷拷打村妇，逼问村民的去向。村妇无奈，说出村民藏身之地在仙人洞。太平军在半山腰找到这个洞，洞口不大，几个士兵准备进洞。洞里面有一群年轻人，手拿棍棒、刀枪，把守洞口，士兵进不去。太平军便从村里扛来几十床晒垫（晒谷用的，用毛竹篾编成，长二丈，宽一丈，卷起来是个二尺多围、一丈长的圆柱体），浇上桐油，塞进洞口，点上火。同时从山顶洞口丢入大量炸药，洞里 1300 多人全被烟雾窒息而死。此事件《宁国县志》有记载：仙人洞变成"千人墓洞"，清末邑人周赟作有《梅村千人墓记》、俞钦作有《仙人洞记》。

太平军兵败之时这些灭绝人性的暴行，令人发指。

湘军亦不例外地惨无人道地屠杀百姓、太平军士兵，曾国藩自己在家书中曾经数次提及，在一篇奏折中也陈述不讳。百姓们和社会舆论激烈地抨击曾国藩的屠杀政策，称他为"曾剃头""曾屠户"。宁国县河沥溪官山、五里铺、虹龙、东岸、宁墩、桥头等地有清末义冢几十处，曹口附近李家山后义冢，一处就埋了两百多颗头颅。宁国城南碉堡坳（今物资大楼后面，铁四局大修厂下面）的坟墓就像过去秧田里烧灰包一样密集。

驻守在宁国的太平军，没有固定的军费开支，便四处抢掠财物。清军也毫无人性，一到宁国便要摊派军用物资，增收税款。曾国藩在给沅弟（曾国荃，字沅甫）的信中曾说："又有件最大的事，金柱关（在今芜湖）可设厘卡，每月可收入五六万，东霸（在今江苏高淳，即东坝）可设厘卡，每月可收入五六万……"这便是最好的佐证。经常有一队队的散兵游勇流窜于村庄之中，抢劫、烧杀，无恶不作，宁国县的百姓生活在兵祸的水深火热之中。

是年五月，宁国"瘟疫流行，全境死亡枕藉，无人掩埋。是年冬，大雪"（《宁国县志》）。由于死的人太多，到处是高度腐烂的尸体，无人掩埋，细菌扩散，瘟疫（霍乱、鼠疫等）传染，血吸虫病流行，许多村庄空无一人。当地民谣有："屋外荒草室内苔，病死床上无人埋。妻子床前哭丈夫，可怜孩子病又来。"战后几年，外地人怕传染，都不敢到宁国来。多年后，外地人来到宁国，走进村庄，进入空房。见挂在床上的蚊帐完好无损，用手掀起时，全粉碎了，床铺上躺着两三具骸骨，有大人的，有小孩的，当时宁国县百姓的生活状况可想而知。

同治二年癸亥（1863）

是年初，清军曾国藩部湘军主力参将刘松山领军攻宁国，宁国县复为清军所占。宁国知县先由王必蕃（广东人）担任，后由王凤仪（江苏人）担任。

农历正月初六，李世贤部由宁国进驻绩溪县。

11 月 13 日（十月初三），匡王赖文鸿弃守宁国县，清总兵易开俊等据之。

12 月 12 日（十一月初二），太平军东平王何明亮、匡王赖文鸿、金王钟万信等部在浙江战事失利，退守宁国，击退清军刘松山部，宁国县复为太平军所得。

同治三年甲子（1864）

农历正月初六，侍王李世贤、堵王黄文金于广德率太平军经宁国县入绩溪县。

2月，天京天保城失守，湘军随后进至城东北的太平门与神策门，天京被合围，城中粮绝。

2月，太平军将领刘肇钧、李容发进军徽州时，在绩溪遭阻，随后复征，顺道击毙宁国县胡乐巡检司巡检王宗沂，巡检司弓兵、徭役数十人全遭杀害。宁国知县由谢定通（震泽人）担任，后由李堡担任。

3月，太平军汪海洋部从余杭撤往德清，后走昌化，过皖南宁国，入江西占瑞金。

是年春，太平军李世贤与陆顺得率部由昌化进入皖南宁国，后入江西。

6月10日（五月初七），太平军在浙江昌化为清道员康国器所败，刘肇钧、朱兴隆、李容发、林彩新等率太平军第四路军由昌化白牛桥退走宁国县万家。淮军主力之一的"盛军"周盛波、周盛传部驻守在宁国县，太平军与其接战后，退走到江西。

6月1日（四月二十七），洪秀全病逝，幼主洪天贵福于6月6日（五月初三）继位。7月3日（五月三十），地保门又陷，城外据点尽失，湘军逼近城根，掘地道攻城。19日（六月十六）太平门城墙被炸塌二十余丈，湘军蜂拥而入。太平军守城将士高呼"弗留半片烂布与妖（指清军）享乐用"，同敌人展开肉搏，宁死不屈。天京城里一片火海，一连烧了七天七夜；到处是死人，血流成河。天京失陷后，李秀成、林绍璋等拥幼主突围出走。李秀成断后，失散被俘，写《李秀成自述》，述及天国历史。8月7日（七月初六），被曾国藩杀害。

幼天王出城后，由洪仁玕等护送至安徽广德，继被黄文金等迎入浙江湖州（今吴兴），准备往江西会合李世贤、汪海洋等部入湖北，再合陈得才、赖文光等部据荆州（今江陵）、襄阳（今襄樊），以图中原。

8月，淮军主力之一的"铭军"刘铭传率部尾追，干王洪仁玕、堵王黄文金等在湖州受挫，退走广德。8月30日（七月二十九），洪仁玕、黄文金、黄文英、谭体元、范汝增、洪仁政、赖文鸿、李容发、李明成等王护幼主洪天贵福及忠王之子，经广德四合，走小路，翻泰山，入宁国县桂花村祖师庙（殿）到桥头。8月31日（七月三十），刘铭传率"铭军"从广德追击到桥头，在舒村与汪村之间的将军岭，与太平军断后的黄文金部激战，黄文金负伤后退至汪村。太平军与清军在桥头汪村大战一场。堵王黄文金虽身负重伤，仍率众奋勇拼杀。邑人汪家森、胡为宝率团练战死于将军岭。

清军周盛波、周盛传率"盛军"从宁国城赶到桥头阻击，匡王赖文鸿在梅林三界岭阻击清军主力，杀开血道，拼命奋战，让太平军主力从黄栗树突围至石口，匡王赖文鸿自身则不幸在余村头中弹身亡。桥头与梅林之间的将军岭，就是为纪念他的，当地至今有"小小余村头，河水向东流。匡王殉难地，风雨万古愁"之民谣。

黄文金身负重伤，由其弟黄文英指挥，力战一天，终于突围至石口，退到宁国墩（今宁墩）。宁国县桥头一仗，太平军伤亡十分惨重。自此，太平军结束了在宁国县也是在皖南地区的最后一次战役。黄文金因伤重而亡，来不及掩埋，其弟黄文英将他的尸体安放在宁国墩上面山边的深水沟里（一说在昌化白牛桥）。南极方向的马头岭、孝岭有清军重兵把守，太平军连夜从万家走小路，翻塘岭，过黄花关，撤退到浙江昌化白牛桥。首王范汝增为了引开清军主力，在淳安与清军激战，5000士兵被俘，自己身负重伤。9月，太平军过开化、常山，转入江西玉山、铅山、新城（今黎山）、广昌。10月9日夜，在石城杨家牌为清军所袭，队伍溃散。25日，清军知府席宝田率精毅营俘获幼天王洪天贵福和干王洪仁玕。11月18日，洪天贵福在南昌殉难。

轰轰烈烈的太平天国运动，把历代农民战争推向最高峰，全面冲击封建制度，严重动摇了清朝统治，痛击了外国侵略势力，充分体现了中国人民的顽强反抗精神，对中国近代历史产生深远影响。但这场战争对人民所造成的灾难是不可估量的，宁国县人民受害尤为惨重。

太平天国时期前后，宁国县发生了接二连三的自然灾害和瘟疫，据旧县志记载：

道光二十八年（1848），大水，漂没人畜无算。

道光二十九年（1849）夏，大水，沿河民房淹至屋脊，人多淹死，冲坏房屋、田亩、桥梁无数。

道光三十年（1850），地震，有声殷殷如雷。

咸丰二年（1852），荒歉，飞蝗蔽天，所集田地，苗稼立尽。

咸丰四年（1854）至咸丰五年，蝗虫害稼，连年荒歉。

咸丰六年（1856），大旱，人相食。

同治元年（1862）五月，瘟疫流行，死亡枕藉，无人掩埋，十室九空。是年冬，大雪。斗米千钱，人相食。

同治四年（1865），县境人烟稀少，草木繁盛，野猪成群，损害庄稼十分之三、四。

同治五年（1866）五月一日，地震。

同治七年（1868）三月十九日，下雹，大者如盏，平地积一二寸，次日始消。

宁国志书记载："宁自咸丰兵燹后，土民存者不足百分之一。"清道光元年（1821），宁国人口数为294980人。直到乱定5年后的同治八年（1869），全县仅有男女人丁10004人，其中上西乡五都共计本籍男丁1532名，女丁775名；下西乡五都男丁1300余名，女丁约500余名；南乡共计男女丁2900名；北乡共计男（女）丁580余名，幼丁58名；大小东乡共计男丁1587名，女丁772名。

宁国县城几乎成了一座空城（战后县令张志学无场所办公，只得借住宣城宁国府后院平房办公三年），所有古建筑毁于一旦，史书资料化为灰烬，给宁国的历史文化传承造成了中断。晚清程子山的《劫后余生录》载："宁民死于锋镝者十之三，死于瘟疫者十之七，散于四方来归者，不及十分之一。至今土著少，客籍多，足以徵之。"

与宁国有关的太平天国文物有：千秋关下发现大炮一尊，刻有"太平天国十三年石达开部用"，安徽省博物馆收藏；太平天国"崧天义赖文鸿在宁国印制的空白门牌"一张，南京太平天国博物馆收藏；匡王赖文鸿佩剑一把，上有"龙池七星剑"五个字；太平天国所铸"太平天国圣宝"铜钱二枚，皆私人收藏。

《宁国县志》中关于"瘟疫"的记载

太平天国时期，不到九年的时间（1856.5—1864.8），太平军与清军在宁国县境内，你来我往拉锯战 19 次，其中 10 破县城，加上瘟疫蔓延和蝗虫、干旱、大雪等自然灾害，当时的宁国县，真是惨不忍睹！

（高生元）

太平军转战宁国述略

太平天国运动是中国历史上规模最大、历时最久、影响最为深远的一次农民起义，从 1851 年 1 月 11 日（清道光三十年十二月十日）金田起义，到 1864 年 7 月 19 日（同治三年六月十六日）天京（今南京）陷落、起义失败，太平天国的英雄们驰骋 18 省，转战 14 年，其间安徽是太平天国政权最为巩固的地区之一，皖南是太平天国都城天京的南方屏障，地处皖浙边境的宁国县则成为太平天国中后期太平军与清军展开激烈拉锯战的军事要地之一。

1856 年 5 月 2 日（咸丰六年三月二十八日），太平军首次攻占宁国县城。11 日，清军游击徐天鳞、守备张应超等带兵勇 14500 人攻城，太平军退出。10 月 20 日（九月二十二日），太平军再克宁国县城。

1857 年（咸丰七年），浙江提督邓绍良，以宁国为浙江屏障，屯军扼之。十月，清军与太平军交战于南极漕口，清团练（地主武装）头目吴埙、守城马占彪被击毙。

1858 年 3 月 5 日（咸丰八年正月二十日），太平军左军主将李世贤率兵破宁国县城，知县吴世昌（上元人）负隅毙命。7 月 11 日（六月十八日），清军克复宁国府城（今宣州市区）后分军收复宁国县城，太平军保王童容海于 13 日挫遁广德，率众 6 万投入清军，编其 3000 人为六营，余皆遣散。11 月 18 日（十月初三）清军易开俊等亦收复宁国县。

1860 年正月，太平军克旌德，逼进宁国，邑西中川，又称小桃源（今胡乐乡境），贡生周垂春等纠集乡里丁壮与邻县兵士顽抗，在"小桃源战守三载"。自此，宁国县城太平军来往无常。2 月，在侍王李世贤、襄王刘官芳等掩护下，忠王李秀成率部自南陵经弋江镇、马头镇，绕过宁国府城，由杨柳铺、黄渡至水东击败游击杨德春等，于 22 日（二月初一）占据入浙门户宁国县城，24 日退走广德。时督办宁国府军务的署湖南提督周天受，龟缩府城，兵不满 2000，不敢擅动，遂指派参将林保、副将黄金友带兵 300 往援，又调参将王兴棠、游击杨家正带兵 1000 人同往广德州，并飞咨张带调副将吴正熙所部 1800 人驻防千秋关，以堵由宁国入浙之隘。忠王李秀成、左军主将李世贤乘清军征调之机，率兵风驰电掣，经高桥、水东、哮裩塘突至千秋关，全歼清军吴正熙部据之。4 月 8 日（三月十八日），驻守宁国县的太平军再克广德州。李秀成、李世贤等部相继赶至。6 月 8 日（四月十九日）两江总督曾国藩取道宁国赴苏州。23 日辅王杨辅清自江苏宜兴入皖克广德州。29 日放弃广德，经宁国县境至旌德，与赖文鸿部会合。8 月，太平军与清军战于吴岭镇（今虹龙），击毙知县李鸿。附近奥川富户杨氏"连者则风流而散矣"。10 月 2 日（八月十八日）侍王李世贤部全军自本县胡乐司进至宁国、绩溪之交界处丛山关（今属绩溪县）以及楼下各口隘。次日，驻守徽州府清守军李元度遣麾下 2 营至丛山关扼守，"站墙未定而贼至，一营出战即溃，一营留守关而溃"，齐向府城"大奔"。时人咏诗讽之曰："才闻鼙鼓惊天去，又偃旌旗带月回。" 10 月，曾国藩频繁调集鲍超等部，驻防皖、赣边境，阻止太平军入赣。12 月 19 日，驻守宁国县太平军先后攻占绩溪县城、徽州府城及休宁县城，渐逼曾国藩驻祁门大营。此后，太平军在徽州府、宁国府驻军镇守，布告安民，组建乡官，设关征税，计亩征粮，逐渐形成了与苏浙联结成片的根据地。是年，宁国县典史傅简（浙江会稽人）"带勇御贼"丧命；县训导樊熙朝亦被太平军所杀，其儿媳、长女、次女被太平军追至鸡里坪走投无路"投井死"。不久，宁邑又被清军占据。

1861 年 4 月 17 日，太平军再破宁国县城，县训导何金麟（青阳人）顽守战死。是年，胡乐司巡检王清（广东人）与邑绅周文吉、郭觐光、周赟等在西乡设保卫局，捐饷倡办团练，"贼至则据险自守，乘机出战；贼退则分路探谍"，后因"日久粮绝疫行"，王清、周文吉等先后"遇贼不屈死"。

1862 年 3 月 18 日（同治元年二月十八日）太平军与县境团练交战于邑西胡乐，乡绅周启纯、周垂勋等毙命。7 月 11 日（六月十五日），清鲍超部攻陷宁国府城，辅王杨辅清等败退广德州。旋，宁国县亦陷。10 月 2 日（闰八月初九），辅王杨辅清、堵王黄文金、孝王胡鼎文等败于提督鲍超，枭司张运兰部占领宁国县。10日太平军辅王、堵王、孝王、匡王率军直逼宁国府城，28日（九月初六）堵王等击溃守城清军韦志俊、童容海（太平军叛徒）部，占领宁国县城。在宁国县，辅王、堵王、孝王、匡王再议兵机。

1863年1月10—11日（同治元年十一月二十一日、二十二日），驻守宁国县的太平军主动进达泾县东北，占领潘村、晏公堂一带，距县城仅15公里。10月20日（同治二年九月初八），太平军匡王赖文鸿由水南都退往宁国县，奉王部约7万余人，仍在石台、太平、旌德一带驻守。时值秋收之后，由于长期拉锯，饱经战乱，"宁、池、广各属，白骨如麻，或百里不见炊烟，竟日不逢过客，人类相食，群犬争之"。11月2日（九月二十一日），枭司刘典部总兵黄少春、知府李耀南、副将黄有功、参将周绍濂，击败太平军跟王蓝仁得、金王钟英、东平王何明亮，克浙江昌化县，仁得等走皖南宁国县。13日，清总兵刘松山攻陷宁国，匡王赖文鸿退走。

1864年2月4日（同治二年十二月二十七日），侍王李世贤派王宗李仁寿、李世光、李元茂以及天将林正扬、沛王谭星等军，"每人带米一斗"，经广德州至宁国县。几人后分军两路：沛王谭星等于10日入浙江昌化县，偏西而进；王宗李世光、李元茂等于12日至丛山关，次日占绩溪。24日凛王刘肇钧自宁国县胡乐司进至绩溪遭扼。二月复征，击毙胡乐司巡检王宗沂等。5月7日，凛王刘肇钧、利王朱兴隆和列王林彩新等率太平军第四路军自常州、丹阳进抵昌化白牛桥，败于道员康国器，后转战至宁国县。7月19日天京失陷，太平军余部拟入江西的第五路军经浙江湖州入皖。干王洪仁玕（《资政新篇》作者）、堵王黄文金、昭王黄文英、偕王谭体元、首王范汝增、恤王洪仁政，均以浙战失利，8月27日放弃湖州。30日至广德，当夜放弃广德护年仅16岁的幼天王洪天贵福向宁国县进发。次日，当行至宁国县七都（今桥头乡境）与装备精良的淮军提督刘铭传、周盛波部（一说为湘军副将刘端冕）相遇，堵王黄文金临敌接战，终因寡不敌众，中炮受重伤，9月5日至白牛桥，堵王伤发逝世。匡王赖文鸿阵亡于宁国县余村。此次遭遇战为太平军在宁国县的最后一役。其时，干王洪仁玕、堵王黄文金等向宁国县进发时，即绕过宁国县10里，分为两路：干、堵、佑、扬、养、昭、誉、恤"八王"与忠二殿下李容发等保护幼天王洪天贵福经皖浙交界之千秋关、黄花关出浙江昌化白牛桥；偕王谭体元、首王范汝增等经宁国县西乡之胡乐司、山羊坑出浙江淳安县威坪。后转战至江西，10月25日幼天王在石城荒谷被俘，11月18日、23日，幼天王洪天贵福、干王洪仁玕等在南昌被清廷凌迟处死。自此，太平天国失去了政治中心，以致最终失败。

1949年9月30日，毛泽东同志在为天安门广场上的人民英雄纪念碑起草的碑文中指出："由此上溯到一千八百四十年，从那时候起，为了反对内外敌人，争取民族独立和人民自由幸福，在历次斗争中牺牲的人民英雄们永垂不朽！"

（喻昌辉）

编者按：皖南宁国县，东为皖浙通衢，南至徽赣要道，北达府城京都，历为军事要地。太平天国时期，清廷疯狂镇压，两军在宁国境内历经长达八年又四个月的三十余次拉锯战，兵燹之乱，堪称宁国史上之最，至今依然是耆老茶余饭后话题之一。

——本文录自《宁国县文史资料选辑》第五辑（1992.10）P147—152

史 籍 记 载

咸 同 年 间 的 宁 国 县

志 书 记 载

一、同治光绪《宁国县通志》

《武备志·兵事》

咸丰十年二月初一日，粤匪伪王李世贤，由宣城薛溪岭入宁国县城，焚掠四出。初三窜入广德，沿途纵火，五日始熄。

宁西有地，曰中川，亦号小桃源，与旌（德）县接壤。四面皆山，唯北通大路，元人避兵于此。咸丰十年正月晦，贼陷旌邑，旌东之民多来避焉，焚掠渐逼。处士周垂瑃等纠其乡里丁壮与旌东、绩北义民共数万人，会于三月初六日，攻旌德县城，旌东贼卡尽破，直抵城下，大声骂贼，贼坚守不出。天暮且雨，民皆饥，无营幕、火炬，屹立以俟天明。贼乘暗出西门，潜攻两腋，旌民死者甚众。瑃等据高结阵，焚破屋为燎，得以自保。然此后，贼不敢纵掠，每夜自惊，至十八日遁往广德，疾行过境，此为宁民杀贼之始。

先是贡生周启楹，有学术，隐小桃源之凤冈三十年，号凤冈。先生素喜清静澹泊，其俗每岁赛神，以帛为旗。道光间，先生忽合其族之有力者，醵金结立春会，市五色绫为旗帜，以代帛旗，大者方丈，岁增之。又多备铁铳，至是山中用以战贼。有贼众侦知山中无官兵，遂袭凤冈之后，若不知者将及顶铳一声，旗帜皆竖，闪耀云日，与林石相间，如数万雄师，贼大惊，退山上。乘势发石炮击之，伏兵于山腰纵火，贼死伤甚众。以探者为贻已戮之而遁，小桃源战守三载。后粮尽疫行，犹枵腹力战，死而后已。垂瑃负重伤死。然兵后人数较之束手受死之地犹为多云。

咸丰十一年，胡乐巡检王清与邑绅周文吉、郭觐光、周赟等设保卫局于西乡。王清与弟某皆能出战，周文吉素谙兵法，金陵失守时，尝上兵备道邓瀛"破贼十策"。至自捐饷倡办团练，贼至则据险自守，乘机出战。贼退，则分路探谍，乘隙耕种。后涂炭日久，绝粮疫行，王清及弟某、周文吉先后遇贼不屈死。

自咸丰十年二月后，县城贼往来无常，至同治三年七月，贼平。

《人物志·烈女》

鲍氏　方祖贵妻，青年守志，乱至自缢。

陈氏　儒童，饶世德妻，二十四岁守节。咸丰十一年十月，遇掳，矢志不从，死之年二十六岁。

葛氏　名顺娇，未字。同治二年，年十五岁，遇掳不从死之，刀创遍体。

程氏　许观丙妻，年二十余。遇变不从死之。

许氏　胡邦抒妻，年二十余守节。咸丰十一年，年五十被掳，逼令炊爨，不屈死之。

方氏　张天惠妻，二十二岁守志，同治元年年四十余，遇变乱不从死。

葛氏　章圣敬妻，二十一岁守节，年五十余，遇掳自尽。

胡氏　葛福泰妻，十六岁守节，避兵难饿死。

方氏　儒童周文瑞妻，十九岁守志，遇变乱投水死。

洪氏　周高爽妻，避兵难入山中，坚不肯出，与一子、一女俱饿死。

梅氏　生员胡薰妻，见夫遇害，氏同时自缢。

章氏　职员郭良富妻，年二十二守志，六十四岁被掳，不屈大骂死。

胡氏　监生郭国耀妻，见夫遇害，投河以殉。

方氏　汪金海妻，与夫避兵乱入山中，氏被获。乘机抗贼之于地，呼夫出杀之。后复遇贼，骂贼而死。

饶氏　处女，与妹二人被掳不屈，同自缢死。

胡氏　程万松妻，被掳至半途，抱幼子投水死。

胡氏　程金元妻，遇变，同时与夫骂贼不屈，贼怒均被剖其腹死。

万氏　杨志富妻，遇兵劫至，抱幼子投河死。

胡氏　仙征树妻，遇变不屈死。

虞氏　仙喜助妻，遇变乱，不屈死。

仙氏　陈天佑妻，遇变乱，不屈死。

吴氏　监生，杨㮣玙妻，遇掳抱子投水死。

杨氏　胡福建未婚妻，遇变乱，不从死。

姚氏　朱遵妻，被掳吞金死。

黄氏　朱宗达妻，遇变乱，投水死。

朱氏　朱宗炜女，未字，年十八，被掳不屈自缢死。

凌氏　避乱山谷，遇之恐被辱，自缢死。

朱氏　处士董臻妻，遇变乱不辱死。

张氏　生员吴金圃妻，兵乱至惧不免，自缢死。

汪氏　叶大海妻，兵乱被逼不从，子母遇害。

汪氏　叶大梁妻，年二十四，守志近六旬。兵乱被掳令炊，自缢死。

鲍氏　端木某妻，于归数旬，闻兵乱至，姑携往避，突投桥下死。

胡氏　生员徐湘妻，年五十，乱至投水死。

程氏　名月仙，程庆元女，许字河沥溪朱凤麟之子。未婚而麟子丧。适朱门，矢志靡他。咸丰九年，闻兵乱将至，翁姑恐不能保节，讽以再适。女早备利刃，日夜不去身。十年二月朔果至，女避于去家五里之双树坞山上，见已近，引刃截喉，死不变色。

姚氏　童生包兆鳌妻，年二十四岁。遇兵乱，投河死。

汪氏　包孝和妻，遇变不从，被杀。

某氏　包培魁之媳，年二十五，遇兵劫，投河死。

胡氏　明楚女，适俞时胜之子，年二十，遇贼，投溪死。

汪氏　监生张善燮妻，年四十余，同二子妇某某氏避乱入山中，为所获，二媳大骂不辱，俱被杀。及汪，汪复大骂，又杀之，并三子亦遇害。

俞氏　张隆霜妻，年二十余，避乱山间。兵乱突至，计不可脱，因佯谓曰："入室任所为。"从之，行过深塘，乃一跃而入。

侯氏　汪玉书妻，咸丰十年八月，避难山中，被掳，绐之曰："吾有金宝藏山下，稍缓，必为他人所得。"遂引至塘畔，教令掘金，而自投于水。受绐者怒，以矛入水刺之，终不起。水为之赤。

俞氏　汪家灶妻，守志抚孤。长子入庠。年八十闻兵乱，投塘死。

二、民国《宁国县志》

兵事（点校版，555 页）

咸丰十年二月初一日，粤匪伪王李世贤，由宣城薛溪岭入宁国县城，焚掠四出。初三日，窜入广德，沿途纵火，五日始熄。

宁西有地，曰中川，亦号称小桃源，与旌德县接壤。四面皆山，唯北通大路，元人避兵于此。咸丰十年正月晦，贼陷旌邑，旌东之民多来避焉，焚掠渐逼。处士周垂王春，等纠其乡里丁壮与旌东、绩北义民共数万人，会于三月初六日，攻旌德县城，旌东贼卡尽破，直抵城下，大声骂贼，贼坚守不出。天暮且雨，民皆饥，无营幕、火炬，屹立以俟天明。贼乘暗出西门，潜攻两腋，旌民死者甚众。璿等据高结阵，焚破屋为燎，得以自保。然此后，贼不敢纵掠，每夜自惊，至十八日遁往广德，疾行过境，此为宁民杀贼之始。

初，贡生周垂璿，周启楹，有学术，隐小桃源之凤冈三十年，启楹，号凤冈先生。素喜清静澹泊。其俗，每岁赛神，以纸为旗。道光间，先生忽合其族之有力者，酿金结宜。春会，市五色绫为旗帜，以代纸旗，大者方丈，岁增之。又多备铁铳，至是山中，用以战贼。有贼众，侦知山中无官兵，遂袭凤冈之后，若不知者，将及，顶铳一声，旗帜皆竖，闪耀云日，与林石相间，如数万雄师。贼大惊，退，山上乘势发石炮击之。伏兵于山腰纵火，贼死伤甚众。以侦者为诒已戮之而遁，小桃源战守三载。后粮尽疫行，犹枵腹力战，死而后已。垂璿负重伤死，然兵后合计，所伤人数较之束手受死之地为犹多云。

咸丰十一年，胡乐巡检王清与邑绅周文吉、郭觐光、周赟等设保卫局于西乡。王清与弟某皆能出战，周文吉素谙兵法，金陵失守时，尝上兵备道邓瀛"破贼十策"。自捐饷倡办团练。贼至，则据险自守，乘机出战。贼退，则分路探谍，乘隙耕种。后涂炭日久，粮绝疫行，王清及弟某、周文吉先后遇贼不屈死。

自咸丰十年二月后，县城贼来往无常，至同治三年七月，贼平。

武功（点校版，585 页）

杨志进　号淑臣，同治元年以军功保至副将。十一年九月，署肃州镇属金塔协营副将，旋调署陕安镇中营游击。光绪十五年四月，护理陕安镇总兵，二十一年调补白土营游击，卒于任。

吴寿生　号鹤天。同治元年投效湘军，于克复金陵追剿河南西华、上蔡等处捻匪，援陕西同朝，克复陕西绥德州城及甘肃灵妙，荡平甘肃全积堡匪巢，诸役迭著战功。先后由外委累保至副将，江督奏留两江，尽先补用，并赏给"义勇巴图鲁"名号。历署通州营游击，镇江营参将。

胡玉森　字晓珊，以军功署皖南镇标右营守备，改补祁门县把总，在任三十年，军民翕然。绿营裁，罢归。年七十余，卒于家。

杨曦阳　同治元年以军功保至守备。

忠节（点校版，586 页）

许　焕　邑人，士缙玄孙，嘉诰子，生员，尚未详袭。咸丰十年，城陷。身负父诰轴，骂贼死。

吴　埙　邑人，咸丰七年，选江西德化县知县，贼至，未任。埙率团练驻东乡漕口，御匪阵亡（详见《宦绩》）。

吴世昌　知县，上元人，咸丰八年，粤匪破城死之（详见《大事记》）。

李　鸿　知县，龙岩人，举人。咸丰十年，带团练堵匪阵亡。

周文吉　邑廪生，笃学励品，不屑屑时文，习兵法，好施与。每年施棺木、寒衣，岁饥则平粜。咸丰十一年，独捐饷办保卫局，后遇贼殉难。

鲍全德　城西人，咸丰中，捐兵饷九千两，有案。当时，城破被难。

傅　简　典史，会稽人，咸丰庚申带勇御贼阵亡。

马占彪　城守，咸丰庚申率团练御匪，在漕口阵亡。

樊熙朝　舒城人，宁国县训导，咸丰庚申城陷殉难。贼追其眷至鸡里坪，二女一媳俱投井自尽。旌建专坊、专祠，世袭云骑尉（《舒城县志》）。

何金鳞　青阳人，宁国县训导，咸丰辛酉贼至，城复陷，被发逆追至南阳，阖门男女五口投井死。

江　铎　潜山人，候选直隶州，寄居城西。同治元年，请兵援救宁国，冒冲贼锋，身负重创。六月，提督鲍超军克县城，奏保铎知府衔。八月，铎创发身死，里人惜之。

赵　润　胡乐巡检，咸丰年殉难。

王宗沂　字梅君，娄县人，胡乐巡检。咸丰年间殉难，世袭云骑尉。

王　清　广东人，胡乐巡检，骂贼身亡。

马万伦　城守，追剿粤匪遇害。

查宁邑忠节得奖恤者，仅许士缙一人。咸丰十年，邑城失守后，士民办团练杀贼，皆人自为战，并无员弁带领。故阵亡死节之士，莫有详报，类皆湮没不彰。兹据各乡采访册，所得接仗阵亡，及骂贼不屈姓名，特列于后。

吕德和　咸丰十年杀贼阵亡。

赵树棠　咸丰十年杀贼阵亡（以上二人见余型《义民祠记》）。

胡乃定　同治元年杀贼阵亡。

许连喜　年七十九，骂贼死。

饶道士　攻旌邑贼，阵亡。

饶三久　杀贼阵亡。

许观有　年七十骂贼，割舌死。

许　新　杀贼阵亡。

葛启义　忠勇过人，年七十余，杀贼阵亡。

周启纯、周垂勋、周裕泰、周遵涝　以上四人，俱同治元年二月十八日，杀贼阵亡。

汪家森　邑人，御贼战死将军岭。

胡为宝　邑人，与汪家森同死难。

操三宝　邑人，率团练战死纽口。

汪苏州　与操三宝同难。

胡荣山　邑人，一门殉难。

灾异（点校版，886 页）

咸丰二、四、五年，连年荒歉，飞蝗蔽天。所集田苗稼立尽。

咸丰六年，大旱，人相食。

咸丰七年，县东西河百余里，白鱼拥岸而至，可掬，食者多病（或以为蝗所化，故不可食）。

咸丰初，民间多设花灯，蛊赌场，略如射覆。自徽浙传来。凡三十字，日悬一字；晨闭夕开。使人以钱射之，中者赢三十倍。近场数十里居民皆废业，忘寝食，以攻赌。彻夜，男女暗守坛庙坟冢，以祈鬼示征。或自装鬼及死尸以引之，曰"点红"。每村以一人代众携钱往来，曰"走水"。破产致命所在有之。其士类又多惑于乩仙，朝夕虔奉，皈依为弟子，各赐法名。一县境不下数百坛。夫灾难将至，妖异迭兴。天之所以警人，使人自警以弭灾者也。至于人自为妖而灾，遂不可弭矣。斯时士民不征诸人，而征诸鬼。举国若狂，识者伤之。

咸丰十年，寇兵所至，皆有黑雾。晨起，登山望之，若黑雾入山，是日，寇必至。难民辄以此为候。

同治元年，乱定。五月，宁国瘟疫流行，全境死亡枕藉，无人掩埋（见程子山《劫后余生录》。据乡老言，宁民死于锋镝者十之三，死于瘟疫者十之七，散于四方来归者，不及十分之一。至今土著少，客籍多，足以徵之）。

同治四年以后，野豕伤稼（自兵火后，人烟稀少。草木繁盛。野豕百十成群，所过田禾立尽。农民于禾熟时，露宿田间，呼号四彻。同治四年以至七年，岁皆丰稔，豕损其十之三四而米价仍贱者，食之者寡也。又近岁多虎患，山中有兽状如犬而大，色黄赤而有光，黑唇，恒偶行，能食虎及野豕，不为人害，或谓此兽鼻窍不通，非目见不知，故所食亦寡）。

同治五年五月初一日，地震。十一日县大水，田亩多淹没。

同治六年五月，白龙见西津（见者十余人。云罩其首，项以下鳞甲如银，移时始升）。

同治七年三月十九日，雨雹皆浑圆如珠。大者如盏，平地顷刻积一、二寸，次日始消。

贞烈（点校版，879 页）

胡氏　虞康烈之媳，咸丰十年，遇变乱不屈，死。

胡氏　程万松妻，被掳至半途，抱幼子投水死。

胡氏　程金元妻，遇变，同时与夫大骂不屈，均被剖腹死。

胡氏　胡泳时妻，年二十余。泳卒，守志纺绩，为继嗣续书香，六十余岁，乱至投池而死。

胡氏　仙征树妻，遇变不屈死。

胡氏　生员徐湘妻，年五十，乱至投水死。

胡氏　明楚女，适俞时胜之子，年二十，遇乱，投溪死。

胡氏　杨兆品妻，年二十，家无生产，侨寄他处。夫病剧，泣誓以身殉。及逝，号哭就棺欲同殓。翁姑慰解之。越宿出枢，绐其家人执绋送过洋丁源，赴水死。

胡氏　葛福泰妻，十六岁守节，避兵难饿死。

胡氏　监生郭国耀妻，见夫遇害，投河以殉。

胡氏　儒童方家铨聘妻，本邑农民胡梦灶女。道光二十四年，铨故，女年十五岁，闻讣奔丧，越铨五日，不食死。道光二十四年旌表贞烈。

程氏　胡显佩聘妻。二十一岁，闻夫故，投环遇救，断两指，誓不二。父母遂听其，适胡守志，卒年三十四。

程氏　名月仙，程庆元女，许字河沥溪朱凤麟之子。未婚而麟子丧。适朱门，矢志靡他。咸丰九年，闻兵乱将至，翁姑恐不能保节，讽以再适。女早备利刃，日夜不去身。十年二月朔果至，女避于去家五里之双树坞山上，见已近，引刃截喉，死不变色。

程氏　许观丙妻，年二十余。遇变不从死之。

程氏　张守盛妻，城陷与媳程氏同殉难。

程氏　张守盛媳，城陷与姑程氏同殉难。

张氏　生员吴金围妻，兵乱至惧不免，自缢死。

张氏　监生张善燮长媳，避难入山中被获不辱，大骂死（见后汪氏注）。

张氏　监生张善燮次媳，避难于山中被获不辱，大骂死（见后汪氏注）。

汪氏　叶大海妻，兵乱被逼不从，子母遇害。

汪氏　叶大梁妻，年二十四，守志近六旬。兵乱被掳令炊，自缢死。

汪氏　包孝和妻，遇变不从，被杀。

汪氏　监生张善燮妻，年四十余，同二子妇某某氏避乱入山中，为所获，二媳大骂不辱，俱被杀。及汪，汪复大骂，又杀之，并三子亦遇害。

朱氏　朱宗炜女，未字，年十八，被掳不屈自缢死。

朱氏　处士董臻妻，遇变乱不辱死。

鲍氏　方祖贵妻，青年守志，乱至自缢。

鲍氏　端木某妻，于归数旬，闻兵乱至，姑携往避，突投桥下死。

鲍氏　端利耀之妻，咸丰十年，遇变不屈死。

方氏　汪金海妻，与夫避兵乱入山中，氏被获。乘机抗之于地，呼夫出杀之。后复遇，大骂而死。

方氏　儒童周文瑞妻，十九岁守志，遇变乱投水死。

方氏　张天惠妻，二十二岁守志，同治元年年四十余，遇变乱不从死。

樊氏　训导樊熙朝之媳，咸丰十年，城陷被追掳至鸡里坪，不辱投井死。

樊氏　训导樊熙朝长女，咸丰十年，城陷被追掳至鸡里坪，不辱与嫂、妹同投井死。

樊氏　训导樊熙朝次女，咸丰十年，城陷被追掳至鸡里坪，不辱与嫂、姊同投井死。

俞氏　俞声扬之女，未字。咸丰庚申，避乱入山中，遇掳不屈，双手紧抱树，被以戟刺杀之。血流满树，死后，手仍不松。铜陵夏思沺有诗赞之（载《艺文志》）。

俞氏　汪家灶妻，守志抚孤。长子入庠。年八十闻兵乱，投塘死。

俞氏　张隆霜妻，年二十余，避乱山间。兵乱突至，计不可脱，因佯谓曰："入室任所为。"从之，行过深塘，乃一跃而入。

杨氏　胡福建未婚妻，遇变乱，不从死。

杨氏　朱宗点妻，遇变乱，不从死。

葛氏　名顺娇，未字。同治二年，年十五岁，遇掳不从死之，刀创遍体。

葛氏　章圣敬妻，二十一岁守节，年五十余。遇掳自尽。

吴氏　程学庭聘妻，被掳不屈死。

吴氏　监生，杨捄玙妻，遇掳抱子投水死。

许氏　胡邦抒妻，年二十余守节。咸丰十一年，年五十被掳，逼令炊爨，不屈死之。

姚氏　朱遵妻，被掳吞金死。

姚氏　童生包兆鳌妻，年二十四岁。遇兵乱，投河死。

何氏　训导何金麟之妻，咸丰十年，城陷，被追掳至南阳，投井死。

何氏　训导何金麟之女，咸丰十年，城陷，被追掳至南阳，随母同投井死。

饶氏　处女，被掳不屈，与妹同自缢死。

饶氏　幼女，与姊同被掳，惧污，随姊自缢死。

陈氏　儒童，饶世德妻，二十四岁守节。咸丰十一年十月，遇掳，矢志不从，死之年二十六岁。

万氏　杨志富妻，遇兵劫至，抱幼子投河死。

虞氏　仙喜助妻，遇变乱，不屈死。

仙氏　陈天佑妻，遇变乱，不屈死。

王氏　胡成美妻，咸丰庚申，避乱入山中，遇掳不屈，投深潭死。铜陵夏思泅，有诗赞之（载《艺文志》）。

包氏　包培魁之媳，年二十五，遇兵劫，投河死。

洪氏　周高爽妻，避兵难入山中，坚不肯出，与一子、一女俱饿死。

侯氏　汪玉书妻，咸丰十年八月，避难山中，被掳，绐之曰："吾有金宝藏山下，稍缓，必为他人所得。"遂引至塘畔，教令掘金，而自投于水。受绐者怒，以矛入水刺之，终不起。水为之赤。

黄氏　朱宗达妻，遇变乱，投水死。

章氏　职员郭良富妻，年二十二守志，六十四岁被掳，不屈大骂死。

梅氏　生员胡薰妻，见夫遇害，氏同时自缢。

吕氏　程月生妻，年十九夫亡，抚棺号泣，水浆不入口三日，一恸而绝。见节孝胡氏注。

凌氏　避乱山谷，遇之恐被辱，自缢死。

艺文

梅村千人墓记（点校版，703 页）

周赟　在十七都梅村，俞钦曾记，其实同

古来有千人同墓者，长平之坑，坑而非墓；骊山之殉，殉而非墓。至若乱后之义冢，人无数而骨不全亦不得谓为千人之墓。吾邑东梅村之山有仙人洞焉。山半一径缘崖，右转，危岩上覆，绝壑下悬，横裂一缝，游者仰而先入其足，负石斜下丈许，乃得平地，渐入渐深，亦渐高大，可秉烛作夜宫之游也。前洞嵚崟砝嵲，灵巧万状。其垂而下者始天仙骖鸾，控鹤回翔于云际；其突而上者如水仙乘龙，策鳖游泳于海中。其危立悬坐而排纂于两崖者，有醉仙、有棋仙、有采芝、骑鹿、烧丹、炼汞之仙。或鲐背为仙翁，或云鬟为仙娥，或总角垂髫为仙童仙女，俯仰顾盼，令人应接不暇。渐闻洞后泠然如铜壶刻漏，即石潭瓮口，仰视洞顶，明珠一颗莹然堕其中，寒声四彻，是为珠泉。过此以达后洞，则幽深莫测，此自开辟以来之仙人洞也。咸丰三年二月，粤贼自安庆陷金陵，历六七载，宁邑安堵，咸谓山深民贫为贼氛所不至矣。及十年十月晦，贼入旌德城，宁西、绩北、旌东义民，约三月十五日齐集旌东门攻城。贼以火器冲出，义兵大溃，尸横遍野。十八日贼窜宁国县城，宁人以吾宗蔼庭茂才知兵，推为帅，约日再攻城。时余馆蔼庭家，以为无号令行伍，有帅如无，覆辙可鉴，惟通知各都坚壁清野，使贼无所掠，守险而战，可保万全。蔼庭重违众赴之，又大溃，死者数倍于旌。于是人心解散，纷纷逃匿，走山谷，伏榛莽，为苟全计。至欲避风雨，储衣粮，则非入山洞不可。宁邑固多山洞，然不险则不可守；不宽则不能容众。其外险而内宽者以梅村之仙人洞为第一。乡人避其中者日众，多至千余人，乃籍其户口，推一人为洞主，水火出入皆有司，人各选胜而栖，居积鳞次，灯火星罗，往来交易成"洞市"焉。贼爇草薰之，烟不入，灼薪投之火不燃。贼众无可如何，故蹂躏三载，洞中人如在桃源焉。前洞顶有窍上通，号一线天，已塞土石，种树其上，而洞中为大桶盛水承之，以防火攻。有男子置母洞中而下山被掳者，其贼夜复至，男子夜逸临洞，自通名，告洞中人曰："贼酷拷村媪，求破洞之计，媪已告以顶窍，天明即来用火攻，宜速出。"时已二更，洞主弗从，求入负母出，亦弗许。遥见贼来，乃痛哭而去。贼胁媪至巅，拔树启窍而下火药，外人闻洞中爆裂崩坠声，烟出旬余始息。计在籍一千三百余人皆死洞中。及贼平，十余年人无敢入者。有江西伐木之佣，意其中有金银，谋盗之而畏鬼也，与其徒十二人皆涂面为恶鬼。人一刀一炬，约见鬼则噪而奔。初入前洞，焦石架叠，循其空以入，拨灰寻觅无所得，亦不见有人骨，乃越珠泉以入后洞，顿觉阴气袭人，毛发皆竖，火光闪闪作惨碧色。明灭中见无数男女，雪鬓云鬟，衣裳楚楚，纵横坐卧，其中皆举袖挥扇，鬼眼荧然，见火欲起。盗大惊噪而奔，后亦噪而逐之，履声错然相及。炬已灭，六七触石而颠为追者所压，猛睨之，恶鬼也，奋刀砍之而脱过焦石，攒穴狂突，石砰然覆压不得出，其得出者三人，然皆已脑破胆裂，相继死。乡人神之，封其洞口立碑焉，岁时致祭。此仙人洞所以变而为千人墓也。盖当日洞中既知贼谋，相率而避于后洞，前洞居积，既灼火不及而火气蕴不得泄，是其人死于气，而非死于火；死于居积，而非死于火药。向使尽置居积于后洞，火药一燃即息，烟轻而气易散。后洞地卑势曲，虽终日投以火药，亦不为害，乃既承以水桶而不能御火者，必由洞口与洞顶不能吻合，火未及水而焰已四射矣。然则洞中人虽不从男子之言，卒赖其来告，以免于糜烂。凡人死石中，久则化而为石，骊山石人皆殉葬者所化。欧罗巴那多理亚国石穴中有石人无算，则避兵者所化。亦如蟹介石而为石蟹，蝇集石而为石蝇，在当日以石质而成人形不过仿佛相似耳。今以人身而化为石质，质易而形不易。千百年后墓门洞开，其景更奇，然则千人墓又将变而为仙人洞矣。论者疑当日既知贼谋，何以不出洞求生而相持以俱死，不知男子来告时已二更，将举一千三百人扶老携幼，一一蛇行，鱼贯以出洞口，出未及半而贼至矣。一言出则人皆争先，其出尤难，况此时四面皆贼，出而受戮，其死尤惨。与其陨首暴骨散而死于洞外，不如全身石椁聚而死于洞中也；其妇女或可不死，与其出而污辱以生，不如不出而完节以死也。且此三年中死洞外者不知几百万人，皆颠沛流离，涂膏暴骨，安得如千三百人安享太平全躯保节、生同室而死同穴哉？然是时城乡焦土，田在草间，野不待清而自清，遗民十存一二，皆有必死之心。于是乎不约而皆举义，不谋而知守险。我西乡二十六、七两都，各据险要，而以东乡朱武生忠信所统十五都之团丁，尤为劲旅，皆能以寡敌众，出奇制胜。庚辛两年贼来，但见贼杀民而俘民，肩民衣粮以下山。同治壬戌以后贼来，但见民杀贼，而俘贼肩贼衣粮以上山。至此后宁民之死皆死于疫而非死于战，然后乱世之民攻城与逃匿，皆下策也，如仙人洞入险而不能出，亦仅为中策，惟坚壁清野守险而战，使贼无所掠而我有所恃乃为上策。予固避贼而经九死守战而得一生之人也，故作千人墓记，以示后人。

义民祠记（点校版，708 页）

余型

敬维我国家录叙忠义，凡各府州县遐迩不遗仰承德意，阐幽振隐，罔敢弗虔。宁邑南关内曰义民祠者，咸丰间发逆窜踞宁邑，以祀先后与难之官绅及御敌从死诸义民也。顾进而瞻谒考之堵碑，所请崇祀者自二十四案，以逮四十四案，计二百余人，迨由忠义局复汇案请旌者凡三十余人附祀于其内。窃思宁邑被兵最重，民亦好义，尝闻于千秋关堵御失利，殉难者诚不乏人，及退而稽核档册，尚有待旌者八百余名，此心愈缺然也。论当日官宦遇难者则有知县李公鸿被贼戕害于吴岭，训导樊公熙朝均被贼害于百店镇，所遗一媳二女亦坠井身死，胡乐巡检王公清骂贼身死，城守马公万伦追剿被戕。绅士遇难最惨者如鲍全德、周文吉，亦必循旌表之例，一体崇祀，然后于礼称其宜。其余死于咸丰十年尚有吕德和、赵树棠。若而人民妇死之最烈者，有若虞康烈之媳胡氏，端利耀之妻鲍氏，而且汪家森、胡为宝以将军岭之战死，操三宝、汪苏州以纽口之战死。又是时若胡荣山一门殉难或死于力屈，或死于粮绝，册卷亦粲然甚明。若听其灵爽幽沈，非所以发潜德之光、励义士之节也。于是谋诸明府郑君，明府闻之惨然，遂会衔申请旌表，兹取所考正宜祀者，参伍为神牌，并附从死义民于其右，而以疾、以逃亡者概不与焉。呜呼！天壤履危，致命之士自遂其志，岂尝觊后世名哉？而浩气精光不可磨灭，郁然而必发，迟久而弥新。继自今位次，布昭春秋休享而谒是祠者，亦因以低徊向往，歆动其忠义之思，则庶几哉？志此以广其传，为世大劝云尔。

兵难诸作（咸丰庚申至同治甲子）

周赟

（点校版 852 页，及胡乐《中川周氏宗谱》均有记载）

数载筹防御，闾阎气已伤。饷多充国少，兵弱暴民强。
地任离心失，珠犹剖腹藏。忠臣援例报，孤负国恩长。

官去犹携印，贼来先守城。有民能报国，无将自兴兵。

两县尸横野，千树夜哭声。桃源彭泽宰，辟世已忘情。

暂作编茅计，经春复历冬。墙因千仞壁，柱借万年松。
静坐云生足，寒眠雪压胸。若无忧患累，巢许已齐踪。

近贼人无睡，凶声日夜传。一心惊入地，万口痛呼天。
白发攀藤走，红颜藉草眠。隔山回望处，家室已成烟。

有命终愁死，无家尚忆归。草储明日食，雨洗隔年衣。
昼伏身如葬，宵惊梦亦飞。何日见天日，同采故山薇。

别泪血双袖，断肠呼一声。不堪环抱死，难保别离生。
有母送苏武，无人赎智罃。慈颜暂回顾，刃下望归程。

身在梦犹疑，春归客不知。腥风千里血，毒雾一军尸。
死节鸿毛误，生还马角欺。团圞终有日，存没永相期。

月黑淅山高，仓皇虎口逃。离弦心似箭，作砺颈磨刀。
不识饥寒苦，焉知跋涉劳。故乡能到否，有害莫相遭。

贼境皆忘日，穷途始见天。早惊村妇走，晚伴死人眠。
旷野秋无种，深山夜有烟。入门两行泪，如梦对灯前。

不战人将尽，收功灰烬余。走曾伤郑鹿，技已识黔驴。
杀贼惟凭险，知兵不在书。如何全盛日，先自弃军储。

山寨连云结，神旗映日开。风呼千树火，石走半天雷。
碧血人如草，红头贼是灰。相遭两不幸，忍见髑髅台。

烟火梦中逃，蛮奴夜失刀。如熊人有胆，似猬贼无毛。

电影旌旗乱，风声草木号。义兵无爵赏，杯酒叙功劳。

越寇无人御，吴宫有女兵。娥眉同一死，虎口又重生。
不负焚身烈，依然抱树贞。血痕阶石紫，一见一回惊。

杀气来天地，凄然草不春。岂无攻贼贼，竟有食人人。
疠以忧劳酿，饥非水旱臻。行踪千里绝，何处问乡邻。

土旷官遥领，人稀贼自衰。干戈无用处，焚掠有穷时。
并死诚何乐，求生亦可悲。天良汝仍在，悔悟太嫌迟。

山中人听说，海内贼皆平。相慰各垂泪，闻呼尚误惊。
家门天再造，儿命母重生。未失千秋业，归来谱六声。

望望起烽烟，穷途雨雪天。云山何处好，骨肉自相怜。
冻饿追人后，艰危迫寇先。始知太平日，鸡犬亦神仙。

咏高山二烈（点校版，855页）

夏思泇　少岩　铜陵举人

咸丰庚申腊，避寇旌宁间。
知音遇伯牙，穷途免饥寒。
狂寇乘寒来，冒雪登高山。
高山女如云，泪洒血成斑。
就中有二烈，高节不可攀。
——一为胡氏妇（胡成美妻，王氏），脱身入深潭。
——一为俞氏女（俞声扬女，未字），抱树手交环。
入潭贼不顾，抱树贼戟攒。
血流心已死，头裂手不宽。
夜静闻胡呼，贞魂相与还。

红日两冰人，战战何时干。

二烈幸未死，死亦非所患。

我已知死乐，鸿毛独无颜。

未报一士恩，徒为二烈叹。

题诗泪磨墨，投笔摧心肝。

何人题此诗，铜陵夏少岩。

大事记（点校版，891 页）

咸丰八年正月二十日，太平天国军李世贤率兵入宁国，城破，知县吴世昌死之（见山门程子山《劫后余生录》）。

客民入籍原案（点校版，891 页）

光绪六年，知县金详七年正月二十一日奉抚部院裕札，开为抄折行知事：照得本部院于光绪六年十二月十九日，会同两江总督部堂、安徽督学部院专差具奏"宁国县垦荒客民寄籍有年援案与考"一折，除俟奉到谕旨，另行恭录咨行外，合先抄折札行，札到该县，即便知照。此札。

计抄折

奏为宁国县垦荒客民，寄籍有年。据请援照广德、建平成案，准予入籍与考，以顺舆情。恭折仰祈圣鉴事。窃目前因皖南广德、建平二州县，寄籍客民人数众多，均已置产、完粮，无殊土著。其子弟从事诗书有志上进者，或无籍可归，或离籍较远，艰于归考。当经臣先后奏请，将该两属寄籍客民，划清年限，准予分别入籍考试，俾得教养兼施。仰蒙恩准在案。兹据署宁国县知县金耀奎详称，该县兵燹后，土著稀少，田地荒芜。自同治五、六年以来，两湖、河南以及皖北等处客民，携带家口前来就垦者人数众多，至今已阅十余年之久，户口益繁，均置有田地、庐墓、税契、完粮，其子弟中，现事诗书，有志应考，颇不乏人。只因原籍遥远，归考非易。据该客民等联名，呈垦援照广德、建平成案，一体准予入籍考试，以免向隅。请将该县垦荒客民，以光绪五年烟户粮册为断，统照广、建成案，由地方官查其现在就耕者若干户，有志应考者若干丁，果无原籍可归，而又身家清白，别无违碍，准取结造册，立案入于宁国县应试，免其计扣年限。并移明原籍，不准复回跨考。其有籍可归，暨在光绪六年以后续来就耕完粮者，仍应遵照定例，按照税契、纳粮之日，扣足二十年以上，方准入籍考试。将来生齿日繁，不得因此请加学额。应考之童，亦毋庸划分土籍、客籍，一律凭文取进。俾昭公允等情，由藩司转详请奏前来。臣伏查皖南广德、建平两处客民，前经奏准入籍与考，以消党同伐异之嫌。土客民情，均皆悦服。宁国县与广德、建平壤地毗连，情形相等，事同一律，今据该县援案，详情核与前办广、建成案，亦属相符合无。仰恳天恩，将宁国县属光绪五年以前垦荒客民，入籍应考准照广、建成案，一律办理，以广皇仁。谨会两江总督臣刘、安徽学政臣孙，恭折具陈，伏乞皇太后、皇上圣鉴，敕部议覆施行。谨奏。

光绪七年四月初八日，奉学宪孙札：光绪七年四月初二日，准礼部札，开本部议覆安徽巡抚裕奏"宁国县垦荒客民，请援案，准予入籍与考"一折。光绪七年二月初九日具奏。本日奉旨"依议"。钦此。相应抄录原奏札知可也，并抄单等因，到院准此合行札知，札到该县立即遵照办理，毋违。特札计抄粘礼部谨奏：为遵旨议奏事，内阁抄出安徽巡抚裕禄奏，宁国县垦荒客民，寄籍有年，请援照广德、建平成案，准予入籍与考等因一折。奉旨："该部议奏"。钦此。钦遵到部，查原奏内称：据署宁国县知县金耀奎详称，该县兵燹后，土著稀少，田多荒芜。自同治五、六年以来，两湖、河南及皖北等处客民，携带家口，前来就垦者，人数众多。至今已阅十余年之久，户口益繁，均置有田地、庐墓、税契完粮，其子弟中，现事诗书有志应考者，颇不乏人。只因原籍遥远，归考非易，据该客民等联名呈恳援照广德、建平成案，一体准予入籍考试，以免向隅。请将该县垦荒客民，以光绪五年烟户粮册为断，统照广、建成案，由地方官查其现在就耕若干户，有志应考者若干丁。果无原籍可归，而又身家清白，别无违碍，准取结造册立案，入于宁国县应试。免计扣年限，并移明原籍，不准复回跨考。其有籍可归，暨在光绪六年以后续来就耕完粮者，仍应遵照定例，按照税契纳粮之日，扣足二十年以上，方准入籍考试，将来生齿日繁，不得因此请加学额。应考之童，亦毋庸划分土籍、客籍，一律凭文取进。俾昭公允等情，由藩司转详请奏前来，臣伏查皖南广德、建平两处客民，前经奏准入籍与考，以消党同伐异之嫌，土客民情均皆悦服。宁国县与广德、建平，壤地毗连，情形相等，请将宁国县属光绪五年以前垦荒客民入籍应考。照广德、建平成案一律办理等语。臣等查光绪元年，据安徽巡抚以广德州地方自罹烽烟后，满目荒凉，连年招徕开垦田赋，渐有起色，未始非垦户之力。请免计年限，将该客民入籍考试，当经臣部议如所奏，以同治十三年烟户粮册为断，查系身家清白，别无违碍，准取结造册立案，入于广德应试，免其计扣年限，仍移明原籍，不准复回跨考。其在光绪元年以后，续来就耕完粮者仍按照税契纳粮之日，扣足二十年以上，方准入籍考试。将来生齿日繁，不得因此请加学额。应考之童无庸划分土籍、客籍，一律凭文取进等因在案，嗣于光绪四年，据该抚请将建平县垦荒客民援照广德州成案，以同治十三年烟户粮册为断，一律准予入籍考试。复经臣部议准亦在案。今该抚请将宁国县客民，援照广德、建平成案，入籍与考。既据声称该县兵燹后，土著稀少，自同治五、六年以来，客民携家就垦人数众多。至今已阅十余年，户口益繁，均置有田地、庐墓、税契、完粮，其子弟现事诗书有志应考者颇不乏人。皖南广德、建平两处客民，前经奏准入籍与考。土客民情，均皆悦服。宁国县与广德、建平，壤地毗连，情形相等，是该县客民携家就耕寄籍有年，与广德、建平二州县客民事同一律，自未便办理两歧。惟所请以光绪五年分烟户粮册为断之处，未免漫无限制，核与成案亦有未符。臣等公同商酌，所有宁国县垦荒客民，据请查照广德、建平成案，仍以同治十三年分烟户粮册为断，由地方官查明现在就耕者若干户，有志应考者若干丁，果系身家清白，别无违碍，准取结造册立案，入于宁国县应试。并移明原籍，不准复回跨考。其在光绪元年以后就耕完粮者，应查照成案，确遵定例，以税契纳粮之日，扣足二十年，方准入籍考试。将来生齿日繁，不得请加学额。应考之童，毋庸划土籍、客籍，一律凭文取进，以昭画一而杜冒滥。所有臣等议奏缘由，是否有当，伏候钦定。为此谨奏请旨。

三、民国二十四年《昌化县志·兵氛》

逃难记
——太平天国时期逃难纪实

近读民国二十四年浙江省《昌化县志》，发现清末原宁国府泾县汪宜蛰的一篇赋文，记载了太平天国战乱时期、泾县一家38口逃难的纪实（曾逃难于宁国县胡乐司），题目为《逃难记》，现抄录、点校如下：

《逃难记》（汪，泾县廪生，避洪杨乱，率全家来昌，寓太平庄胡宅。及旋里，赋此以赠主人）

泾县·汪宜蛰

生家柳岸，地类桃园。万井人烟，千年村落。险倚山溪之固，人安耕作之天。鸡犬桑麻，共乐太平之有象；士农工贾，讵同鲁国之无鸠。洎乎小丑自西来，直泛大江而东去。狼奔白下，笑铁锁之空横；猘突青阳，据金城而莫扼（咸丰四年，贼据青阳城，至此未收复）。 五十里近邻贼穴，催贡催降（其村踞青阳城五十里）； 廿七姓共竖义旗，练兵练勇（泾、太两县廿七姓联络）。 振金鸣鼓，军声来半夜之潮；斩将搴旗，虏骑丧前驱之胆（贼至其村，击退者数次）。 瓜期代戍，守御者数千人（其村踞青阳隔一万级岭，团数千勇，更代戍守）； 花户输捐，勤王者六七载（按户挨捐助饷）。 无如严防，隘口别有歧途。窜泥田，而偏师直入（万级岭防守甚严，不期贼分一军，窜泥田直抵查村）； 踞厚岸，而滋蔓难图（厚岸为廿七姓总局，贼盘踞者数月）。 渔网鸿罹，尸横遍野（杀死团勇及百姓甚多）。 鹊巢鸠占，屋尽为墟。拚赤子而头裹红巾，人皆酸鼻；破青冢而尸烧白骨，鬼亦寒心（贼所馆各路口，必烧号火，常搬棺木连尸烧毁）。 掘地窖以及泉，不使钩金留白（富户窖金地下，尽被掘获）； 遍山村而纵火，至今焦土犹红（边近山村烧毁一光）。 于焉挈妻孥子负老幼，踰峻岭，入深山，偕鹿豕以同游，与猿猴而争路，匍匐过羊肠之径，眉锁崇朝，伛偻扶鸠杖而行。骨穿两胁，加以凄风刮面，骤雨淋头，吹来遍体，如冰寒将其粟；湿到浑身，似水人欲为鱼。尤复萧寺，难寻茅庐，未结眠，惟枕石半宵，霜露凄凉。食莫采薇，三日炊烟断。绝呼！彼苍而莫吁对，垂白而潸然（合家避居白沙，露宿山巅，适逢疾风甚雨，不食者三日）。　所最苦者无山不搜，无庄不掠，九生十死，身可逃家不可逃。万壑千岩，我能往，寇亦能往。是亦鼠搬姜而漫穴，象有齿而终焚。旌旗或蔽天而来，财帛尽委地而去（其村避难入白沙者极多，搜山数次，人尽弃物而逃）。东逃西窜，恒狭路之相逢（奔至云岭，与贼相撞，被掳者十有八九。其家幸得脱）；　左冲右突，恨高天之难上。望夕阳之西照，方知今日能生；对明月之东升，共拟来朝就死（是时，离贼五里之遥，自分必死。若贼再至，则全家无噍类矣）。　而来纲张三面，留活路之一条（是处东、西、南三方尽是贼馆，惟北方无贼）。　犹期身突重围，延残生于再世。用是脱虎口，向乌溪出山，昂天外之头，争渡掬舟中之指（由下方过渡，争舟者数百人）。　访芝兰之旧友，屋赁黄田（至黄田屋住，皆朋友代为排定）；　依瓜葛之微亲，村寻朱旺（黄田与泾城相近。泾城告警，遂由黄田搬往朱旺村连襟家）。　祇道我军鹅鹳可安堵而无虞（三溪镇有官兵驻扎）。　讵知尔族虎狼，竟逼人太甚。胡乐司乐而不乐，宁国山宁而不宁（旌城贼陷，搬住胡乐。是处复骚动不安，由宁国山搬入昌化）。　似鸟惊弓，恐入林之不密；如鹿走险，叹择荫之未遑。幸而落魄他乡，寄身仁里（昌化仁里溪源）。　羲皇古俗，怀葛遗型。蒙芹藻之常贻（送菜者日不乏人），　荷釜鬵之有借（谱海借大锅二只，始得炊煮）。　赤心相待，感君等再造鸿恩（昌化人怜悯照顾）；　青眼独邀，庇我辈三间燕厦（吴家庄胡百寿租屋三间）。　仍旧一堂聚处，谈笑自如。回思中路流离，依稀似梦。第念生蓬荜，寒儒菰蒲，弱质才惭，倚马技学雕虫。乐善好施，听高曾之彝训高祖庠生，曾祖附生，载泾县志；　疏财仗义，守祖父之遗风（先祖郡庠生，敕授修职郎，生平疏财仗义，传为家法，脍炙人口）。　世代书香，箕裘难继。合家命蹇，囊橐俱空。徒剩有两袖清风，几经搔首，空怀此满腔血性，莫救燃眉，怜子恒饥（小儿不食六谷，恒忍饥自饿），　呼庚谁应。对此八旬鹤发，惭李密之陈情（祖母年近八旬逃难至此，未能奉养）；　凭将一束牛衣，学黄香之温席（逃至此，行李无存，老母亦卧牛衣）。　二百里烽烟远隔，离家未可还家（其村至昌化，二百余里）； 卅八口衣食维艰，逃命终难活命（一家三十八口，嗷嗷待哺）。 恨蚨飞之不复，泪洒穷途；裁鲤信而难通，魂萦故里。弹冯煖之剑，七尺躯自愧昂藏；吹伍员之萧，三寸舌不胜嚅嗫。既萍踪之邂逅，未必无缘；叹絮语之叮咛，不堪持赠。

——本文录自民国十三年《昌化县志·事类志·兵氛》卷十五 1100 页

四、民国《宿松县志》

训导周赟松溪小草律诗（七首，并原注）

青阳别内之宿松任

大江东去独西行，鸿雁南来此北征。

我命在天经九死，卿心如石已三生。

（咸丰庚申予贼连刀砍颈，家慈以右手当之，腕骨几断。是日，内子在山抱树被杀死而复苏。壬戌复遇贼于狮山文昌宫，先姊殉节，贼焚其尸。丙子夺刀杀贼转受伤，又死而复生。及新婚有"壁经睆柱终完赵，洞自栽桃不避秦"之句。题家庆图云"再造忍看慈母手，三生难画细君眉"）

诗坛风月原无界，宦海风波本不平。

樽酒远期归日共，残躯尚挽鹿车轻。

五、新编《宁国县志》

《大事记》

咸丰二年（1852），荒歉，飞蝗蔽天，所集田地，苗稼立尽。

咸丰四年（1854），至咸丰五年，蝗虫害稼，连年荒歉。

咸丰六年（1856）三月二十八日，太平军首次占据县城。

咸丰六年（1856）五月十一日，清军复占据县城。

是年，大旱，人相食。

咸丰八年（1858）正月二十日，太平军侍王李世贤率部攻打县城，击毙知县吴世昌。

咸丰十年（1860）二月一日，太平军李世贤率部由宣城薛溪岭进入宁国县，攻占县城。初三日退走广德。

咸丰十年（1860）八月，太平军与清军战于吴岭镇（今虹龙），清知县李鸿被击毙。

同治元年（1862）五月，瘟疫流行，死亡枕藉，无人掩埋，十室九空。

同治元年（1862）六月十五日，清军将领鲍超占据县城。

同治元年（1862）九月六日，太平军攻克县城。

同治元年（1862）冬，大雪。斗米千钱，人相食。

同治二年（1863），乡人为避兵乱藏匿在梅村"仙人洞"，1300余人被军方放火熏死于洞中。

同治三年（1864）七月三十日，干王洪仁玕、堵王黄文金等将领组织皖南尚存的太平军，与清军刘铭传部在县东南七都（今桥头乡）大战，匡王赖文鸿在余村阵亡，堵王黄文金受重伤。此役成为太平军与清军在宁国县境内的最后一仗。

同治四年（1865），县境人烟稀少，草木繁盛，野猪成群损害庄稼十分之三、四。

第二十五篇　军事

第二章　驻军与地方武装

第一节　驻军

太平军　清咸丰六年至同治三年（1856—1864），太平军侍王李世贤、襄王刘官芳、辅王杨辅清等将领，先后率部进驻宁国县城和胡乐、东岸、宁墩、虹龙等地，为时八年之久。

第五章　战事纪略

第二节　近代战事

太平军转战宁国　清咸丰六年至同治三年（1856—1864），太平军转战宁国县境8年之久，与清军展开拉锯战十九次之多，先后十次攻克县城。

清咸丰六年三月二十八日，太平军首攻宁国县城。五月十一日，清军徐天麟、张应超部一万四千人攻城，太平军撤退。九月二十二日，太平军再克县城。咸丰七年，浙江提督邓绍良，以宁国为浙江屏蔽，屯军扼守。十月，两军交战于南极漕口，杀团练头目吴薰。咸丰八年正月二十日，太平军侍王李世贤破县城，击毙清知县吴世昌。六月十八日，清军再陷县城。

咸丰十年二月初一日，侍王李世贤、襄王刘官芳经宣城薛溪岭攻克宁国。六月十八日，太平军经胡乐出师丛山关，击退清守军皖南道李元度部。八月，太平军与清军战于吴岭（今虹龙），击毙知县李鸿。十月，清廷调鲍超部驻守宁国。十一月八日，驻宁国太平军出师绩溪，取道胡乐，击毙胡乐巡检王清。次年三月八日，太平军再破县城，县署训导何应麟及廪生周文吉顽守毙命。同治元年六月，鲍超部再攻宁国，太平军再受挫，退守广德。九月，辅王杨辅清班师回宁国，收复县城。未久，奉王古隆贤，跟王兰仁得、金王钟万信等部在昌化受挫，退守宁国，清军尾追，宁国复陷。十月二日，辅王、堵王、金王合击鲍超部，收复宁国。不久，清守将刘松山复陷宁国。同治二年十一月二日，东平王何明亮、匡王赖文鸿等浙战失利，退驻宁国。同治三年正月，凛王刘肇钧出师绩溪遭扼，二月复征，击毙胡乐巡检赵润。五月七日，刘肇钧、林彩新率太平军第四路军由昌化白牛桥退走宁国。七月，干王洪仁玕、堵王黄文金在浙江湖州受挫，退走宁国。七月二十九日，干、堵、昭、偕、首、"六王"均因浙战失利，护幼主及忠王子夜退宁国。次日，清提督刘铭传、周盛波追兵复至，重创太平军，首王范汝增败走浙江淳安，被俘5000余人，干王洪仁玕、堵王黄文金护幼主洪天贵福走浙江昌化，黄文金在宁国七都（今桥头乡汪村）阻击战中负伤，旋即牺牲于昌化白牛桥。自此，太平军结束了在宁国县也是在皖南地区的最后一役。（高生元辑录）

六、安徽史志丛书《皖志综述》

（1987 年，727 页·史州著）

（宁国）县志《武备志》中记载太平军抗清兵事：咸丰八年（1858）正月二十日，李世贤统率太平军占领宁国城，击毙知县吴世昌。此后，"来往无常"，持续至同治三年（1864）。宁国西乡中川，与旌德县接壤，四环皆山，有"小桃源"之号。咸丰十年正月，太平军克旌德，逼进宁国。贡生周垂春等纠集乡里丁壮与邻县兵士顽抗，曾在"小桃源战守三载"。当时，灾疫严重，全境萧条。县志载，"咸丰二、四、五年，连年荒歉，飞蝗蔽天"；"咸丰六年大旱，人相食"。同治元年又"瘟疫流行"，"全境死亡枕藉，无人掩埋"，成为无人区。据乡老言，全县居民"死于瘟疫者十之七"，在兵乱中外逃或死亡者占十分之三。同治四年以后，外流乡民"来归者不及十分之一"。

"土著少，客籍多""五方杂处，风俗各殊"，是宁国乡土特点。"居城列肆，皆徽郡之人；在乡营生，多江右之客。""旌德之人遍于四境，而住棚垦山皆安庆人。"尔后，"湖北人满阡陌"，四方客民远远超过本邑土著。因此，风俗习惯不一，但亦有共同风习：丰年有所积余，流行"迎神赛会""招梨园演戏"。光绪年间，流行剧曲有皮影戏、黄梅调、花鼓曲、花鼓戏等。

（高生元整理）

家谱记载

一、南极《桂林汪氏宗谱》

仙人洞记

清·贡士·俞钦

山川之奇胜，无不可传，乃竟有不为之传，终不得而传者。夫至终不得而传，不几，令山川抱憾乎。孝岭坞口（梅村上首，笔者注，下同），距横坞村（位于马头岭脚）三里许，面北一山有洞，曰"仙人洞"。洞口偪仄蛇行，入十余步，烛之，顿开敞大，可五亩许，高三丈有奇，冬暖而夏凉。中有数石，矗然如人立，五官毕具，胆怯者莫敢近。又有仙人桌、仙人灶，无不酷肖。洞之顶有石十余枚，悬如灯，或如钟，或如鼓，击之铿铿然，作金革声。东隅有水以线落，承以洗目则愈明。行颇滑，失足勿之声，则衣裳无泥滓。西隅有石梯，循级而登又一洞，曰"仙人楼"。斯地也，洵（音 xún，实在之意）七十二洞天之不数觏（音 gòu，遇见之意）也。咸丰庚申（1860）发贼（指太平军）入境，居民逃散，间有一、二人避于此洞者，贼不知觉。厥后，相继而入者至千三百余人。于是派勇（青壮村民组成）拒守洞口。贼至，数股攻之不克。逮（音 dài，到之意）同治癸亥（1863）二月十四日，贼以火药投之，謋然（音 huō rán，意为：1. 以刀裂物声；2. 疾速；突然）一轰，尽为灰烬。横坞村不在洞中十余人耳。

承平后，余约诸人封闭洞口，勒碑为记，因易其名曰聚灵坎。从此寒食招魂、纸钱纷挂，以神仙寄迹之。区为终古不迁之冢，可胜恳哉。爰详

记洞中之奇胜，使桃源景象不没于人间，且使后世知当日殉难之由云。（录自梅村《殷氏宗谱》）

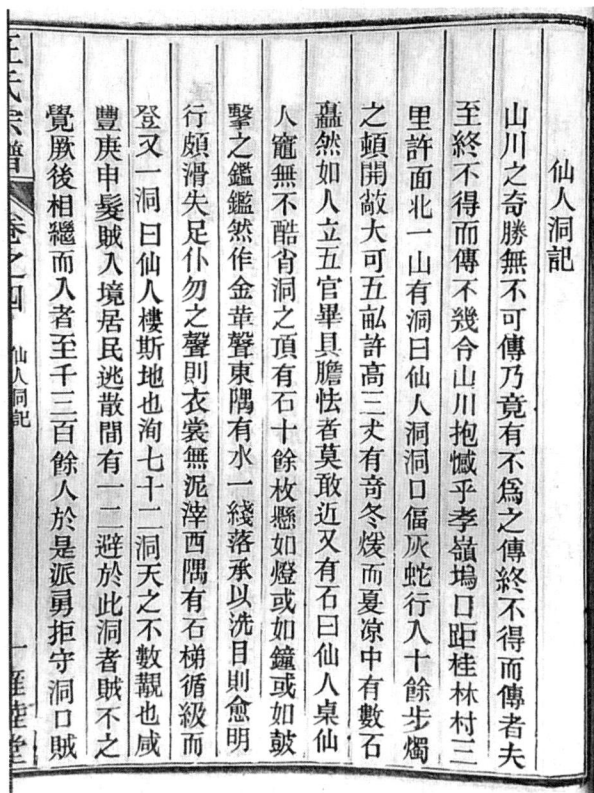

仙人洞記

山川之奇勝無不可傳乃竟有不爲之傳終不得而傳者夫至終不得而傳不幾令山川抱憾乎孝嶺塢口距桂林村三里許面北一山有洞曰仙人洞洞口偪灰蛇行入十餘步燭之頓開敞大可五畝許高三丈有奇冬煖而夏涼中有數石蠡然如人立五官畢具膽怯者莫敢近又有石曰仙人桌仙人竈無不酷肖洞之頂有石十餘枚懸如燈或如鐘或如皷擊之鏗鏘然作金華聲東隅有水一綫落承以洗目則愈明行頗滑失足仆勿之聲則衣裳無泥滓西隅有石梯循級而登又一洞曰仙人樓斯地也洵七十一洞天之不數覯也咸豐庚申髮賊入境居民逃散間有一二避於此洞者賊不之覺厥後相繼而入者至千三百餘人於是派勇拒守洞口賊

《桂林汪氏宗谱》中的《仙人洞记》

编者按：俞钦撰写的这篇《仙人洞记》，收录于南极乡当地多个家族的家谱中，真实地记载了当时悲惨的历史。

晚清宁国举人周赟亦作《梅村千人墓记》，曰："在十七都梅村，俞钦曾记，其实同。"周赟、俞钦两人文章均记录了晚清战乱及梅村1300多人被"长毛"用火药烧死于洞中，故称为"千人墓洞"。

御贼阵亡诸人合赞

世治则资文事，而世变则不得不尚武功，此理为势屈也。道光三十年（1850），广西贼首洪秀全等作乱，咸丰三年（1853）二月陷我金陵，据为伪都，号为"天王"。十年（1860）闰三月师溃，贼势益张，有众三百万，扰乱六省。各乡镇设局团练，汪族诸人每仗临阵，虽乏搴旗斩将之能，而奋勇争先，杀贼过当。是年八月，贼据县城，沿入乡里。九月窜过马头关。

同治元年（1862）正月，朱家桥对仗，阵亡五人：正添、启祐、守菓、守均、守连。

赞曰：害非无所避，利亦难于地。壮哉汪族人，杀贼何其力。斩木兼揭竿，聊作兵旗式。争此须臾命，遑问克不克。天地亦寒心，风尘多变色。鲸鼓响咚咚，毅然临不测。岂止保身家，不忘抚绥德。胜负本无常，杀贼杀于贼。同治庆中兴，一旦烽烟熄。忠义出茅檐，将军谁溺职。本有激于中，弗怨人相逼。不作偷生态，且夕岩穴匿。茫茫浩劫中，死者几万亿。成败如逆觐，谁肯殉君国。英气不磨灭，岂甘化为魈。壮哉汪族人，旌扬待恩敕。

光绪丁未岁（1907）嘉平月谷旦　子谐俞钦撰

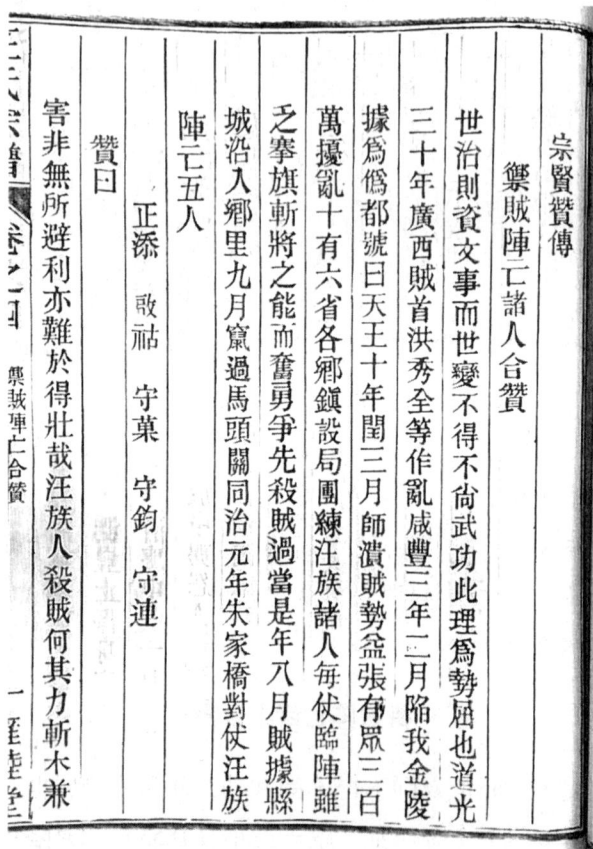

《桂林汪氏宗谱》中的《御贼阵亡诸人合赞》

启龄公赞

俞　钦

公性刚直，兼通文翰，会粤贼蹂境，公被掳命之食不食，大声曰：天下惟有德者居之，汝辈殃民，至此安望有成耶！遂被害。此其人亦乾坤正气所钟也，故志之以待观风者之采，赞曰：勇不顾身，忠不惜死。吉平祢衡，何以加此。

故善士启法公传

启法，公字尔骏，居桂林村田畈，正润公之季子也。少孤，贤母氏杨兼严父之职，教养兼至得以成立。公性勤朴，事母克孝，虽瓶罄时欷，而色笑依然。事无巨细，内必婉告其母，外必禀命于兄。处桑麻井里间，虽未精文学而圭璧自爱，有儒者风。咸丰之季，风气浇漓，乡中恶少年往往呼朋引类驯扰地方，有召公者公不与焉。德配吾族邑庠生嘉我公女素娴，姆训克媲孟姜举犬夫子八，皆克孝，不意兵燹连年，人遭涂炭，公与氏并殉难于仙人洞，今守炤发即其第七子也。文孙辈桂馥、兰馨、一庭、济美，谓皆公盛德所留贻，谁曰不然，赞曰：

失怙而恃，公能事之。遗产无多，公能置之。不雕不琢，犹自治之。福不遽求，患则避之。男符元恺，修德致之，予也嘉之。

启达公藏谱殉难事迹

甲辰岁桂林汪氏延余清理系稿，出旧谱一册，见其水渍泥涂仅多残缺，乃逐页摊揭，零星品抖而录成小本，其残缺者参观别谱而续补之，再三稽考，以期文系相豕无少差，今丁未重修乃可成帙，而告厥成功，于是汪族诸人告余曰：吾族谱牒于乾隆戊戌修成八册，逮咸丰庚申迭经兵燹，册数不可复问，犹幸有此一册存者，乃吾族正华公子启达公，当离乱之时资身之物皆不暇顾，惟背负此谱越涧踰山不忍抛弃。同治癸亥，贼大肆搜擒，逃至昌邑毛栗坑之东山，见贼众逼近惧不得免，乃藏谱于石洞中，而公亦自此殉难。嗟哉，物是人非，回思往事，乌乎可忘。余曰：然谱不存，公何必生。谱既存，公不妨死，公将与此谱并传矣。

光绪戊申岁暮春之初，予谐　钦撰

二、双溪潘家庄《王氏宗谱》

王氏续修宗谱序

……先世讳荣公，其居浙之金衢，为吴越名臣，子若孙，簪缨显著。传至七世至行简公，登元丰进士，奉诏知宁。见山川之美丽，不甘仕进，乐处林泉，遂择金溪（今为宁国汪溪）而居也。即为浙迁宁之始祖也……自行简公始由公至今二十四世矣。其间学士文人、忠臣孝子，济济师师，笔不胜载。休哉，诚为宁阳之望族也。讵咸丰季年，粤匪作乱，残贼生灵，痛念我族百不存一。最可惨者金溪一支与白马山杨坑、蔡村三村，尽没于贼，祭扫无人。噫！诚天下大变也。予小子以兵燹之余生叨祖宗之默佑，既成家室，复入膠庠。环顾宗支无限凋零之感，永言宗谱不胜残缺之悲，爰约族人德球、德贵、德灿、昌枝、昌庚、昌海等同心协力，各出资金，依老谱编定欧苏合修款式，行状必稽其实，记载必考其详，不敢谓使先代之谱牒复增光辉也，亦聊以尽人子之心云，尔是为序。

光绪十四年八月既望

裔孙承烈顿首谨撰

双溪潘家庄《王氏宗谱》卷十

避秦词（并序）

咸丰元年粤逆称乱，扰及湘鄂皖吴诸省，东南鼎沸，此地尚称完善。惨自咸丰十年正月三十日，流寇一到，遂此往彼来，摽掠屠戮，殆无虚日，蹂躏四年，田园荒尽，人相食。同治元年又遭大疫，尸骸枕藉，数百里内绝无人烟。每一念及，五内俱焚，今重修族谱特作避秦词二十章志诸谱末，使后之览者知当日遭难之惨云耳。

承平日久不知兵，安问皖湘苦战争。

仅隔贼氛三百里，大家行乐不关情。

演戏张灯乐未央，长毛已到有谁防。
骤警四野旌旗满，始效挺而走险麚。

杀气腾空天地昏，一声叱咤乱山翻。
风云俱变曩时色，魂魄斯时几个存。

逃得余生舍命跑，窥其情恐贼包抄。
直前扯住问消息，饶命王爷齿乱敲。

鹰鹮百万各归营，路票沿途丢满坑。
房屋焚烧为号火，深山猿鹤亦心惊。

《王氏宗谱》书影

父母哥哥满陇呼，敢云吾亦爱吾庐。
可怜抛弃小儿女，夜半犹闻哭道途。

久扎贼如酿蜜蜂，持矛四处打先锋。
黄巾红带绿棉袄，狼虎形容见便恼。

前队未过后队来，干戈旷野条成堆。
任教绝壑深岩内，一日穷搜数百回。

夜间寻火日寻烟，作贼也难高枕眠。
长自忍饥不熟食，敢云身在白云巅。

绝壑深藏避贼锋，怕人喋喋骂阿侬。
可怜无法止儿哭，闷死多时不放松。

渴极饱吞山涧水，倦时倒卧绿杉中。
连朝苦雨凄风里，衣湿敢云烧火烘。

制挺一呼毙数贼，大伸义愤惬雄心。
贼窥无继回围杀，夜夜忠魂泣碧岑。

玉碎自甘肯瓦全，仙姿恐贼见犹怜。
先投香藕池中死，清沼至今水倍鲜。

杀戮无端到玉人，冰心那畏虎狼瞋。
早拼一死全贞烈，锋刃甘撄不辱身。

夷氛犯阙信非讹，又说翠华狩热河。
若此苍生失望矣，举头怎奈贼锋何。

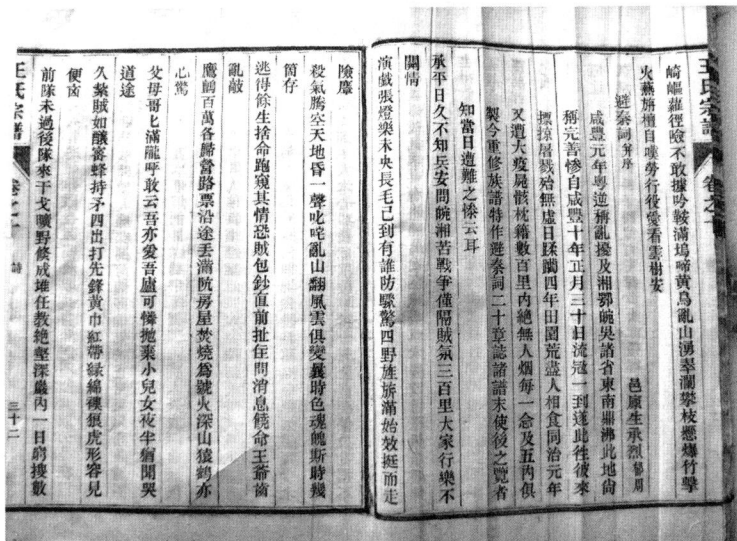

《王氏宗谱》中的《避秦词（并序）》

建业大营闻溃散，逆氛乘势陷苏杭。
东南财赋半天下，一失督师诸帅慌。

天不欲人逃浩劫，非关江督鲜良图。
大营当日不松动，众贼何曾聚一隅。

伪曰安民实捡括，日烧烙铁拷金银。
田园慌尽搜粮急，男子逃亡役妇人。

先食猪羊活剥皮，而今粮尽贼犹饥。
吊人至死无粮获，便剥股肱煮肉糜。

前望贼来不纳粮，贼来荼毒遍城乡。
人人唧泪望天阙，急敕官兵复故疆。

望得兵来贼暂平，惨遭大疫盛流行。
村村传染极神速，千百人中无一生。

疫退贼从广德来，见人便杀没婴孩。

生民自此无噍数，谁吊荒村悯劫灰。

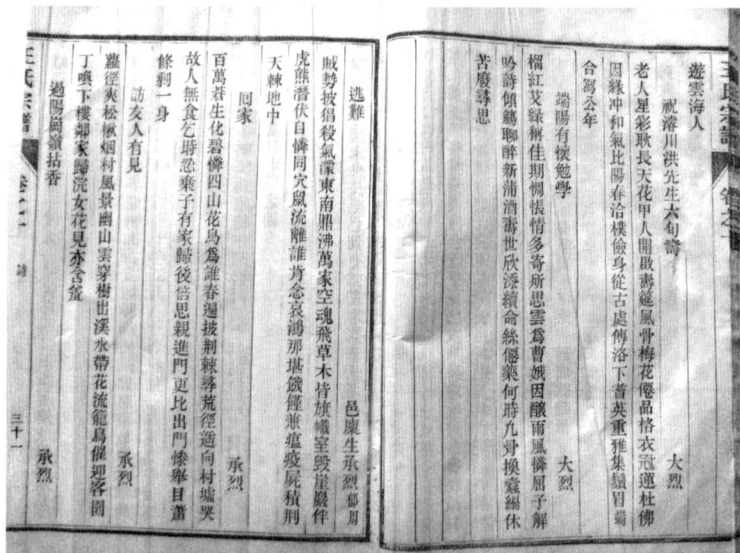

《王氏宗谱》中的《逃难》《回家》

东西漂泊欲何之，寄迹他乡不自持。

苦乏箫吹聊托钵，轩昂自愧是男儿。

万民翘望曾文正，群贼怕逢鲍武襄。

同作中兴之上将，运筹雕剿各飞扬。

逆氛扫尽故乡清，喜极深宵戴月行。

多少人家门不掩，狐狸上屋草丛生。

冬日苦无野菜挑，终朝吃食一空瓢。

可怜四体以僵冻，拾得枯柴没火烧。

无分雨夜返家乡，举目田园一望慌。

枯骨纵横无去路，两旁荆棘碍衣裳。

浩劫此遭曷有极，村烟断绝杳无人。

跳梁逆贼成何事，今日重为盛世民。

——时光绪十四年岁次戊子桂月上浣之吉

逃难

贼势披猖杀气濛，东南鼎沸万家空。

魂飞草木皆旗帜，室毁崖岩伴虎熊。

潜伏自怜同穴众，流离谁肯念哀鸿。

那堪饥馑兼瘟疫，尸积荆天棘地中。

回家

百万苍生化碧怜，四山花鸟为谁春。

遍披荆棘寻荒径，遥向村墟哭故人。

无食乞时忍弃子，有家归后倍思亲。

进门更比出门惨，举目萧条剩一人。

三、宁国《吴氏宗谱》

御贼阵亡诸人合赞

世治则资文事，而世变则不得不尚武功，此理为势屈也。道光三十年（1850），广西贼首洪秀全等作乱，咸丰三年（1853）二月陷我金陵，据为伪都，号为"天王"。十年（1860）闰三月师溃，贼势益张，有众三百万，扰乱六省。各乡镇设局团练，吴族诸人每仗临阵，虽乏搴旗斩将之能，而奋勇争先，杀贼过当。是年八月，贼据县城，沿入乡里。九月窜过浙江。

十一年（1861）八月，敦镇（即今宁墩镇）对仗，吴族阵亡八人：承龙、祖传、祖梁、宗柏、宗台、宗堂、宗桃、巨阕。

同治元年（1862）正月，朱家桥对仗，阵亡四人：宗泇、宗沛、宗秀、巨贵。

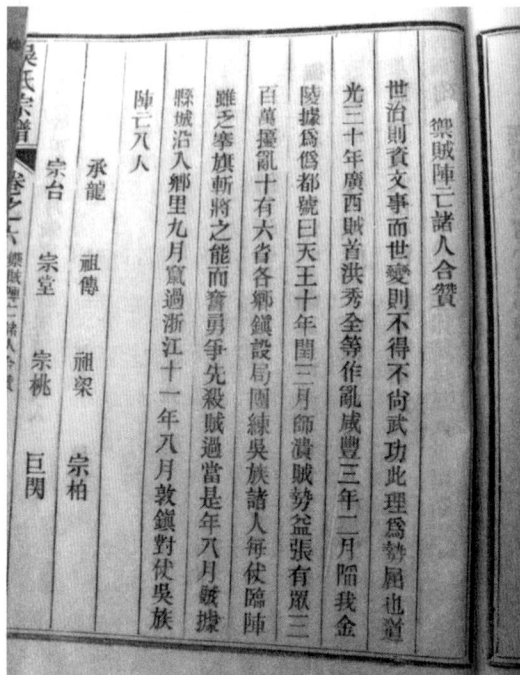

《吴氏宗谱》中的《御贼阵亡诸人合赞》

赞曰：害非无所避，利亦难于地。壮哉吴族人，杀贼何其力……英气不磨灭，岂甘化为魈。壮哉吴族人，旌扬待恩敕。

光绪戊申岁（1908）律中林钟（即六月）　子谐俞钦撰

四、南极《横坞殷氏宗谱》

殷公有太御贼阵亡赞

世治则资文事，而世变则不得不尚武功，此理为势屈也。道光三十年（1850），广西贼首洪秀全等作乱，咸丰三年（1853）二月陷我金陵，据为伪都，号为"天王"。十年（1860）闰三月师溃，贼势益张，有众三百万，扰乱六省。各乡镇设局团练，殷族诸人每仗临阵，虽乏搴旗斩将之能，而奋勇争先，杀贼过当。是年八月，贼据县城，沿入乡里。九月窜过马头关。

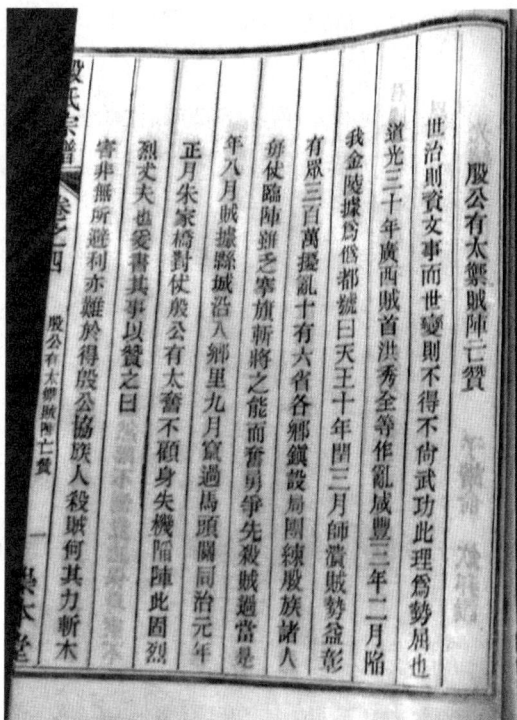

《横坞殷氏宗谱》中的《殷公有太御贼阵亡赞》

同治元年（1862）正月，朱家桥对仗，殷公有太奋不顾身，失机陷阵，此固激烈丈夫也，爰书其事以赞之曰：害非无所避，利亦难于地。殷公协族人，杀贼何其力……英气不磨灭，岂甘化为魖。於乎壮矣哉，旌扬待恩敕。

光绪三十四年（1908）仲秋　子谐俞钦撰

五、南极《张氏宗谱》

乡团御贼张公功华殉难传并赞

世治则资文事，而世变则不得不尚武功，此理为势屈也。道光三十年（1850），广西贼首洪秀全、杨秀清等作乱，咸丰三年（1853）二月陷我金陵，据为伪都，号为"天王"，官军围攻八年不克。十年（1860）闰三月师溃，贼势益张，有众三百万，扰乱六省。是年八月，据我县城，沿入乡里，九月大股过马头关。

自此各乡镇设局团练，同治元年（1862），铁岭张族同吾都守朱家桥要隘，对仗一次。二年（1863）守敦镇对仗一次，张族人奋勇争先，杀贼过当。此御东路之入寇也。而瑶坪山与大小两屏，界连南乡二十都，有岭曰"后头岭"，张公功华率三屏勇士守御此，隘木、枪炮戒备甚严，贼由南进者攻打年余，徒自杀伤莫可。方计嗣贼以一股进攻，一股从间道而入，失机众溃，功华被擒，不屈而死。哀哉，爰纪其事，并书数言，以表之赞。曰：

害非无所避，利亦难于地。壮哉诸勇士，杀贼何其力……生气不磨灭，岂甘化为魁。壮哉诸勇士，旌扬待恩敕。

宣统己丑岁（1909）律中林钟（即六月）　梅村子谐甫　俞钦撰

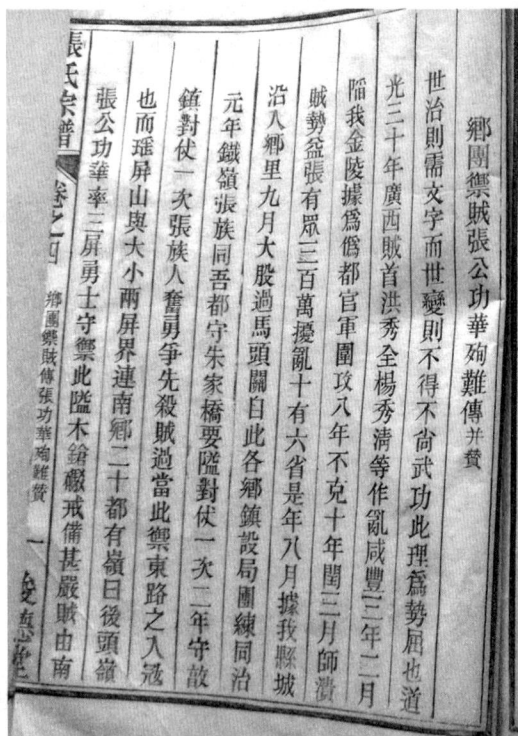

《张氏宗谱》中的《乡团御贼张公功华殉难传并赞》

六、胡乐《宁西方氏宗谱》

上坑金竹坑坪坞里上坑源不可避难记

增贡生　式琳　玉樵

自咸丰末，粤寇由金陵分窜吾乡，每日肆害烧杀淫掳惨不忍言，吾族自古以来未尝遭此大劫。夫贼亦是人，我亦是人，贼之人虽多，我合县之人亦不少。若能齐心守战，虽胜负无常，亦不至如此之惨。由人心无主各自奔逃，故也。我族人避难于金竹坑坪坞里上坑源者，被贼踪至，杀戮无遗。而避于柴坞山降及草坑坞、芝坑坞等处者，保全甚多。虽事出偶然，盖地之方向，亦自有吉凶耳。按我族地形，以八卦推之，坪坞去路由金竹

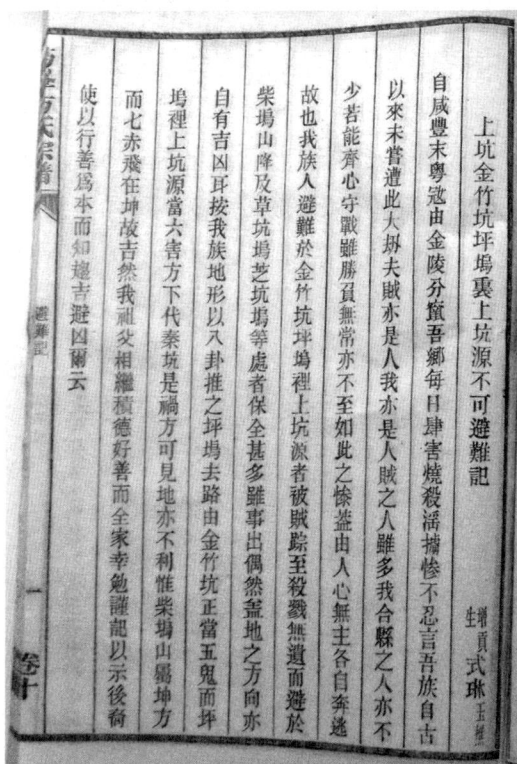

《宁西方氏宗谱》中的《上坑金竹坑坪坞里上坑源不可避难记》

坑正当五鬼，而坪坞里上坑源当六害方，下代秦坑是祸方，可见地亦不利，惟柴坞山属坤方，而七赤飞在坤，故吉。然我祖父相继积德好善，而全家幸勉。谨记，以示后裔，使以行善为本，而知趋吉避凶尔云。（文中小地名皆在今胡乐镇胡乐村西坑附近）

七、甲路《亨源周氏宗谱》

诰授奉政大夫候选直隶州知州
世袭云骑尉邑廪生蔼庭公传

花翎清军府衔保选知县青阳训导甲子举人辛酉拔贡　弟　赟　子美

　　蔼庭宗兄，予平生一知己也，讳高斋，官名文吉，封翁上舍烈臣。公好善，有父风。今店头埂坞口三处石桥皆封翁与弟汝敦公所建，兄生于富室而材力兼人，刻苦励学甚于寒士，其程功每日夙兴及临卧习武艺，早膳后限三刻习举业，脯时理家务，其余工悉以肆力于经世实学，凡六经、天文、堪舆、兵法，以及西洋机器、火药，无不究殚。入学后历科岁补廪皆第一，乃其余事耳，性不喜华靡而藏书之富，虽郡之世宦不及也。平居布衣粝食，以周济孤贫，自近而远，穷民咸感戴之。徽宁知名之士无不乐与君交游，予自幼作六声图，兄初未之信，或传予观象诗，大加叹赏。次日即率其昆季走马过吾卢时，余方训蒙为糊口计。陈北亭先生为我祖门人，而粹庭兄之岳翁也。时馆其家因助余膏火，从先生读书。先生去，君复以厚修馆。余课其子湛卿刺史晨夕相磋切者数年，得以专心正学，兄与弟粹庭倡修宗谱，以诗文稿见属，予见其每岁施寒衣饥米，半为游情所假冒，而族内溺女之风不息，劝因谱事捐兴本族保赤堂，兄与粹庭皆慨然自任方议章程。而贼氛日迫，君所制机器如逆行水法量天铜尺，皆有用而以自行车篇最奇，其中专用机弩不假风霆水火之力，故奏効尤难。凡需金木工数，载计费千余金。咸丰二年，粤贼陷金陵，兄献防御十策于邓介樵观察（即邓瀛），时太平日久，官场积习太重，竟悬牌批示如词讼，然大失所望。郡中军需山积，贼至不见一兵。庚申三月，贼自旌入宁邑城，四乡丁壮号六万，以兄有知兵名，推为帅，约三日薄城环攻时，予尚馆兄家，以为兵将尚未识面，无号令，军装不如传令，各村尽徙衣粮老弱登山而分守险要，贼无食必不能持人。兄然之，奈传约飞送一纸，不知主名，无从回复，而各乡已哗然争赴，兄不忍违众，即率团丁应之。至半途，而先至城者已溃散，人皆胆落奔避，尽弃其衣粮以资贼。此时重议守险，皆莫之闻后人不知，或以此败咎兄，岂知此败乃传约者之失耳，兄迫于势而赴约何咎之任哉？于是有奸民受伪官，以囚民者追踪捕影，逃生无路，蹂躏连年，人将尽死，乃奋起于灰烬之余，而守险之议始行，莫不以寡敌众，盖凭高守险，但使山无后路，贼来发石击之，乃万全之策，能守而后能战，故民团杀贼专用奇兵。同治二年，绩城同宗志甫明经赴皖军谒曾文正公，荐兄由文武才。急使志甫见招而兄以恃勇轻敌战死于乡，由抚宪汇奏，蒙赐云骑尉世袭恩骑尉冈替入昭忠祠祀，元配洪宜人子二：长承恩候选直隶州知州，次殇。承恩字湛卿，即余及门勇捷有父风，守险时年十五，父使归舍取藏金

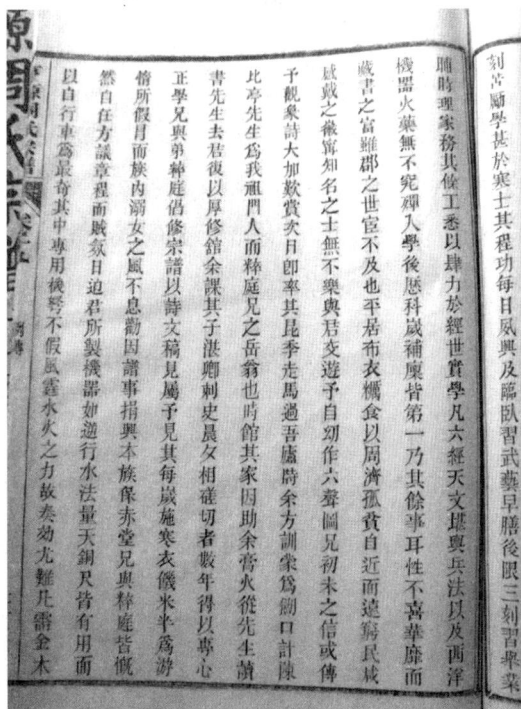

《亨源周氏宗谱》中的《诰授奉政大夫候选直隶州知州世袭云骑尉邑廪生蔼庭公传》

登楼，而贼来满村馆，其舍巧潜身夹牖中，夜半贼徒皆鼾卧，数贼博于堂上。屏息从暗处过其后门，临溪有贼守，暴以所持幞，被覆贼首自溪中逸，贼不见，疑贼徒相戏未及追及，觉则去远矣。竟持藏金至山，甲子春只身仅存生计已尽知，余避地休宁之隆富，枵腹相就则余前冬已投皖军见予外舅俞公，赠斗米余解衣裹之得达皖，适父执程悦甫刺史在河南大营办粮台往依焉。贼平始得与季叔父粹庭相聚，粹兄付以家事遂不获习举业，其继室邓宜人即邓观察女孙也，数年前有夜盗二十四人明火抢其家宅中仅湛卿一男丁闻撞门声急挟二浑礅自后楼登屋踰前听屋极以达廊檐，贼已历破重门至方欲攻中门发礅击之，贼不闻人声而忽礅从天击，疑有严备急啸侣狂奔，家赖保全。尝以谱事，再至青（阳）归而不起惜哉，幸紫峰以长子敦诚嗣湛卿天之报善其在斯乎。

哭蔼庭兄殉难

弟 赟 山门

吾宗豪士笃儒修，文武全才志未酬。

青眼看从童稚日，赤心推到乱离秋。

金汤十策悲铜马（金陵初陷，兄献宣州御贼十册，当道不用），

风雨千山走木牛（兄费千金造自行车）。

杀贼力穷能骂贼，长留浩气壮宣州。

皖军遇粹庭兄 同治甲子

弟 赟 蓉裳

多难还多病，干戈泪满衣。无家君独活，有母我当归。

乱世生涯浅，故人相见稀。皖江南望处，斜日白云飞。

八、胡乐《中川周氏族谱》

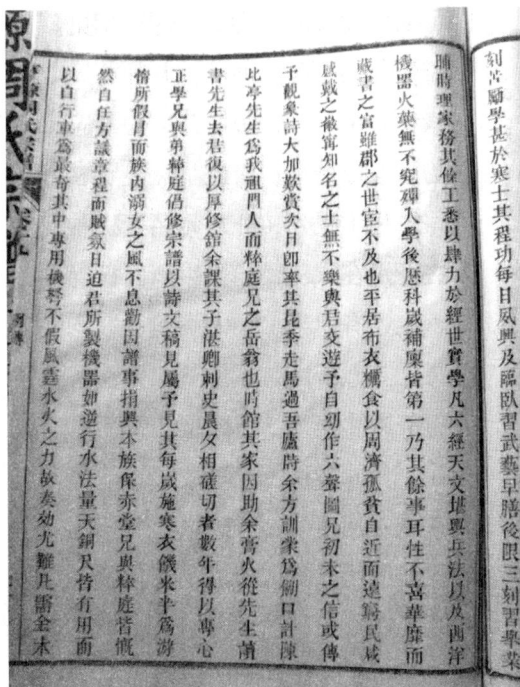

《中川周氏族谱》书影

山战

同治壬戌三村壮丁御贼于凤山之背，乘风纵火，杀贼无数。

怪石神丁立，灵旗太乙开。火飞天下罔，山向地奔雷。

雨涨一溪血，烟滕万贼灭。相遭两不幸，忍见骷髅台。

贼中归

刀光火焰逐魂飞，举目凄凉万事非。

有母几疑泉下见，无家尚恐梦中归。

夕阳故国摧乔木，秋雨空山老蕨薇。

点点泪痕兼血迹，分别犹着旧时衣。

断肠歌

举家避寇岩之阿，寇氛已逼将奈何。

蜂目豺声发披面，毒雾冥濛突相见。

阿爷惊仆崖下颠，阿娘抱儿呼苍天。

贼索黄金金早尽，贼协儿去儿不应。

贼刀砍儿母臂当，臂血乱点儿衣裳。

儿虽书生不畏死，死之无名死犹耻。

不去死别在眼前，一去生离何日旋。

万一生还有迟早，兵戈满地爷娘老。

儿行回首望爷娘，不见爷娘见苍苍。

儿望爷娘儿腹饱，爷娘望儿日茹草。

望儿一日如三秋，鬼神夜哭天地愁。

儿在贼中凡七月，爷娘眼穿哭无血。

娘代儿伤儿身安，爷为儿死儿生还。

爷死儿还娘正急，六月十日至十一。

爷娘望儿儿到家，到家见娘不见爷。

儿莫哭爷伤娘意，儿当慰娘爷亦慰。

阿娘龙钟烹蕨薇，是爷留取疗儿饥。

祭爷夜归宿破屋，梦里呼爷抱娘哭。

由屯溪往皖省留别岳家

古歙经年感客踪，乱离无处不相从（时太恭人潜居狮山，赟偕岳家至徽觅食）。

北堂别泪三春草，东岳高情百尺松。

姜女来时同走马，萧郎去日未乘龙。

望云已恨关山远，明日关山又几重。

甲子七月自皖归省母旌阳岳家闻官军克金陵

闻道金陵奏凯旋，寰瀛从此靖烽烟。

东南血战三千里，西北攻心十二年。

半壁河山余赤地，中兴日月睹青天。

元功自合归裴相（曾文正公），

谁继韩碑颂再镌。

冬夜还山
裕　赟

茅舍人归竹径幽，灯前争诉别时愁。

母怜儿瘦防霄诵，妻苦家贫怪久游。

梅月一身依似绣，松涛四面屋如舟。

风尘怕作他乡梦，分付泉声到枕头。

九、胡乐《竹溪陶氏宗谱》

避难题竹溪石龛
周　赟

庚申避难竹溪，石壁千仞，相传壁上有龛，人迹罕到，冒险入焉，中有横刻"庚申年到"四字。

咸丰二年粤寇起，江北江南血千里。

宛陵西有小桃源，先世避秦曾入此。

岂知有路引渔郎，杀人欲赤桃花水。

踰冈涉险乘夜奔，以手为目腹为趾。

儿啼女哭昏黑中，半万生灵命如蚁。

庚申十月月初弯，苍黄奔至竹溪涘。

竹溪峭壁削千寻，上有一龛蒙葛藟。

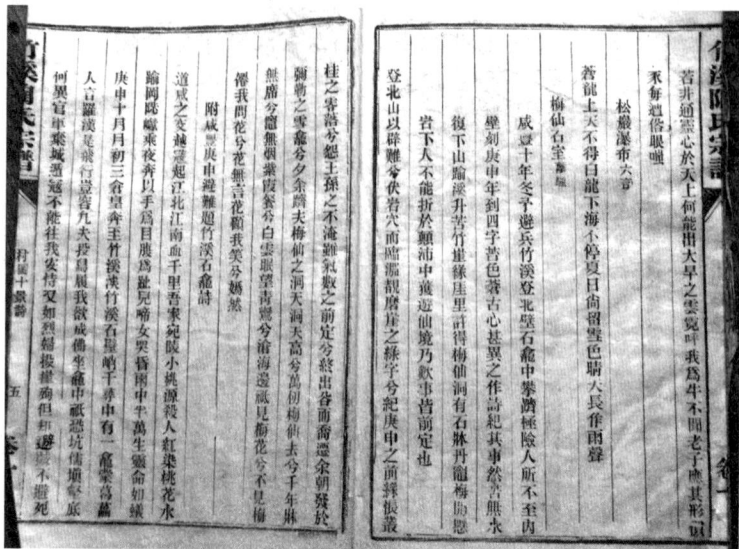

《竹溪陶氏宗谱》书影

结跏罗汉是飞行，不许凡夫容履屣。
我欲避地入龛中，只愁失足填壑底。
何异官兵弃城遁，寇不能追我安恃。
又如烈妇投崖殉，但知避贼不避死。
计穷势迫无复之，身试直与探骊比。
手挽枯藤不盈握，足蹑苔坳仅容指。
下临绝涧不敢窥，但闻惊湍溯石齿。
汗流浃背毛发森，藤刺钩衣芒穿履。
中途欲返冀近龛。九死一生到龛里。
龛中宽受五六人，上如张幕下如砥。
升木交引连臂猱，登门幸免暴腮鲤。
扪壁横行蜗篆墙，据崖并坐燕栖垒。
喘息甫定贼满山，窥见旗枪颤不已。
东号西嗷求贼饶，受刀声声痛入耳。
终朝屏息忘肌渴，骨肉凄凉坐相视。
薜萝疏密漏斜晖，照见龛中苔壁紫。
庚申年到四字横，镌刻分明应年纪。

何人当日识今朝，叹息不能解其理。

我今到此非偶然，死生由命非由己。

困石此夜守庚申，泰运何年书甲子（时有上元甲子兵灾乃止之谣）。

天寒雨湿糇粮绝，恃此偷生生能几。

天已豫定人莫逃，尽人待天而已矣。

咸丰庚申避地竹溪悬崖石龛中

花翎道衔　甲子举人　周赟山门

辟谷飞仙界，离尘坐佛龛。薜崖嵌字绿，萝幕衬云监。

晚色千寻壁，寒声万丈潭。不知夕何夕，眉月认初三。

十、南极《义里朱氏宗谱》

明清时期，仁德乡十七都南极永宁朱氏人才济济，家声宏大，远近闻名。

朱正广，字志远，号仁和，同治元年（1862）加入地方团练同太平军作战多次，同治五年（1866）加入清政府军，在广东、广西、江西、福建等地与太平军作战。由于打仗勇敢，屡获胜利，蒙恩钦命节制广东、江西各军，官至太子少保、闽浙总督，部堂一等恪靖伯。左宗棠赏给正五品花翎顶戴，并给功牌一札（相当于荣誉证书）。

十一、宁墩《南阳胡氏宗谱》

胡氏重修宗谱序

且其家与国一理也，国之赖有良臣名将，犹家之赖有孝子贤孙耳，故我国朝当粤匪荡平之后，他务未遑即以修文为总务。而胡氏值家室初安之际，他事未举即以修谱为要图，则非孝子贤孙乌能若此乎……胡氏往昔人烟稠密……当烽火迭遭，我宁最甚，十户只遗其一耳……

龙飞光绪十年（1884）岁次甲申仲冬月谷旦

姻弟恩贡生董浩然拜撰

十二、中溪《石口舒氏宗谱》

舒氏宗谱序

民国廿一年，岁在壬申时予馆设芦溪，适有舒君日升携墨谱草稿示予嘱予为序据云。我舒氏原籍庐江之蓼县，历代名人硕彦在在可致，后迁宁东七都之播浪村代有年所，人烟固属蕃昌。至世禄公移居芦溪油榨坞，当日人丁亦甚浩繁，且为另建支祠，辑纂家谱，虽不处云为望族、而亦谓之人烟椒衍矣。突于前清同治年间，惨遭红羊浩劫，俘虏、阵亡、被瘟罹灾者，生存无几，所藏谱牒竟成断残简篇，难以详查图绪，深为憾事……

中华民国二十有一年岁在壬申春　二月谷旦

眷弟张久周谨撰

（高生元搜集整理）

调查与研究

咸同年间的宁国县

发 现

太平天国颁发的宁国门牌

太平天国在民政管理方面有一个很重要的创新，就是建立了"门牌"制度。1853年，洪秀全定都金陵（今南京），改名天京。当年7月，北王韦昌辉提议建立门牌制度，随即在天京城内开始颁发门牌。此后，门牌制度在太平天国统治区内逐步推广。太平军每占领一个地方，就在该地建立基层政权，设立乡官，逐户登记人口信息，发给门牌。

颁发门牌的目的，太平天国的官方说法是："以便稽查户口，而杜奸宄"，"给门牌该户悬挂，以为天国之良民，凡有官员兄弟见此门牌为凭，不得擅入该室滋扰"。老百姓将门牌悬于门首，以示自己是拥护太平天国的良民，所以，门牌又被称作"良民牌"。实质上，颁发门牌更重要的目的是强化统治管理，以便于征税、征兵和即时调用民力。

门牌最早为手写，后来改为栏目化雕版印刷，颁发时按栏目要求随时填写具体内容。各地门牌大同小异，纸张大小近似今天的A4，天头印刷"门牌"二字，下部竖排分列若干栏目，须填写户主直系和旁系三代亲属的姓名、年龄、与户主的关系等信息。左侧加盖官府大印。名为门牌，实际内容类似今天的户籍凭证。

在南京市太平天国历史博物馆内，藏有两件太平天国的门牌实物，为研究太平天国历史提供了珍贵的实物资料。其中之一，是赖文鸿在宁郭郡（太平天国改宁国府为宁郭郡，改宁国县为宁郭县）颁发的空白门牌。该门牌为连史纸墨刷，高63.5厘米，宽49.5厘米。上端为"门牌"两个大字，"门牌"大字下方自右往左分为十六个栏目，竖行排列。各栏目内容为：

第一行：边缘有残缺，依稀可辨出"太平天国中军安徽省宁郭郡　县乡　都"等字。

第二行："营　军帅　师帅　旅帅　管辖"。

第三行：上栏空白，下栏"妻"。

第四行："祖父　祖母"。

第五行："父　母"。

第六行："兄　嫂"。

第七行："弟　弟媳"。

第八行："子　媳"。

第九行："孙　孙媳"。

第十行："伯父　伯母"。

第十一行："叔父　婶母"。

第十二行："侄　侄媳"。

第十三行："侄孙　侄孙媳"。

第十四行："雇工"，其下有墨笔手写"日字捌伯玖拾号"七字。

第十五行："计男女丁　口""合共男女　口"。

第十六行："太平天国辛酉拾壹年　月　日　给"。

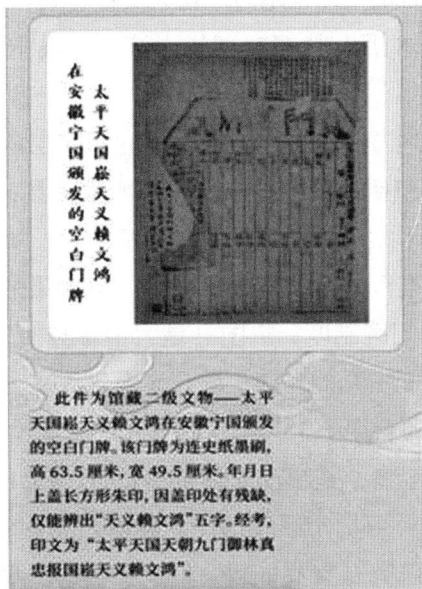

此件为馆藏二级文物——太平天国崇天义赖文鸿在安徽宁国颁发的空白门牌。该门牌为连史纸墨绘，高63.5厘米，宽49.5厘米，年月日上盖长方形朱印，因盖印处有残缺，仅能辨出"天义赖文鸿"五字。经考，印文为"太平天国天朝九门御林真忠报国崇天义赖文鸿"。

赖文鸿在宁国颁发的空白门牌

太平天国所发的门牌，无论前期、后期，都是将民户按照军队组织系统编列的，目的是有效地组织群众进行反清斗争。上述门牌第二行，内容为"营　军帅　师帅　旅帅　管辖"，也就是将民户按某营、某军、某旅编列的。这里的"营"是兵种的意思，例如陆营为陆军，水营为水军，土营为工兵。

第十六行"年　月　日"上加盖朱印，因盖印处有残缺，仅能辨认出"天义赖文鸿"五字。经比对赖文鸿的大印，该印文的全称应为："太平天国天朝九门御林真忠报国崧天义赖文鸿"。天朝，是太平天国的自称。九门，是指天京的大南门、小南门、大东门、小东门、北门、太平门、水北门、水西门、旱西门九座城门。九门御林，是太平天国后期对高级将领所加的虚衔，意思为拥有此衔者都是保卫天京最可信赖的御林军将领。

经考，赖文鸿原为太平天国右军主将韦志俊的部下，后韦志俊叛变投降清朝，他和黄文金、刘官芳等率众讨伐，夺回池州，遂驻皖南。1860 年 4 月，赖文鸿率部到建平（今郎溪县）会师，参加太平天国二破江南大营战役，解天京之围，以功封崧天义，后封匡王。"天义"是太平天国的爵位之一，例如定天义、亮天义、成天义、亶天义、合天义等。赖文鸿受封的爵位是崧天仪，所以，他的大印末尾为"崧天义赖文鸿"。1864 年夏，赖文鸿与黄文金同守湖州。8 月，其部弃湖州入江西，在宁国县余村战斗途中阵亡。

凡是颁发门牌的地方，太平天国都已建立了基层相关政权。赖文鸿负责颁发门牌的区域，包括宁郭郡（宁国府）所辖各县，但某地实际颁发门牌数量的多少，取决于太平军在该地统治的稳定性。如果太平军占领时间较长，乡官制度得以推行，应该能普及门牌。但如果战事频发，太平军立足未稳，则难以推行门牌制度。宁国县是太平军与清军反复激战的地区，很难出现太平军长时间占领的乡镇，况且老百姓大多处在逃亡之中，因而颁发门牌的数量应该不会很多。

该宁国门牌的捐献者，是镇江的陈斯白先生。1951 年，南京市隆重举行纪念太平天国起义一百周年系列活动，陈斯白先生将该门牌送到南京，请著名太平天国历史研究专家罗尔纲先生做了鉴定。罗尔纲先生在门牌上方空白处手书鉴定语："太平天国为了组织群众，在天朝田亩制度中曾有新的社会组织纲领的颁布，所有组织系统是和它的军队组织系统相联系的。镇江陈斯白先生所藏这一张门牌便是最好的说明。这张门牌曾经送来南京市太平天国起义百年纪念展览会在宁沪两地展出。兹承金宗华馆长之嘱，为题数语，以就正于陈先生。"

（黄国华）

太平天国遗留在宁国的一门大炮

狮桥镇，位于宁国东乡，其边界与浙江省毗连。相传南宋时即有此镇，镇内，古老的街道为青石铺砌，由宁国到浙江的古道穿街而过。历朝以来，乡村富户因避战乱骚扰而迁入定居者颇多，故商业与文化均较发达。当年，绅商等有产者为保护身家安全，在街道进出口建筑栅门及炮楼，每逢兵乱则闭栅锁门，并派青壮登炮楼守卫。

民国初年，上街炮楼有铁炮一尊，抗日战争胜利后，因炮楼年久失修，楼板腐朽，难于承受炮身重压，坍塌可虞，且有了近代武器，土铁炮已无威力，当地群众于1945年冬将铁炮移到狮桥老乡公所内屋檐下，弃置无人过问。

1952年，安徽省文史馆发来"收集历史文物及革命文物"的通知，我自幼居住狮桥（当时在狮桥区中心完小任教），对当地有古铁炮一事素谂，即往乡公所观察，见铁炮仍安然卧檐下，炮身长约一公尺余，炮壁厚约三厘米，口径约十厘米。外形前小后大，炮膛上方有一引眼，为点爆用，据传：此炮能容火硝五市斤，射程可达千余公尺，整体为生铁铸造，炮全重二百五十余市斤。当时炮身平卧地面，经受潮湿，表面已为铁锈腐蚀，正面隐现有凸起浇铸汉字，经用醋酸洗去泥锈再用纸墨拓印，即现出清晰正楷汉字"太平天国十三年石达开部用"字样，断定为太平天国所用武器，即上报省文史馆，不久省文史馆特派考古人员朱老同志前来考察鉴定，确认系太平天国武器，乃商请狮桥乡农会主席阳金生及村主任韩长久二同志，派胡凤祥等八人，费时两日步行肩抬至宁国县，再以汽车转运至合肥省文史馆（现存安徽省博物馆文物仓库）。事后，由省文史馆发给狮桥中心完小人民币伍拾万元（旧币折合今人民币五十元）以奖励。

我当时曾陪同朱老查询此炮来历，据当时狮桥老人陶志富说：此炮是由仙霞乡调来，我又专程到仙霞乡一带采访搜集资料，据一周姓老人介绍：该炮原架设于皖浙交界处之千秋关上。千秋关为石砌关隘，高约两丈，对宁国方向有露天炮口九孔，中孔较大，炮座犹存，小者八门炮座尺寸与狮桥发现之炮身相符，即证实此炮是太平天国后期为保卫临安地区抗击皖、湘曾国藩清军而设。当时另据云梯村农会主任钟土养说：在云梯千秋关下亦曾发现有铁炮一尊倒埋某丘水田中，迄未发掘。据此，千秋关太平天国大炮，应有一大八小共九尊，遗留在皖、浙交界地段，尚待考察。

（罗昌震）

——本文录自《宁国文史资料选辑》第二辑 139 页

太平军官兵隐居宁国县

太平天国运动自同治三年（1864）失败后，太平军部分官兵被清廷镇压，尚有部分为逃避清廷官府的镇压，则改换姓名，隐居在南方各地。笔者在调查时发现，宁国有隐居的太平天国官兵。

一、军需官黄某某隐居港口

2009 年，宣城文物局文物管理科干部石巍向我提供 38 份晚清田地、山场、房屋、荒山、水塘等买卖契约，田地等分布在宁国县三十五都、三十六都、三十七都，即株木店、七里凉亭、屠村、港口、众村等地，买主没有使用真实名字，署"黄安福堂"36 份，署"黄万福堂"2 份（可能是笔误），共 38 份买卖田地房屋等契。买卖签约时间自同治六年（1867）二月至光绪三十年（1904）四月。共用足色银两 1497 两，银圆 46 元 5 角。

黄安福堂到底是何人？是黄安？还是黄安福，不得而知。同治六年二月，太平天国运动刚结束不到 2 年，宁国经过战乱、瘟疫、天灾，原居民所剩无几，移民还没有大批地迁徙于宁国，在那个年代此人为何如此有钱？

约在 2012 年底，走访了港口镇镇政府干部、热心于乡土文化的张秀葆先生。见面时，他竟能背出我整理的"大司马桓温三访瞿硎先生"的故事，经他建议该故事被刻在大理石碑上，立在山门洞内紫云洞洞门前。

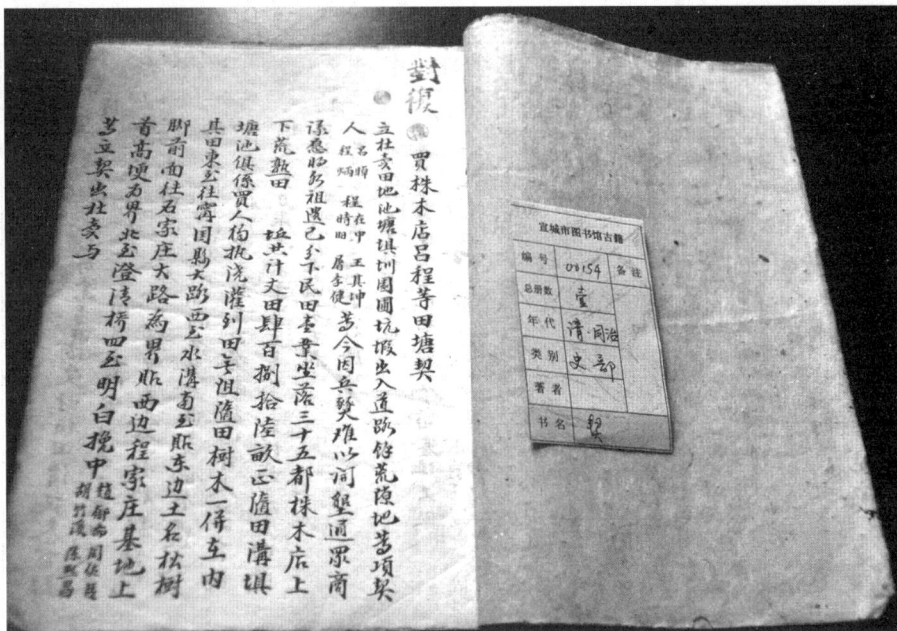

买株木店吕程等田塘契（同治六年二月）

我向他说明来意后，他介绍，听其岳父吴国良说过，港口下街黄氏是隐居于此的太平军管军需的中级官兵，很有钱，居住在港口下街。在港口下街鲍氏祠堂、丁氏祠堂附近建有黄氏香火堂（相当于支祠），当地人称黄氏祠堂。19世纪30年代初期，黄家将七里凉亭上（株木店）、下（港口）一带1100余亩水田高价卖给了上海警备司令部杨虎。其他山场、荒山、房屋先后卖给了外来移民。民国后期，黄氏家族举家迁徙到外地居住，大概是宣城、湾沚一带（38份契约故流落在宣城一带，被宣城市图书馆收藏）。2014年，笔者在整理省级中心村——港口村的村史文化时，在港口村召开座谈会，参会的港口耆老介绍港口村有四座祠堂，小胡村一座，港口下街有三座祠堂，即丁氏、鲍氏、黄氏。

晚清宁国县"黄安福堂"38份契约登记表（三十五、三十六、三十七都）

序号	契约名称	银两
1	买株木店吕程等田塘契（同治六年二月）	340两
2	买延福铺洪裕孝房屋山场契（同治六年二月十六日）	10两

续表

序号	契约名称	银两
3	买株木店程彦财房屋契（同治六年三月二十一日）	19 两
4	买黄山岭洪屠等姓田契（同治六年三月二十一日）	69 两
5	买延福铺房屋山场吕晫契（同治六年三月）	35 两
6	买屠家庄屠学健田屋契（同治六年十月二十三日）	42 两 4 钱
7	买塘山脚程时明田塘山地契（同治七年正月二十八日）	7 两
8	买许村许金生田屋山地契（同治七年二月）	100 两
9	买屠学健田屋山地契（同治七年三月）	35 两
10	买杨村程年贵田屋山地契（同治七年三月）	70 两
11	买程贵生田山契（同治七年五月）	30 元
12	买三十五都屠学健田屋基地山场契（同治七年十一月）	20 两
13	买姚家村程锦邦、王承烈田房契（同治七年十二月）	7 两
14	买屠家庄屠学健、屠承佩田屋基地山场契（同治八年四月）	24 两
15	买下街王其坤基地房屋契（同治九年十一月初一日）	16 两 8 钱
16	买株木店洪明忠、程连贵山场（同治十三年四月）	8 两
17	买株木店洪德璋、洪德厚、许金生山契（同治十三年五月）	7 两
18	买株木店王其坤田契（同治十三年九月二十四日）	8 元 5 角
19	买株木店二庄程年贵田山契（光绪元年八月）	15 两
20	买三十五都王其坤田契（光绪元年十月）	10 两
21	买许村上首王其坤塘地荒山契（光绪二年又五月初六日）	2 两
22	买许村许金生山塘田地契（光绪二年九月初八日）	5 两
23	买株木店五庄杨顺生田井契（光绪二年润五月二十八日）	4 两
24	买延福铺陈克献、汪忠启田塘山地契（光绪三年四月初五日）	25 两
25	买株木店上杨冲程年贵荒田山契（光绪三年四月初七日）	4 两
26	买杨冲徐竹林堂田山契（光绪七年十月）	30 两
27	买株木店屠学健祠基契（光绪十一年十一月）	15 两
28	买株木店王家兴房契（光绪二十七年九月初四日）	8 元
29	买后冲胡泰筠田山地塘契（同治五年十二月）	105 两
30	买后冲鲍照顺、鲍玉彰田契（同治五年十二月十七日）	48 两

序号	契约名称	银两
31	买后冲屠承佩等房屋基地山场契（同治六年二月）	72 两 8 钱
32	买张家庙张维琳、鲍玉彰、赵郁斋房屋山场契（同治七年十一月十二日）	7 两
33	买三十六都洪祖、胡大治、鲍隆学、赵郁斋田契（同治五年十二月）	14 两
34	买后村四庄何时喜基地契（光绪元年九月）	1 两
35	买后村鲍钟英山契（光绪三十年四月）	28 两
36	买小汪村杨如清等田塘山契（光绪九年四月）	130 两
37	买包家庄汪道善庄田契（光绪二十年六月）	65 两
38	买包家庄汪李氏田塘契（光绪二十四年九月二十九日）	58 两
合计	足色银两 1449 两，银圆 46 元 5 角	

张秀葆先生还向我介绍了他的岳父吴国良。他的岳父是港口镇、区干部，亦是一位文史爱好者，收集了宁国县，尤其是港口一带许多鲜为人知的故事。岳父曾和他说：唐朝李白到过宁国县，游玩过山门洞、通灵峰，在宁国写过诗，坐乌排回宣城时，不幸落水，诗稿全毁了，还生了一场大病，不久病逝了，写宁国的诗歌也失传了。当地人为不忘李白来过宁国，在通灵峰北麓修了一座青莲庵，来纪念他，庵中悬挂李白醉卧图，山人侍奉于侧。联语为："太白醉卧呼斟酒，山人侍立劝饮茶。"张秀葆还向我提供了其岳父写的诗 15 首，如：

满江红·创新业　1976·冬

干劲冲天，人八亿，抓钢治国。惊回首，昨宵梦恶，斗争激烈。妖贼横行天下怨，忠魂笑归人间悦。莫等闲，整顿败家风，光阴迫。

同甘苦，能团结。盼四化，情般切。蚂蚁齐心啃，泰山低缺。愚公精神尚且在，壮士豪气犹未灭。树雄心，大战葫芦山，创新业。

农事乐　1982

荒丘野岭创新家，古河岸边学种茶。
晚景频添农事乐，山鸦伴我夕阳斜。

张秀葆先生还将自己多年前搜集到的港口"九街十八巷"资料提供给我。后来，我将青莲庵联语编入宁国名胜古迹楹联，并推荐给敬亭山诗词楹联学会及宁国市政协文史委，分别被编入《敬亭古今楹联》《宁国古今楹联》等书。不幸的是，三年前，张秀葆突发疾病不幸去世，而我竟然不知。如今我撰写此文，也是对吴国良、张秀葆翁婿俩的纪念。

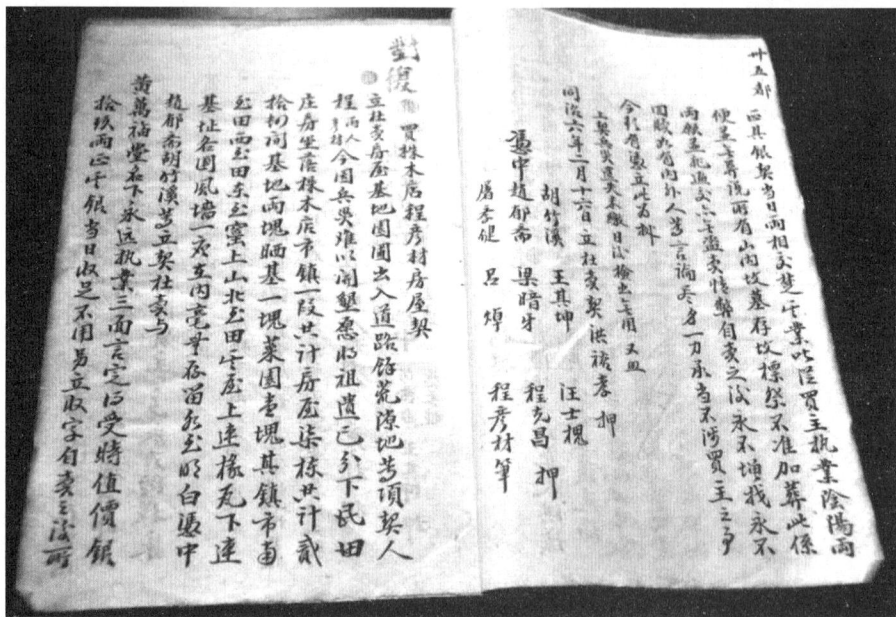

买株木店程彦财房屋契（同治六年三月二十一日）

查宁国县文史资料第五辑《杨虎资料》部分，沈渭川先生撰写的《杨虎热心故里公益事业》（50 页）中有："三十年代初，杨虎在港口七里凉亭地区买田 1100 多亩（费用 35000 大洋），先后聘请方时杰和饶味新掌管，其租谷（金）除支付本县其他公益事业外，全用于兴办教育。民国三十七年（1948）杨虎拟以这部分田产与基金在县城东门外创办'啸天中学'，遂派张东林回乡邀请宁国绅耆商讨建校事宜，由于某些权威人士反对而作罢。以后，杨便将该全部田产捐给宁国县，作大专优秀学生奖学基金。"这说明，吴国良所说"七里凉亭上下田 1100 余亩，转卖给杨虎"是史实。

那么宁国有没有姓黄的大家族呢？宁国黄氏家族主要有两支，一支为原东岸黄氏，一支为港口居住的湖北应山移民黄氏，为了进一步明确上述晚清田产契约权属问题，笔者分别走访了宁国县原居民东岸黄氏有关人士黄永平（自然资源规划局退休干部）、黄永胜（江苏双宁工程管理咨询有限责任公司工程师）、黄维中（上海交运集团退休管理人员）等先生，他们肯定答复，他们黄氏家族，在港口一带没有这一支。时值黄氏家族重新修谱，又对黄氏老谱和黄氏新谱进行了梳理，虽然东岸黄氏有"福堂黄氏"之说，是黄氏始迁祖宋代孝善公自歙县潭渡迁至宁国东岸乡阳光村黄村定居，与当地坑口周氏结婚，子孙兴旺发达，认为祖居地是风水宝地，故称黄村为"福堂"之地。"黄安福堂"与东岸黄氏家族没有联系，据他们所知，东岸黄氏在当时受太平天国运动影响，人口凋零，家族败落，也没有这样的富户。

《黄氏宗谱》中部分黄氏家族成员介绍

还有一支黄氏，主要居住在港口镇西边湖北庙一带，即"黄家大堰"附近。为此，走访了港口社区副书记毛敏、港口中学书记徐维，对港口中学西北"黄家大堰"进行了了解，黄家大堰原属港口村黄家所有。为了对

"黄家大堰"原权属主人家族进行了解，笔者采访了原家住港口小胡村的黄永武先生（自然资源规划局退休干部），他家是肥东县迁入此地，对黄家大堰不了解，但他介绍了黄家大堰原权属黄家族人黄声华先生，他是港口镇广播系统退休干部。港口镇政府外宣干部章凌峰女士提供了黄声华先生联系电话。笔者专程去港口湖北庙采访黄声华先生，他告知黄氏家族是于晚清由湖北应山迁徙于港口定居的，同治六年初，黄家还没有迁到港口。黄氏家族也没有"黄安福堂"这一支。黄声华又对黄声华家族所收藏的老谱（湖北下江南时所带来，光绪三十年纂修），以及新修族谱进行梳理，下江南的时间最早的一支黄汝璞于同治年间迁居宣城歙建图陈村，迁居宁国的各支（六支以上）基本上是在清光绪年间。黄声华的高祖辈汝奎公（生于1840年12月20日）偕弟汝柏公（生于1844年4月9日）、汝华公（生于1851年6月13日）于光绪年间由应山县祠堂湾迁居宁国县港口居住。谱中也没有"黄安福堂"的记载，没有晚清时期港口一带土地房产买卖的契约。黄氏迁徙于宁国、宣城等地居住，来时都是"一担箩筐下江南"，都是贫苦农民，哪有多余钱财来购买大量的土地、山场、房屋等？有钱的话也不会撇下家乡的资产、历尽千辛万苦下江南了。黄家的祠堂在湖北应山县祠堂湾，宁国港口黄家没建祠堂。虽有"黄家大堰"，那是黄修全（生于1879年6月4日）、黄正祥（生于1900年4月5日）父子于民国初期迁来港口定居，之后，做木材粮油生意赚钱才购买的，"黄家大堰"原有3亩左右，主要是蓄水防火用，附近原来是民国官府粮食仓储所在地。中华人民共和国成立后，此地是港口粮站所在地。笔者查民国《宁国县志》："第五区第九仓，设港口东平庙，积数四百六十九担。"后来因周围居住居民主要是湖北移民，所以改称湖北庙，今为镇口禅寺。

笔者还采访了港口小学退休教师黄桂林女士，她介绍的家族迁徙情况与黄声华先生说的基本一致。

湖北省应山县黄氏迁徙于港口后，子孙已传承七世，主要分布于港口镇、宁国城区及附近乡镇和宣州区一带。家族成员中有的从事农业生产，有的在企业上班，有的担任公务员，有的任中小学教师，有的任医院医生，黄氏家族人员生活安定。

晚清港口一带契约中田地房屋权属，为太平天国军需官黄某某隐居宁国后所购买，应确定无疑。

二、军医后裔庞乐三造福乡里

在阅读《宁国市志（1978—2003）》过程中，《人物传》（1098页）中庞乐三的传记引起了笔者关注。原文如下：

庞乐三（1906—1984）

庞乐三，字六三，祖籍南京江宁，中医世家。其祖父曾任太平天国医官，太平军失败后，为避祸举家迁居宁国。庞乐三自幼受家庭熏陶，对中医有浓厚的兴趣，念私塾时就开始诵读《伤寒论》和《神农本草》。加之其思维敏捷、悟性极好，15岁即能协助父亲为人治病。16岁以后游学于杭州胡庆余堂药店，习中药炮炙、制丸散膏丹，学岐黄济世之术；暇时则求教杭城名医，苦心钻研，终学有成。25岁时回到宁墩，悬壶乡里。29岁在宁墩创建"庞庆和药店"，开始坐堂行医。药店为三层砖木结构，前店后坊、装潢考究，成为当时宁国县内最大、最豪华的药店之一。药店自开办后，始终保持与芜湖张恒春、苏州雷允上、杭州胡庆余堂等大药店的业务联系，更因其用药纯真地道、经营诚信，不久即远近闻名。庞乐三对于药材的选用十分认真，甚至达到"苛刻"的程度，特别是对贵重药材的采购，每及事必躬亲。有一年，庞乐三亲自在上海选购大批参茸等贵重药品，返回宁国时，被国民党湖州稽查队没收，最后还是通过杨虎（国民党淞沪警备司令）出面干预才得以追回。

庞乐三熟悉内、外、妇、儿各科常见病，尤其擅长温病、伤寒及疑难杂症的诊治。其医术精湛，是徽州、宣城两地区名老中医之一。庞乐三有深厚的中医药知识基础，故其处方用药往往知源达变、轻灵活泼，于平淡之中每出奇效。一次为治一妇女连生3胎皆聋哑人之怪病，他从中医"谓聋者乃肾气不能上承，肾窍失聪；哑者乃心气不降于肾，坎离不能交泰"之医理出发，独辟蹊径处方医治，次年此妇女再生一男孩，稍长即能言善语。诸如此类奇难怪症，庞乐三一生亲历不少，大多都能循中医辨证之说，博采众家之长，撷土方验方之精华而出奇制胜。他平日勤于应诊著述不多，虽录有大量医案，可惜皆毁于1969年洪水之灾。现存世的仅有"文革"后在徽州地区召开第一次中医经验交流会上的发言《甘露消毒丹加减治愈钩端螺旋体病》一文和1970年以后的《医案》3本计718篇。庞乐三对求医者不分贫富，都能尽心诊治。若逢贫困者上门求医，则分文不取、舍药救之，其良好医德广为乡里赞颂。晚年声誉日隆，求医者络绎不绝。

庞乐三豁达大度、热心乡梓。中华人民共和国成立前曾多次捐助宁墩小学钱物；中华人民共和国成立后更是积极响应政府号召，率先将药店公私合营。1955年协同政府组建宁墩联合诊所，后改称宁墩卫生院，并任所长和首任院长。曾被选为中国人民政治协商会议宁国县首届委员会委员、宁国县工商联合会代表。

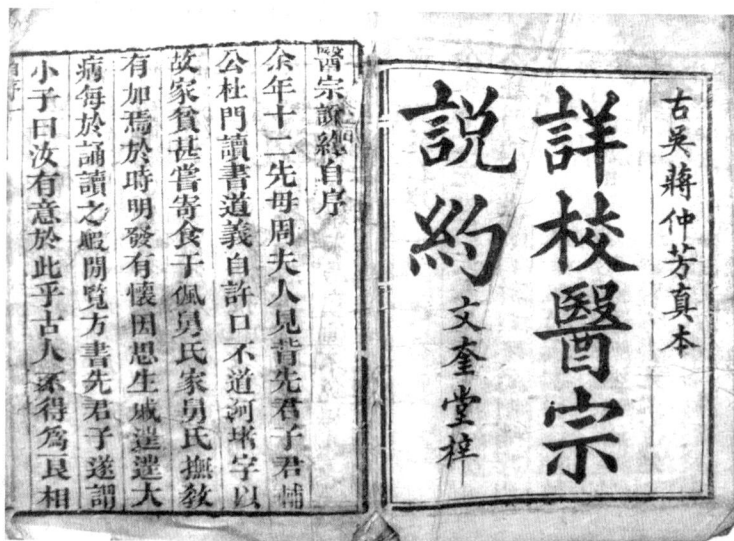

《详校医宗说约》书影

笔者在网上查阅资料，2023年3月23日《中国中医药报》上有刘洵撰稿《钩沉中药史上的"南京帮"》（本文有删节），文中介绍：

历史悠久的南京药匠

江宁（南京的旧称之一）地方特色古籍文献——清《同治上江两县志》称："龙都之民善卖药。"据查证，龙都（今江宁区湖熟街道）的庞家桥、刘家汾前村，曾有50%以上的人家开药店，他们上祖传下代，亲戚带朋友，同乡带同乡，外出做药工。溯长江西至芜湖、九江、汉口，顺流而下到镇江、苏州、上海，从城市到乡镇，都有江宁药匠从事中药业。

除江宁外，从事中药业经营的还有溧水县（今南京市溧水区）人，其中以柘塘、乌山、群力等地人为多。过去这些乡域内的多数村庄都有人在外地学徒、帮工或者开店从事中药业，中药业在新中国成立前是溧水人外出谋生，发财致富的一条重要途径。

由江宁、溧水的药匠们所共同构成的"南京帮"，他们在长江中下游地区，尤其是苏、浙、皖地区一带经营中药业，形成了包括中药材加工、零售、批发等环节在内的庞大产业链，并开办了许多知名药号。

"南京帮"的发展模式

"南京帮"到外地经营中药业，一般是先出去学徒，三年满师后留店当店员，几年工作下来，有才干的逐步提升为管账，直到管事（经理）。有些管账、管事积聚了些钱财后，在同乡同行资助下，几人合伙在本埠或外埠，或者到县城以下小集镇又开设新的中药店。这样，"南京帮"在外地从事中药行业的人便越来越多。

"南京帮"在外地经营中药业存在三种形式：一是中药店，以配方销售饮片及丸、散、膏、丹成品药为主；二是药材行，专门经营不加炮制的原药材做批发生意；三是参号，主要在大城市专卖高丽参、人参、西洋参、花旗参以及银耳、燕窝、鹿茸等滋补药品。有的中药店零售与批发兼营。三种形式以第一种居多，后两种主要在大城市且资金雄厚方能经营。

"南京帮"创建的知名药号

汉口叶开泰　湖北武汉著名中药老店叶开泰始于1637年，是来自溧水柘塘的叶文机在汉口经营的最大中药店之一。早在20世纪30年代，汉口叶开泰，就与北京同仁堂、杭州胡庆余、广州陈李济齐名，号称中国四大中药房。

芜湖张恒春　1800年，溧水人张宏泰在安徽芜湖十里长街的状元坊口，始创"张恒春"药号，寄"恒昌久远，妙手回春"之志。1898年，当股份制模式还在思想萌芽时，"张恒春"药号在店内另设同人合股店"公和兴"，是中国医药史上较早的股份合作制药号。

合肥寿春堂　清末民初时期，南京人在合肥前大街（今长江中路）成立的寿春堂名气非常大，主要经营中药材和自行配制的丸、散、膏、丹以及香、卤料和曲料等。20世纪90年代初期，在多方的大力支持下，"寿春堂"药号得以恢复。清末民初南京人在合肥还开了许多家药材店，如种德堂、春和义等商号。

然而，清中后期南京江宁最大的药店——庞庆和药店此文中并未提及，也许是未获得信息而遗漏。

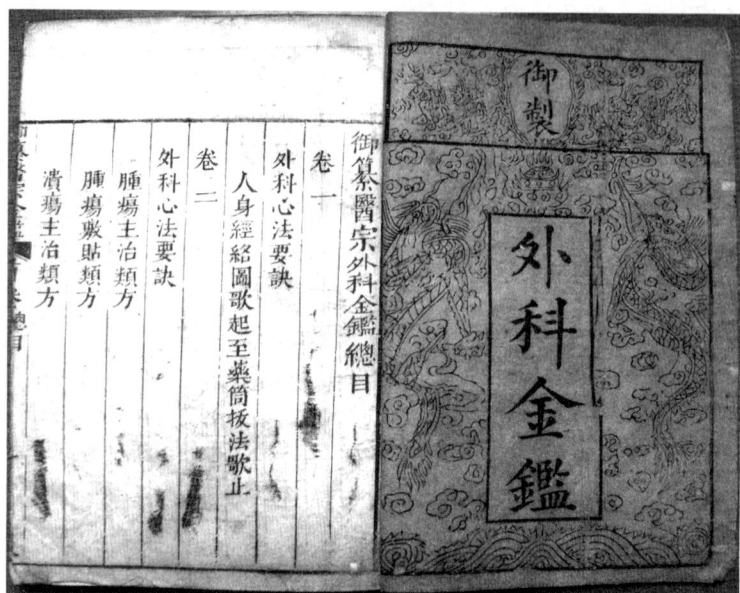

《外科金鉴》书影

2023年6月3日，邀约庞乐三的女婿何峰高（宁国市教育系统退休干部）陪同，梅林镇对山村支部书记小阮驾车，前往宁墩镇宁墩村白塘村民组采访庞乐三的侄孙子庞小来。庞小来，1945年出生，1961年初中毕业考入屯溪一中，后停学。

何峰高、庞小来介绍说：宁国墩庞家的先祖是太平军的军医官是事实。清代中后期，家住江宁庞家桥，江宁庞庆和药店就是庞家开的，当时在南京医药界名声响亮，与杭州胡庆余药堂关系较好，常有交往。

1853年3月，太平天国军队占领南京后，改名天京。太平军强行征用了江宁庞庆和药店为太平军所用，并委任先祖为校级医官，为其颁发了官服、官帽，江宁庞庆和药店遂为太平军官兵治疗伤员及其他疾病，前后十余年，直到1864年上半年，南京城被清军攻破，庞氏先祖一家六口人，即庞乐三的祖父、祖母以及祖父的两个儿子和两个儿媳妇（小媳妇才9岁），逃出南京城，先是在溧水停留了一段时间（这里有庞氏宗亲），继而来到宁国县宁国墩下街定居下来。

对于庞氏字派，他只记得八个字："保国安邦，家自成兴。"庞乐三的祖父是安字派，父辈是邦字派，庞乐三是家字派，宁国墩庞氏与南浔、溧水都是宗亲，南浔庞自春字派与宁国墩庞氏字派相同。溧水有庞氏宗祠，民国期间有来往，1945年溧水（溧阳）曾来宁国征求编修家谱一事，宁国庞氏家族编入溧水（阳）庞氏谱。宁国墩已无庞氏族谱。

庞乐三的祖父来到宁国墩后，从不提在太平军军中任军医一事，也不说出自己的真名，主要是害怕清朝政府的追查和打击。在宁国墩，庞氏和当地居民以及外来移民和睦相处，相安无事。庞乐三兄弟、姊妹6人，于晚清和民国初年相继出生，庞乐三生于清光绪三十二年（1906），上有一位姐姐、一位哥哥（庞小来的爷爷），下有两个妹妹，一位弟弟（早逝）。庞乐三叔伯兄弟姊妹有好几个。辛亥革命后，随着时代的变更，庞氏在宁国墩站稳脚跟后，置办产业，重新开办了药店。

民国十一年（1922），庞乐三16岁，由其父送到杭州胡庆余堂药店学医10年，25岁归来，在自家药店行医。1935年29岁时，庞乐三将药店恢复"庞庆和药店"名，由于经营诚信，用药地道，医术精湛，药店渐渐兴旺起来。又在白塘冲里面箬岭买了一片山场，在山脚下建了几间房，作看山用。店里人员多，晚上住不下，就安排人住在笠岭。民国年间，原南京庞庆和药店的宗亲、同事、伙计相继来到宁国墩庞庆和药店，有的是来探望，有的就在药店帮工。南京人医药界同行朱国清（宁国市医院骨科退休医生朱卫亮的父亲）也来到宁国墩庞庆和药店上班，由店员升到管事，占有一定股份，公私合营时被聘为药店负责人。中华人民共和国成立初期，湖州南浔的宗亲庞自春，称庞乐三为大伯，来到宁国墩庞庆和药店，并在药店上班，此人原为杭州胡庆余堂药店细药房（珍贵中成药）的掌柜，在宁国墩庞庆和药店一直工作到退休，20世纪80年代初，由其侄子接回老家湖州南浔度晚年。

中华人民共和国成立后，庞乐三深明大义，积极配合政府将庞庆和药店改造为公私合营企业，将多年积蓄的钱币19万万元（折合人民币为19万元）一次性上交给人民政府，配合政府筹建宁墩诊所、宁墩医院，并担任首任所长、首任院长。庞乐三五妹嫁宁国墩曹家坞何家，其一子过继给四妹婿余文祥为子。后来，余家遭变故，庞乐三将此子余模松送进学校读书，将其培养成才，为卫生部武汉生联生物研究所研究员，成为国家知名的生物学家。庞家保存了先祖官帽一顶，可能是太平军军医官帽，放在一个方方正正的盒子里。中华人民共和国成立后每年"六月六"这一天，只要是天晴，就要拿出来，放在后院里，先是焚香祭拜，晒霉，再收起来。"文化大革命"破"四旧"时，家里将其销毁了。

太平军医官后裔庞乐三造福乡里，当地皆有称颂。如今庞氏子孙瓜瓞绵绵，在宁国传承已达七世，家族兴旺，生活安定。

（高生元）

堵王激战七都汪

黄文金，广西博白人，太平天国名将，绰号"黄老虎"，早年参加金田起义。咸丰三年（1853）奉命守江西湖口，他骁勇善战，屡次击退清军，为曾国藩、彭玉麟所畏忌。1857年升为检点，清军大举来犯，力竭城陷，全师退出湖口。1859年10月，韦志俊在池州（今贵池）降清，他被派往攻芜湖，旋与刘官芳反戈讨伐，得杨辅清之助，与古隆贤等夺回池州。次年春，以功封擎天义、定南主将。参与摧毁江南大营之役。后转战江苏、江西。

咸丰十年（1860），当李秀成为解天京之围，用"围魏救赵"之计，远袭杭州，引诱清"江南大营"分兵援救时，黄文金与杨辅清由建平北上，占高淳、东坝、淋水，克秣陵关，突破清军在天京西南筑长濠，为大破江南大营的天京之战创造胜利条件。同年冬，他攻克建德（今东至县）、鄱阳（今江西鄱阳县）等地。

1861年1月，攻景德镇，进逼祁门曾国藩湘军大营，黄文金受伤败退，屯军芜湖、繁昌、青阳，后多次援救安庆。

咸丰十一年（1861）五月三日，黄文金与谭绍光攻克湖州城。他在湖州驻守三年之久。其间黄文金先后配合友邻部队消灭清"江北大营"和"江南大营"。堵王黄文金在镇守湖州期间，建立乡官局，重视生产、发展商业，南浔、乌镇商业因之繁盛，并注意减轻百姓负担，"田税转轻于昔，仅依旧额取十之五六"。同时，他还重视人才，建有"开考"制度。积极加强防卫，在西北的长兴、泗安、梅溪、安吉一带，连营数十里，互为犄角，并由此往西，与皖南广德相呼应，黄文金指挥并率军勇战，屡次击退清军进攻，使湖州成为太平军的一个大据点。

他还重视生产和发展商业，民国《南浔志》中说：南浔 1862、1863 年连续两年"秋收丰稔"，在南浔设有四家"官丝行"。乌镇"近两省三府交界处，极大市肆，丝业所萃"，商业很盛。并注意减轻群众负担，"田税转轻于昔，仅依旧额取十之五六"。他还重视人才，建有"开考"制度。与此同时，黄文金还曾先后率部援救嘉兴、杭州太平军。

同治元年（1862），黄文金为福建大主将，晋封堵王。5 月，退出芜湖。10 月，合胡鼎文等攻克宁国县，进围宁国府（今宣城），复由湾沚占领西河。1863 年 4 月，抵建德，攻祁门不克。寻入江西，激战于湖口、彭泽间，负伤退都昌、彭泽，再退建德。9 月，围青阳，后走石埭（治今广阳）。

1864 年 3 月，进援浙江嘉兴，随后退守湖州（今吴兴）。

同治三年（1864）三月开始的湖州保卫战，是太平军在浙江的最后一次重大战役。黄文金对此作了周密的部署。他与杨辅清等，在湖州附近村镇增筑防御蕲，建立了以外围菱湖、东林为第一防线，袁家汇、荻港等地为第二防线的防御体系，在思溪、双福桥、晟舍、长超等地以重兵把守，以正面抵御南路清军的进攻。在西北的长兴、泗安、梅溪、安吉（今安城）一带，连营数十里，互为犄角，并由此往西，与皖南广德相呼应。清方惊呼"浙江惟湖州及长兴、安吉三城未下"，后又不得不承认"惟堵王黄文金""坚踞湖州如故"。于是，左宗棠命布政使蒋益澧为前敌指挥，纠集左宗棠的老汀军及洋枪队"常捷军"、江苏的淮军郭松林、潘鼎新部和在海宁降清的蔡元隆（降清后改名为蔡元吉）、在石门降清的邓光明等部合围湖州。黄文金指挥和率军勇战，屡次击退清军的进攻，湖州成为太平军唯一的一个大据点。黄文金仍率军与清军浴血奋战，6 月 24 日，他在思溪、双福桥等地大败清将蒋益澧及洋枪队，打死打伤清军洋兵七千余人；6 月 25 日，他又在思溪一带杀伤清军六百多人，蒋益澧的战马也被枪弹射中。

1864 年 2 月，太平军天京天保城失守，湘军随后进至城东北的太平门与神策门，天京被合围，城中粮绝。1864 年 6 月 1 日，洪秀全病逝，幼主洪天贵福于 6 月 6 日继位。7 月 3 日，地保门又陷，城外据点尽失，湘军逼近城根，掘地道攻城。19日，太平门城墙被炸塌二十余丈，湘军蜂拥而入，天京失陷。李秀成、林绍璋等拥幼主突围出走。李秀成断后，失散被俘，8月7日，被曾国藩杀害。

幼天王出城后，由洪仁玕等护送至安徽广德，继被黄文金等迎入浙江湖州（今吴兴），准备往江西会合李世贤、汪海洋等部入湖北，再合陈得才、赖文光等部据荆州（今江陵）、襄阳（今襄樊），以图中原。

8月，淮军主力之一的"铭军"刘铭传率部尾追，干王洪仁玕、堵王黄文金等在湖州受挫。

8月26日，南门守将陈学明率千人降清。在蒋益澧、郭松林、潘鼎新、德克碑、日德格等联合进攻下，黄文金、洪仁玕等决定主动弃城，8月28日，黄文金等率军全力突围，攻克了清军许多栅寨，俘获了数百艘炮船，打死打伤一批清军、洋兵，突出重围，湖州失守。8月29日，黄文金等至广德，连夜护送幼天王走宁国。

8月30日，洪仁玕、黄文金、黄文英、谭体元、范汝增、洪仁政、赖文鸿、李容发、李明成等王护幼主洪天贵福及忠王之子，经广德四合，走小路，翻太山，入宁国县桂花树村祖师（殿）庙到桥头阳山舒村。8月31日，刘铭传率"铭军"从广德追击到阳山。在舒村与汪村之间的将军岭，堵王指挥赖文鸿部向西堵截由宁国县城赶来的清军周盛波、周盛传率领的"盛军"；李明成部向东南经七都汪村东瓜山中峡山关向安吉县撤退，并经安吉县唐舍关、孔夫关突围至宁国县东南，再经铜岭关、白沙关进入浙江昌化白牛桥会合；洪仁玕等部护卫幼天王向南经桥头、石口、宁国墩撤退，过万家老岭黄花关入昌化白牛桥。黄文金率本部太平军断后，与"铭军"在七都汪村大战一场，自上午一直激战到下午，杀得天昏地暗，血流成河。黄文金中炮，身负重伤，之后退至汪村。邑人汪家森、胡为宝亦率团练赶赴七都汪村与太平军激战，两人均战死。堵王黄文金虽身负重伤，仍率众奋勇拼杀，力战一天，终于突围至石口，退到宁国墩（今宁墩）。正可谓：

众将护卫幼天王，双方激战七都汪。

堵王搏杀真悍将，不幸中炮负重伤。

清军周盛波、周盛传率"盛军"从宁国城赶到桥头阻击，太平军与清军在桥头三界岭（梅林、石口、桥头三乡交界处）大战一场，匡王赖文鸿拼命奋战，杀开血道，引开清军主力，好让太平军主力从黄栗树突围至石口。赖文鸿率部在三界岭阻击清军，不幸中弹身亡。桥头与梅林之间的将军岭，就是纪念他而留名。

宁国县桥头一仗，太平军伤亡十分惨重。自此，太平军结束了在宁国县也是在皖南地区的最后一次战役。黄文金因伤重而亡，来不及掩埋，其弟黄文英将他的尸体安放在宁国墩上面山边的深水沟里。

南极方向的马头岭、孝岭有清军重兵把守，太平军连夜从万家走小路，翻老岭，过黄花关，撤退到浙江昌化白牛桥，与其他太平军会合。

（高生元）

匡王血洒余村头

赖文鸿，广西贵港市大圩镇永福村上社屯人，遵王赖文光的弟弟，太平军名将之一，是太平天国勇冠三军的虎将。1851 年，赖文鸿的堂姐赖莲英与丈夫洪秀全在金田起事，在家务农生计的赖文鸿听闻这个消息后，便找到兄长赖文光合计此事，二人经过商议，决定去往金田起义之地投奔姐夫洪秀全。到了金田之后，二人被分开安置，赖文鸿被编入韦昌辉的帐下，在随后的战事中，赖文鸿展现出了自己的军事天赋，屡建战功，因而获得了提拔，成为韦昌辉旗下的一个头目。

赖文鸿随韦志俊西征，任殿右六十四指挥。在随后的西征之战上，赖文鸿审时度势，设下伏兵，击杀了湘军名将罗泽南，取得武昌大捷。罗泽南，曾国藩的铁杆兄弟，也是湘军头号悍将，地位显赫。罗泽南阵亡后，湖北巡抚胡林翼不敢轻易攻打武昌，转而采取围困战术，打消耗战。如此，武昌局势稳定，暂无压力。韦俊镇守武昌，时刻威胁湘军后方，曾国藩、胡林翼等湘军统帅深感不安，却又无可奈何。

赖文鸿先后转战桂、湘、皖、苏等地。在湖南衡州府战役中，率军打败李鸿章的洋枪队，屡建奇功。1858 年，封隆天福，隶韦志俊部。1859 年 10 月，韦志俊在池州（今安徽贵池）叛变降清，他旋被派往攻芜湖，而刘官芳、古隆贤等拒不从命，反戈讨伐，并得杨辅清之助夺回池州。1859 年，洪秀全再次组建右军，委任赖文鸿为正总提。1860 年，同刘官芳等自铜陵、青阳，进占南陵。后率本部到建平（今郎溪县）会师，合力打破清军江南大营，解天京围，以功封崧天义。此后，赖文鸿长期在皖南作战，多次攻克宁国县。时与奉王古隆贤、襄王刘官芳并称为"皖南三支柱"。据黄国华先生研究，1861 年占领宁国县时，为加强宁国县县城居民的统治，印制了门牌，颁发给县乡居民以建立基层乡官制度。

1862 年，参加推毁清军江南大本营战役，建立奇功，进封匡王。是年，湘军主帅曾国藩派遣大将鲍超进入皖南清剿太平军，在宁国城与赖文鸿部展开了较量，赖文鸿打出军事生涯最强一战，不仅击溃湘军鲍超部，还在战事中先后击杀湘军多名部将，使得鲍超部损失惨重。

虽然说赖文鸿取得了战役的胜利，但是并没有根本性地改变整个战事的被动性，湘军虽然遭遇大败，但是主力尚存，鲍超在宁国县聚拢败兵，卷土重来，凭借着洋枪洋炮最终击溃了赖文鸿部，使得赖文鸿不得不带着残兵败退而走。

同治二年（1863）十一月二日（12 月 12 日），东平王何明亮、匡王赖文鸿等浙战失利，退驻宁国。

与此同时，皖南地区的太平军接连向清军投诚，使得赖文鸿陷入孤军奋战的境遇，鲍超为此曾多次派人来招安赖文鸿，希望赖文鸿"弃暗投明"，率部归降，但是遭到了赖文鸿的严词拒绝。

此后，赖文鸿为了躲避湘军的追击，在多地开展游击作战。1864 年，天京被湘军攻陷，幼天王洪天贵福逃至湖州。8 月 30 日，干王洪仁玕、堵王黄文金等在湖州受挫，退走广德，与开展游击作战的赖文鸿部取得汇合。但是双方汇合没多久，湘军和淮军的追兵就追击而至。干王、堵王等决定放弃广德，当夜保护幼天王退往宁国县。太平军绕过清军驻守的宁国县城10 里分为两路，干王、堵王、扬王李明成、誉王李瑞生、昭王黄文英、佑王李远继、养王吉庆元、恤王洪仁政、忠二殿下李容发等保护幼天王由宁国县千秋关、黄花关出浙江昌化县白牛桥；偕王谭体元、首王范汝增等由宁国县胡乐司、山羊坑出浙江淳安县威坪，两路约定同赴徽州。

8 月 30、31 日，干王、堵王、扬王、誉王、昭王、佑王、养王、恤王等王护幼主洪天贵福及忠王李秀成之子，经广德四合，走小路，翻太山，入宁国县桂花树村祖师（殿）庙到宁国县七都桥头阳山舒村。

宁国七都东南、东北多山，岗岚起伏，山岭连绵迤迤，桥头以西与石口、梅林交界部分地势稍低。东邻浙江安吉杭垓，北界广德杨滩，南与今中溪石口狮桥接壤，西北至西与今梅林、田村、花园村相连，历来是皖浙两地的重要通道，是四达要冲之地，也是兵家要道。坐落于境内东津河上的始建于明代的东山渡桥，是明清时宁国至浙江昌化、於潜必经之桥；位于皖浙两省分界的阳山村徽湖古道，是明清时期徽商、湖商两大商帮商贸往来浙江湖州与皖南两地的商旅要道；清时河沥溪至梅林，再向东经戈驻、黄栗树、桥头、汪村、舒村到达浙江安吉县境的道路，是宁国县以县城为中心通往外地的主要大路之一；与广德也有山民走亲访友、肩挑负贩及为避免关卡盘查而通行的山区便道。

不料，8 月 31 日，干王、堵王等一路行至宁国县七都（今梅林镇桥头村、七都汪村境）与追至而来的清淮军提督刘铭传部遭遇。此时淮军以营为单位都装备了洋枪队与劈山炮队，每营 5000 人，有洋枪三四百支，设前、后、左、右、亲兵哨共 38 个洋枪、劈山炮（是一种小迫击炮，是方便随军行动的野战炮，采用面杀伤，发射重半斤霰弹，射程最大可达四五里）队，其中洋枪队 28 个，劈山炮队 10 个，雇请英国、法国洋教练采用西洋方法训练，战斗力很高。为掩护幼天王从石口向宁国墩方向撤退，黄文金指挥赖文鸿部赶到三界岭（梅林、桥头、石口三地交界处）阻击宁国方向的周盛波、周盛传部。黄文金率本部太平军断后，与"铭军"在七都汪村大战一场，自上午一直激战到下午，杀得天昏地暗，血流成河。黄文金中炮，身负重伤，之后退至汪村。直到幼天王撤退至宁国墩，黄文金部才撤至宁国墩，黄文金伤重而亡。

匡王赖文鸿带领本部人马赶到三界岭，立即布防，与前来支援的淮军展开战斗，作殊死搏斗，阻止清军主力前进，好让太平军主力从黄栗树突围至石口。淮军周盛波、周盛传部一色的洋枪洋炮，装备十分精良。赖文鸿率领本部人马个个忠勇，誓死不让清军越过三界岭，在岭上赖文鸿不幸中炮，身负重伤，仍在指挥战斗。战斗从中午打到傍晚，直到幼天王安全撤退到宁国墩，清军才退回宁国县城。赖文鸿被抬到岭下余村时（余村，原名虞村，因虞姓家族居住得名，因太平军回忆录误为余村），因伤重而亡，临终前，他对天京被破，幼天王败逃，太平天国将败，自己将死，再不能为太平天国效力，心中充满了无限遗恨。部下将他的尸体安葬在余村边的小山下，而后撤退至宁国墩，与护卫幼天王的部队一道退向昌化白牛桥。20 世纪 70 年代，曾在桥头发现赖文鸿的"七星龙池剑"（被私人收藏）。

虽然三界岭阻击战硝烟早已散去，轰轰烈烈的太平天国运动也在此后不久降下了历史的帷幕，但赖文鸿虎将忠勇英名并没有被后人忘记。宁国七都桥头人为纪念在此殉难的一代英雄悍将匡王赖文鸿，将桥头与梅林之间的三界岭，改名为将军岭。桥头余村一带至今还传唱着怀念英雄匡王的歌谣："小小余村头，河水向东流。匡王殉难地，风雨万古愁。"

（王宁生）

幼天王败走黄花关

宁国虽小，但周围诸多关隘拱列，如千秋关、千顷关、铜岭关……构成独特的人文地理环境。黄花关是其中的一座，它坐落在海拔 600 余米的道场坪上。清初顾祖禹编纂的《读史方舆纪要》记载：宁国县"……黄花关，皆自县而东南通於潜（昌化）之别径也。宋南渡后，置关为临安之藩卫"。关隘高丈五，宽八尺，并设有瞭望台、阅兵台，今遗址尚存。当时驻有重兵，戍守都城临安。登临其地，有那种"兵马戎生、峰烟涌起、落叶秋风、嚎狼夜哭"的景象。

黄花关地处道场坪，黄花关的乡道，原本是两地村民往来经商、走亲访友的行走便道，自南宋朝廷定都临安设关于此，又成为军事设施。

宁国市的东南部有众多的高山峻岭，而最为神奇、壮阔的要数万家境内的道场坪，它东邻天目山，西望清凉峰，雄居皖、浙两地，方圆数十平方公里。说它神奇，是因为这里曾有一条连接皖、浙两省的古道，以及南宋依山而设的黄花关；说它壮阔，是因为它在海拔近 1000 米的地方，竟有一片 4000 余亩的高山平原草甸。

何为道场坪？道场，泛指修行学道的处所，也泛指佛教、道教中规模较大的诵经礼拜仪式。道场坪，也许因东晋道教著名人物许迈在此高山平坦之处采药、修炼而名。据历代《西天目山志》《於潜县志》《昌化县志》记载，中国道教四大天师之一的许真人——许迈（约 300—400），曾在西天目山一带传教、修炼、采药。民国十三年《昌化县志》卷十四《寓贤·许迈传》载："邑晚山旧有（许）迈居，曾采药于此。"

黄花关

民国十三年《昌化县志》卷十五《寺观》曰："道场坪庵，县北四十里黄花关，界连宁国。肩贩络绎，向止茅亭一椽，殊艰，宿尤苦。清初，僧观如募建瓦屋，邑人余有庠领袖捐助，前后庭楹成构。邑衿帅承宣捨小山头田一十二亩，永资香火。僧以渐募砌石径，往来称善。勒石坪上。"

民国《宁国县志》载："忠显行宫，县东一百二十七里，宋淳祐中建。明弘治己酉，邑人潘世南重建。"据大龙村潘氏后裔回忆，此行宫在道场坪南，行宫很大，现基址尚存。南宋文学家、政治家、兵部侍郎虞俦，宁国人，他曾赋诗《道场山劝农》，曰：

粤在千峰顶，重来二月天。雨红晴尚湿，波碧远相连。

旌旆行云里，楼台落照边。一犁农事起，胡不早归田。

黄花关，历史上曾演绎了一幕幕金戈铁马的故事。幼天王洪天贵福曾败走道场坪上黄花关。同治三年（1864）8月31日，清军刘铭传，率"铭军"从广德追击到桥头，在舒村与汪村之间的将军岭（七都汪村），与太平军断后的黄文金部激战一场，黄文金身负重伤后退至汪村。堵王黄文金虽身负重伤，仍率众奋勇拼杀，力战一天，终于突围至石口，退到宁国墩

（今宁墩）。黄文金因伤重而亡，被安放在宁国墩上面山边的深水沟里。8 月 31 日，南极方向的马头岭有清军重兵把守，太平军从万家走小路，一小部分翻塘岭（千顷关），吸引清军主力。一部护卫洪天贵福幼主和忠王李秀成之子李容发过黄花关，在道场坪黄花关，击溃少量清军和地方团练的防守，连夜撤退到浙江昌化县白牛桥与李明发部会合。相传，太平军翻越黄花关时，丢弃许多刀枪、辎重钱物，养王吉庆元隐姓埋名，化装成僧人，隐居在此地。

首王范汝增为了引开清军主力，在淳安与清军激战，5000 士兵被俘，自己身负重伤。9 月，太平军过开化、常山，转入江西玉山、铅山、新城（今黎山）、广昌。10 月 9 日夜，在石城杨家牌为清军所袭，队伍溃散。25 日，清军知府席宝田率精毅营俘获幼天王洪天贵福和干王洪仁玕。11 月 18 日，洪天贵福在南昌殉难，年仅十五岁。

洪天贵福败走黄花关，诸多史料均有记载。

（高生元）

调　查

太平军在中溪

屠西桥

采访时间：2023 年 4 月 7 日

采访地点：中溪镇石口村西桥村民组

刘德明（男，1944 年 1 月生，西桥组村民，祖籍河南）口述：我曾听伯父说过，"长毛"来之前西桥村庄有 1000 多个烟灶，"长毛"从西桥过境，遇到西桥刘家一人持枪追击。"长毛"回头来报复，除一人幸存外，其余被杀戮。

洪义生（男，75 虚岁，西桥组村民，祖籍宁国东岸）口述：我年轻时听长辈们说，芦溪是宁广孝地区的一条通道，历史上有几次部队过境。"长毛"翻越桥头奥岭，经芦溪往戈驻。西桥刘家有一人持枪追击，追到戈驻岭枪却打不响。"长毛"回头几乎把西桥百姓杀尽，烧毁村庄和刘氏祠堂，舒氏祠堂也严重损坏。

王孝文（男，84 虚岁，西桥组村民）口述：传说西桥有一舒氏老妇大骂"长毛"兽行，"长毛"屠村时因她头顶饭甑躲避，未被"长毛"发觉而幸免于难。这"饭甑婆"卒葬西桥组内，每年清明桥头舒氏后裔尚来此祭祀。

刘造军（男，40 多岁，西桥组村民）口述：30 多年前，我与伙伴在西桥水库放牛，在淤泥中拾得一把马刀，刀把子已锈，人们说是"长毛"用的军刀。之后我把这刀当废铁卖了。

西桥组随处可见的旧时砖瓦房柱石

"杀人场"

采访时间：2023 年 4 月 7 日

采访地点：中溪镇夏霖村外石桥村民组

江海龙（男，1945 年 12 月生，外石桥组村民）口述：过去听长辈们说，"长毛"发现村民躲藏在大岗坞西面一山洼（山洼多有古树），便从山洼两端向中间围攻村民。后来人们称此山洼为"杀人场"。

江洪（江海龙之子，1969 年 3 月生，村民组长）口述：我家现收藏一把马刀，是我在 20 世纪 80 年代初从"杀人场"菜地拾得的，之后一两人也从这山洼捡到类似的马刀。

太平军遗落的刀具

太平军在宁墩

毁宗祠

1916年编修的南阳《胡氏宗谱》（南阳村今属宁墩镇），内有胡翰写于1884年的《复建南阳胡氏宗祠经事人记》，《记》曰：

……南阳宗祠，肇造于本朝乾隆四十一年丙申，历更寒暑，越八载以告厥成功。其规模壮丽，焕然一新。讵知咸丰庚申，粤寇迭遭、祠宇被毁，而族人之荡析离居者难更仆数厥后。同治甲子承平，我族人幸兵燹之余生者百有余家，欣逢祭祀之时，见祠址之荆榛殊难，举目睹祠基之瓦砾，实可酸心。是特几经筹度，合族各有复建之心，即议于丙寅，复议于丁卯而终不果，后遂议定。其倡首昶生公房，则有显寅厚生公房，则有猷耿珠公房，则有猷满极生公房，则有猷甜义荣公房，则有经福滚生公房，则有经法澄公房，则有书泉其钱总出入，则有锦堂其账目出入，则有经麟其总，催并督理，协办一切事务者，则有父猷腊。至于建祠用费，议照人丁烟灶派资，毫无捐助。其祠即经始于庚午秋，其间鸠工庀材，递更寒暑。暨癸酉以告成。其门楣堂庑、寝室池亭悉仍旧贯，毫无改作……

该《记》述说：南阳宗祠始建于1776年，1783年修成。"其规模壮丽，焕然一新。"孰料1860年后数次遭遇粤寇（此指太平军）侵扰，祠堂被烧毁，族人因兵灾流离失所难以尽数。1864年战乱平息，幸存的族人有100多户。首次祭祖时，人们目睹祠基草木丛生、瓦砾遍地的情形，着实心酸。胡氏各房均有重建祠堂之意，1866年、1867年商议复建事宜未果，之后才议定。昶生公房倡修，得到厚生公房、珠公房、极生公房、义荣公房、滚生公房、澄公房响应，胡书泉管理钱财收支，胡锦堂署理账目记录，胡经麟负责督办、协调大小事务。至于建祠用费，议照人丁烟灶派资，毫无捐助。重修祠堂从1870年秋季开始，招集工匠、储备材料，1873年竣工。祠堂门楣及周围房子、寝室池亭全部依旧时规模、样式，毫无改变。

不仅胡氏宗祠被太平军烧毁，人丁也多亡（死亡、逃离、失散）于"洪杨之乱"。1884年，董浩然《重修宗谱序》言"胡氏往昔人烟稠密……烽火迭遭，我宁最甚，十户只遗其一"。

胡氏宗祠（平面图）和柱础

胡氏鬻"知县"

张镔（现年59岁，中鼎公司技术干部，南阳村邵村组人）口述：小时我听奶奶胡喜姣说，太平军失败后，有一女军官（后人称之为"强盗婆"）

隐于南阳邵村，与一胡姓农民结婚，想安分度过余生。孰料其夫一日发现她随身携带多支金条，便起歹意，将她骗至邵村对面的"江山洞"（深不可测，人称"无底洞"），夺下金条后将她推入洞内致死。胡某独占金条后，买得宁国知县官职，并在家乡大兴土木，建造雕梁画栋的宅院（当地人称"老爷堂"）。

笔者查阅1937年版《宁国县志》：咸同年间（1851—1874年）仅有胡姓知县一人，任职一年（同治元年，胡云衢任宁国知县），未署其籍贯。次年知县已是他人。

太平天国圣宝

地方文献记载

县志记载：咸丰十一年辛酉（1861）农历三月初八（4月17日），胡鼎文、郜永宽率部再破宁国县城，县署训导何金麟（青阳人）一家男女五口，原本想逃到南阳，投奔胡氏家族，以求庇护，经过宁墩，到达关口，"长毛"追兵太急，无法逃脱，一家人均投井而死。邑人操三宝、汪苏州率团练随鲍超部与太平军胡鼎文部战死宁墩纽口，鲍超兵败撤退。

据南极《吴氏宗谱》记载，咸丰十一年（1861）八月，太平军占据宁国墩，周边乡镇团练、家族兵丁齐集宁国墩，与其激战。据清南极《吴氏宗谱》记载，咸丰十一年八月，"敦镇（即今宁墩镇）对仗，吴族阵亡八人：承龙、祖传、祖梁、宗柏、宗台、宗堂、宗桃、巨阆"。

"赞曰：害非无所避，利亦难于地。壮哉吴族人，杀贼何其力。斩木兼揭竿，聊作兵旗式。争此须臾命，遑问克不克。天地亦寒心，山川多变色。

鲸鼓响咚咚，毅然临不测。岂止保身家，不忘抚绥德。胜负本无常，杀贼杀于贼。同治庆中兴，一旦烽烟熄。忠义出茅檐，将军谁溺职。本有激于中，弗怨人相逼。不作偷生态，且夕岩穴匿。茫茫浩劫中，死者几万亿。成败如逆覩，谁肯殉君国。英气不磨灭，岂甘化为魁。壮哉吴族人，旌扬待恩敕。"

又据南极《张氏宗谱》记载，各乡镇设局团练，同治二年（1863）守敦镇（宁国墩）对仗一次，张族人奋勇争先，杀贼过当。此御东路之入寇也。而瑶坪山与大小两屏，界连南乡二十都，有岭曰"后头岭"，张公功华率三屏勇士守御此，隘木、枪炮戒备甚严，贼由南进者攻打年余，徒自杀伤莫可。方计嗣贼以一股进攻，一股从间道而入，失机众溃，功华被擒，不屈而死。哀哉，爱纪其事，并书数言，以表之赞。

咸丰十一年（1861）七月，《太平天国安徽省史稿》、1997 年版《宁国县志》等史料显示：1864 年 7 月 19 日湘军攻陷天京，堵王黄文金、昭王黄文英等太平军将领护卫幼天王洪天贵福，经溧水、湖州入广德（干王洪仁玕也带兵从湖州赶到广德），他们打算经徽州赴江西，会合李世贤部后北上中原。沿途被清军紧追，8 月 30 日自广德夜奔宁国。

8 月 31 日在宁国桥头汪村，被追赶而来的清军刘铭传部击败，黄文金负伤后仍率众拼杀，突围至石口，退于宁国墩。因南极马头岭有清兵把守，太平军只得取道万家塘岭、黄花关，9 月 5 日突围至昌化白牛桥。黄文金因伤势过重，亡于宁国墩，其弟黄文英将他葬于宁国墩上侧山脚水沟旁（一说葬于昌化白牛桥）。洪仁玕等继续护幼主率军经开化而去江西。

（郑树森　高生元）

太平军在南极

据记载，太平军转战宁国县境内达 8 年之久，与清军展开反复争夺 19 次之多，而本文所叙述的几个太平天国事件，是祖辈口口相传的故事。

一、火烧仙人洞

仙人洞坐落于梅村西南角的一座小山上，距村一华里。相传很久以前，有三个小伙子到邻村孝岭村去玩。他们正走在去孝岭的路上,只见前面河沿上坐着一个长发披肩的俏丽少女,两脚正伸在河水中嬉戏,未等小伙子们走近,长发少女向他们莞尔一笑,然后犹如浮云一般,缓缓地向山上树林中飘去。好奇的小伙子们紧追不舍,眼看就要追上,那少女却闪入一个很大的石洞。石洞漆黑一团,深不可测。小伙子们蹑手蹑脚地往里探了探,终究未敢进去。三个小伙子回村后逢人就说,他们遇见了仙女,她住在西南角一座山腰的洞中。从此,人们知道这座山上有个大石洞——仙人洞。

太平军为何要烧这个仙人洞呢?

据传,太平天国运动时期,皖浙交界地带的乡民,都叫太平军为"长毛"。"长毛"队伍打到宁国后,消息不胫而走。当时的马头岭守军,到处散布谣言,说"长毛"见人就杀,侥幸没有被杀的,便在你前额烙上"太平天国"几个字。梅村人不明就里,信以为真,惶惶不可终日。

那时,梅村已是一个拥有两千多人的大村,不说别的,全村光是当铺就有八个,可见当时的繁华。村中俞氏家族大多生活殷实,部分家族已积累了不少财富。为防"长毛"抢劫,不被"长毛"所杀,那些有钱人,早早地就把仙人洞建成了藏身匿居之地。当时有条严格规定,每个进入仙人洞的人,必须交纳银圆二十块。因此,一部分经济条件差的家庭,因交不起银圆,有的躲到了附近山上,有的举家逃到了外地(现在的万家乡西泉村俞氏村民,就是当年逃难生存下来的一部分梅村人的后代)。

太平军以摧枯拉朽之势,攻下宣城又攻下了宁国。宁国失陷后,有一支近千人的太平军队伍,浩浩荡荡,经梅林、宁国墩,向浙江昌化进发,准备攻打昌化县。

马头关是进入昌化县的门户,要打昌化县,就必须先攻下马头关。太平军打听到马头关下有个叫梅村的地方很富裕,准备在梅村安营,补足粮草。但当太平军来到梅村时,万万没想到,呈现在眼前的梅村,已是满目疮痍,一片废墟。这是怎么回事呢?

原来马头关总兵听到太平军攻下宁国后,下一步便是攻打昌化县,而马头关守兵不到三十人,怎敌太平军势如破竹之势?总兵心急如焚,不知如何是好。一日,有士兵献策说,兵家言,三军未动,粮草先行。太平军远道而来，所到之处，必定要在当地筹集粮草，以备交战之需。现在梅村只剩下一幢幢空房，无一粒粮食可寻，如果我们再设法让太平军所到之处，没有落脚的地方，不消时日，定会不攻自退。总兵听后，大加赞赏，随派十几士兵，趁深夜天黑悄悄摸进梅村，放了一把大火，把整个村子烧了个精光。

太平军恼怒之极，认为梅村人故意与太平军为敌，发誓要赶尽杀绝。

太平军队伍安营扎寨后，派人四处搜寻，不见人影，到邻村打探，所有邻村，均被烧光。这天早上，太平军首领正欲再派兵扩大范围搜寻，忽听一士兵报告说，附近山上像是有炊烟升起，遂下令将此山围了个水泄不通。终于，他们找到了藏人之处仙人洞。

太平军一次又一次派兵攻洞，均被洞内土炮土铳火力逼退。久攻不下，他们就在洞口上方挖土埋洞，要把洞内的人困死闷死。士兵不停地挖呀挖，突然，几尺见方的土块，腾空飞了起来，露出一个朝天洞口，一看正好直通仙人洞内。士兵们一阵哈哈大笑后，找来干草，捆上石头，用火点着，往洞中一滚，只听"轰"的一声闷响，火柱冲出洞口好几丈高。据当时进过洞后，因受不了屎尿恶臭又跑出来的人说，洞内用木料建成三层，日夜灯火通明，洞口放着几大桶火药，专备打"长毛"之用。因此，燃着了的草球下到洞内，整个洞穴便瞬间变成了一个巨大的火炉。大火烧了三天三夜，最后整座山头到处冒烟。

据梅村家谱记载，死在洞中有名字的俞氏子孙、董氏子孙及外地富户，一共一千三百多人，在家谱上，仙人洞已不叫仙人洞，而叫"收人洞"了。

二、强攻马头岭关

马头岭关，坐落在南极乡梅村与浙江马川村交界处，南宋时就是五大关隘中的重要一关，后来成为宁国境内十四关隘之一。关口建在两山间的垭口，关墙高约一丈五尺，宽两丈，均用大块自然山石垒砌，关门是一个穿越式拱洞，无门，关口两边绵延几华里的山冈，都堆了一人高的山石。为防太平军来袭，守关清军不仅烧了关下几个主要村庄，把离关前及两边山冈三十丈内的草木全部砍光，运往关内，总兵还指挥士兵抬来石头，将关口拱洞封死，将关下近一华里的石板路毁了（迄今为止，这段路仍未恢复，只有后来挖的羊肠小道）。

太平军火烧仙人洞后，首领遂下令攻打马头岭关。当时粮草官进言说：我们从宁国到梅村，未筹到一粒粮食，现在军中粮食已维持不久，应尽快撤离，等筹足粮草，再攻马头岭关不迟。首领觉得粮草官有些多虑，小小马头岭关，怎敌我英勇善战的太平大军，不消半日，便可拿下。第一天，他们派出二百士兵抬着一门五六百斤的铁制大炮，沿石板路而上，眼看离关不远了，却没了路。山坡陡滑，任凭士兵费尽九牛二虎之力，大炮也难移动半步。没有炮，就打不开关门，但眼下又没挖路工具，怎么办？还是带队的头领想出了一个办法。他命一部分士兵，排成一排，把长矛插进土里，组成一个向上移动的"栈道"，一部分士兵抬炮踏着"栈道"而上。虽然步履维艰，但终究还是把大炮抬到了关下。

太平军原想用大炮轰开关门，岂料关门已被守关清军用巨石垒砌得严严实实。带队头领命令全体士兵对着关上大声叫喊："我太平军过关斩将，所向披靡，守关官兵快快投降吧！否则我们将用大炮轰开关口，杀他个片甲不留。"喊了半天，关上就像无人一般。领头的火了，命士兵用大炮对着关墙猛轰。怎奈关墙坚厚，轰了一阵，弹药已经用完，也未轰开一个缺口。情急之下，太平军开始强攻了。他们把带来的几个长长的竹梯，往关墙上一靠，举着长矛，向关攀冲。可当太平军刚上到半腰时，关上点着火的柴草，一捆捆落下，烧得士兵纷纷落梯，满地打滚，非死即伤，大败而归。

第二天，太平军改变了进攻方式。首领亲率五百余士兵，来到关下，留下几十士兵，在关前一面打炮一面呐喊叫阵，作为佯攻，其余人全部快速向两边山冈攀爬攻击。本打算让三十个守兵，顾此失彼，防不胜防，一举攻下关隘。谁料，守军早有准备，他们发动了几百乡民一起日夜守关。由于关前三十丈内没有草木，山坡光秃陡滑，每上一步都十分艰难。太平军好不容易接近山冈时，只听冈上有人大喊，"打长毛呀，打长毛呀"，话语未落，大大小小的石头和滚木，从山冈上满山遍野地滚下，大多士兵因躲闪不及，被滚死、压死、摔死，侥幸没伤到的，连滚带爬，抱头鼠窜。在关前叫阵的士兵，见强攻失败，顾不得带走伤员和大炮，纷纷落荒而逃。

据传，那些重伤没死的士兵，成了俘虏。他们被抓后，都受到了拷问。

因为那时连老百姓都对太平军恨之入骨，所以被抓的俘虏，最后均被杀害。听当地人讲，1970 年修马头岭公路时，有民工曾在关隘处挖到好多块锈得不成样的铁块，他们猜测，有可能是当年太平军丢弃的铁炮碎片。

太平军连攻两日，死伤惨重，加上粮草不济，这支只剩下三四百人的残兵败将，灰溜溜地撤出了梅村。

后来，太平军、清军多次越过马头岭关。多少年后，人们发现马头岭半山腰一农户的菜园中，埋有马头岭关总兵的坟墓。

（方其主）

三、激战曹口

邓绍良（1801—1858），湖南乾州（今湖南省吉首市）人，清末名将。兵勇出身，道光三十年（1850）因镇压李沅发起义被擢为都司，1851 年后，从向荣与太平军作战，次年因守长沙（今长沙市），升为总兵，1853 年又升江南提督，为江南大营悍将，曾率军围攻镇江（今江苏省镇江市），被太平军击败而革职。咸丰四年（1854）他进攻皖南，陷芜湖（今安徽省芜湖市），授陕西提督。

咸丰六年（1856）春，时江宁太平军势力强盛。向荣令邓绍良往督战，又奉命帮办皖南军务。而诸将意不惬，转不尽力，于是战不利，绍良受伤，坐褫花翎。德兴阿军溃，扬州陷。诏绍良渡江赴援，帮办江北军务。破药王庙贼垒，环攻扬州六昼夜，克之，又追破太平军于三汊河。会宁国告陷，复命帮办皖南军务。移军赴援，扼金河桥，大破太平军于东溪桥，又迭击贼于泾县，挫之，邓绍良调任浙江提督。太平军数万人来援，败之于杨柳铺。清军副将周天受遇太平军于夏家渡，战未利。绍良乘隙纵击，太平军大溃，遂督诸军连夺夏家渡、团山太平军诸营地，破七里冈太平军，进攻宁国。十二月陷安徽宁国（今宁国县）。

咸丰七年丁巳（1857），清廷派重兵重建江北大营、江南大营。

是年，浙江提督邓绍良视安徽宁国县为浙江屏障，率总兵吴全美、明安泰、德安等屯军扼守浙西北皖浙交界一带。

南极历来历代盛产杉树、毛竹、桐油、生漆、茶叶，为富裕之地，太平军彭大顺，拟在此地征集钱粮。浙江提督邓绍良率总兵吴全美、明安泰、德安等越过马头岭，在仁德乡曹口河东畈（今属南极乡龙川村）堵截太平军，与太平军大战一场，清军人多势众，太平军战败而退。此次交战，双方各损失千余人。曹口河东畈后山的义冢坟，仅人头就有200多颗。

咸丰八年（1858）底，邓绍良在湾沚与太平军作战时，被太平军击毙于湾沚镇（今芜湖县）。

四、数战朱家桥

咸丰八年（1858）农历十月，太平军彭大顺在仁德乡朱家桥（今属南极乡永宁村）大桥上杀清军宁国团练头目吴壎、马占彪。吴壎，宁国县南极乡洪家庄人，因德才皆优，咸丰七年被清廷吏部选为江西德化县知县，未到任，率团练兵勇驻东乡朱家桥阻击太平军，兄弟七人均参战，会神拳。同治六年（1867），皇帝载淳赐匾"景仰德望"给吴氏，以旌表吴门义举。

据南极桂林《汪氏宗谱》记载：咸丰十年（1860）闰三月，清军溃败，太平军势力益张，有众三百万，占据六省。各乡镇设局团练，汪族诸人每仗临阵，虽乏搴旗斩将之能，而奋勇争先，杀贼过当。是年八月，贼据县城，沿入乡里。九月窜过马头关。同治元年（1862）正月，朱家桥对仗，阵亡五人：正添、启祐、守菓、守均、守连。

又据南极横坞《殷氏宗谱》记载，同治元年（1862）正月，朱家桥对仗，殷公有太奋不顾身，失机陷阵，此固激烈丈夫也。

又据南极《张氏宗谱》记载，各乡镇设局团练，同治元年（1862），铁岭张族同吾都守朱家桥要隘，对仗一次。而瑶坪山与大小两屏，界连南乡二十都，有岭曰"后头岭"，张公功华率三屏勇士守御此，隘木、枪炮戒备甚严，贼由南进者攻打年余，徒自杀伤莫可。方计嗣贼以一股进攻，一股从间道而入，失机众溃，功华被擒，不屈而死。哀哉，爰纪其事，并书数言，以表之赞。

据南极《吴氏宗谱》记载，同治元年（1862）正月，朱家桥对仗，阵亡四人：宗油、宗沛、宗秀、巨贵。

"赞曰：害非无所避，利亦难于地。壮哉吴族人，杀贼何其力。斩木兼揭竿，聊作兵旗式。争此须臾命，遑问克不克。天地亦寒心，山川多变色。鲸鼓响咚咚，毅然临不测。岂止保身家，不忘抚绥德。胜负本无常，杀贼杀于贼。同治庆中兴，一旦烽烟熄。忠义出茅檐，将军谁溺职。本有激于中，弗怨人相逼。不作偷生态，且夕岩穴匿。茫茫浩劫中，死者几万亿。成败如逆覩，谁肯殉君国。英气不磨灭，岂甘化为魁。壮哉吴族人，旌扬待恩敕。"

（高生元）

太平军在胡乐

胡乐司位于宁国市西南部，历史上地处皖浙两省四县（宁国、旌德、绩溪、昌化）交界之地，东邻浙江省杭州市临安区岛石镇，南邻绩溪县杨溪乡、家朋乡，西邻旌德县俞村镇，北连宁国市甲路镇、方塘乡。2009 年，胡乐镇被评为"安徽省优秀旅游乡镇"，2010 年被评为"第四批安徽省历史文化名镇"，2013 年胡乐村被列入"第二批中国传统村落名录"。

胡乐地处皖南山地丘陵，位于西津河上游。地形以海拔 200~500 米的高丘和 500~1000 米的低山为主，有部分海拔 1000 米以上的中山和盆谷地，属于黄山余脉。穿行于中部高丘之间和盆谷地之中的西津河是水阳江上游干流，其上源为绩溪境内的戈溪河、金沙河，这两条河流河长皆为 22 千米，在绩溪 38 号桥村汇合后北流入胡乐镇境内，始称西津河。

胡乐毗邻徽文化核心区绩溪，与徽州山水相连，人文相通。胡乐镇现存不少姓氏家谱反映了家族从徽州迁徙而来的历史。如《中川周氏宗谱》记载：唐中和元年（881）官至歙州（徽州古名）刺史的周垚，后归隐绩溪虎头山，周垚长子一支迁居旌德。明初，旌德周氏第十九世孙周载德，曾因采草药来到胡乐下中川，看到这里的溪水从北面千仞断崖之下流出，有片片桃花，沿着断崖进入谷地，但见溪流两岸漫山遍野的桃花照射着水面，行走十余里，才有一山岭横亘，溪水从裂谷中流出，心生隐居于此之意，后偕夫人及两个儿子，带着农具、家禽、家畜，来此定居，繁衍生息。至今，在胡乐的一些地方仍传承着绩溪方言，保存有徽文化特色的古街、古桥、古祠堂、古民居。

地名"胡乐"，南宋杨万里的诗歌《过湖骆坑》可知为"湖骆坑"，在当地方言中"湖骆"与"胡乐"语音相同。到明代初期因有一位徽州姓

"胡"名"乐"的人迁居于此，"湖骆"也就演变成"胡乐"，姓名遂成当地的地名。清《胡氏统宗谱》载有胡昌翼第三十八世孙胡澍于乾隆二十五年撰写的《乐公胡乐司家世记》，讲述了胡昌翼二十六世孙胡乐"因以乐公之迁宁，而胡乐司之循其名而地传也"。当年，徽州婺源考川（胡乐的五世祖）的胡泰，见此地山环水秀，就想来此居住。等到胡乐来到这里，察看地形大势，但见玉屏山遮挡于后，三台山、石鼓山耸立于前，看麈岭上的车夫如同风筝，听金溪水声如笛，龙华松涛似吼，并有鱼跃石潭等诸多美景，皆历历在目。何况从后山中间还有一条河流出，河湾之处可以垂钓，有清澈泉水可以饮用，的确是天造地设的好地方，一心向往之。于是，胡乐继承天祖胡泰之志，在此安家落户，开创基业。因这里平畈较多，水源充足，灌溉方便，农业发展，人口逐渐繁盛起来。又因这里处于水陆交通要道，来往客商较多，贸物集散逐渐形成古老的市镇。

"胡乐司"，是胡乐巡检司的简称。明嘉靖《宁国县志》记载胡乐巡检司："在县西九十里，厅三间。洪武初，巡检彭九万建鼓楼一座，在正厅前。以上厅楼俱圮。嘉靖间，知县董槐、巡检杨安建监房三间，在楼之西。巡检廨舍三间，在正厅之后。"巡检司有巡检、弓兵、杂役三十余人，主要盘查过往行人，缉捕盗贼、治安巡防、打击走私，维护正常商旅往来等。明中期至清中后期，胡乐巡检司署在河东，即在今胡乐火车站一带；弓兵住在东平庙，位于胡乐大桥北端下边，今为胡乐幼儿园。胡乐，明中期已是宁国县五大市镇之一，也是宁国西津河中上游最大商贸市镇之一。

胡乐境内有麈岭铺、蜀洪铺、柏山铺，每个铺有铺舍房屋三间，旁边有两条廊道，四周有围墙。为了传递政令，每铺安排有一名铺司，四名铺兵。向西南十里是金沙铺，向东北十里是周易铺。南宋诗人杨万里途经胡乐去江西，走的就是这条古驿道。

胡乐大桥，为青石满肩五孔石拱桥，呈东西走向，全长83.1米，宽6.6米，东西两端桥基有护堤。桥上南北两侧各有条石护栏，桥面原为条石铺砌，两端石阶上桥，桥面上建有观音亭（今名"泰丰轩"）。此桥始建于明代中期，由胡乐巡检司巡检陈九子倡建，当地百姓为感谢巡检陈九子，始称为"陈公桥"。康熙后期桥毁于洪水，县令陈养元倡修，百姓为感谢陈知县，仍要称桥为"陈公桥"。陈养元认为桥是民众大家神助而成，"陈"与"神"当地吴语音相同，遂改称"神功桥"。从桥名的更改可以看出知县陈养元不为名利的美德。

一、太平军多次激战胡乐司

晚清太平天国运动时期，宁国县胡乐介于太平天国国都南京与清军设在祁门曾国藩大营之间，为两省四县交界之处，为交通要道、兵家必争之地，太平军常控制此咽喉要地，由此进进出出、转战东南西北是常事，此地发生了许许多多次战事。

清咸丰六年4月底（农历三月下旬），太平军首次进攻宁国县时，石达开令部将丞相张遂谋由旌德进入宁国县胡乐，因胡乐巡检司兵丁少，力量弱，在宁国县境内第一战即轻松地击溃胡乐巡检司，巡检赵润被杀。5月2日（农历三月二十八日），张遂谋率太平军旋即北上进攻宁国县城，清军浙江巡抚何桂清战败而逃，清知县吴世昌和城里百姓逃到山区躲藏，县城被洗劫一空。宁国县城为太平军所占有，石达开令丞相张遂谋一部分官兵留守宁国县。五月上旬，其余官兵北上，参加石达开部太平军攻占宁国府所在地宣城。

1860年7月4日（农历六月十八日），李世贤率部经宁国县胡乐司出师丛山关（今属绩溪），击退清军皖南道台李元度部，克绩溪、徽州（今歙县）、休宁，逼祁门曾国藩湘军大营。后转入浙江，占严州、富阳等地，攻杭州、湖州不克，复回宁国。9月，与清军李元度纠集湘军主力霆军宋国永、谭胜达等将领领兵与太平军李世贤部激战于宁国县吴岭镇（今虹龙）。龙岩人宁国知县李鸿带团练堵击太平军，被杀。双方伤亡数千人。

时泾县人汪宜蛰一家38口，自泾县后岸逃难于泾县东乡、南乡、西乡，又由朋友安排，举家辗转于旌德黄田。黄田告警，又转到朱旺村连襟家。旌德朱旺有官军，本以为太平了，谁知官兵竟似虎狼，逼人太甚。又逃到宁国县胡乐，"胡乐司乐而不乐，宁国山宁而不宁"。谁知宁国胡乐复骚动不安，由宁国县胡乐逃入昌化仁里庄居住（即原上海小三线协作厂厂址），直到战乱安定以后再回到泾县后岸老家。

民国《宁国县志》载："咸丰十年正月晦，贼陷旌邑，旌东之民多来避焉，焚掠渐逼。处士周垂瑃等纠其乡里丁壮与旌东、绩北义民共数万人，会于三月初六日，攻旌德县城，旌东贼卡尽破，直抵城下，大声骂贼，贼坚守不出。天暮且雨，民皆饥，无营幕、火炬，屹立以俟天明。贼乘暗出西门，潜攻两腋，旌民死者甚众。瑃等据高结阵，焚破屋为燎，得以自保。然此后，贼不敢纵掠，每夜自惊，至十八日遁往广德，疾行过境，此为宁民杀贼之始。""初，贡生周垂瑃，周启楹，有学术，隐小桃源之凤冈三十年……又多备铁铳，至是山中，用以战贼。有贼众，侦知山中无官兵，遂袭凤冈之后，若不知者，将及，顶铳一声，旗帜皆竖，闪耀云日，与林石相间，如数万雄师。贼大惊，退，山上乘势发石炮击之。伏兵于山腰纵火，贼死伤甚众。以侦者为诇已戮之而遁，小桃源战守三载。后粮尽疫行，犹枵腹力战，死而后已。垂瑃负重伤死，然兵后合计，所伤人数较之束手受死之地为犹多云。"

11 月底，湘军主力浙江提督鲍超部驻守宁国，太平军撤退至东岸水碓坎。12 月 9 日（农历十一月八日），太平军李世贤部与追及清军鲍超部在宁国县东岸水碓坎激战一场，后退往绩溪，取道胡乐司。邑人周赟组织乡丁，协助胡乐巡检司抵抗太平军。胡乐巡检王清和其弟以及周赟之族弟均战死。周赟被俘，太平军强迫他在军中做文书，达半年之久。他在太平军中过着度日如年的日子，后来终于脱逃出来。之后，王宗沂任胡乐巡检。

十一年 4 月 24 日（农历三月十五日），宁国、绩溪、旌德三县团练、乡民进攻旌德县城太平军。先是太平军守城不出战。天黑以后，天又下雨，团练和乡民又饥又寒，便在城外空旷之地燃火取暖，太平军乘乡民不备之时，冲出城击杀乡民。乡民一哄而散，跑得慢的都被杀，顿时血流成河，民团、乡民死伤数千人。

民国《宁国县志》记载："咸丰十一年，胡乐巡检王清与邑绅周文吉、郭观光、周赟等设保卫局于西乡。王清与弟某皆能出战，周文吉素谙兵法，当金陵失守时，尝上兵备道邓瀛'破贼十策'。自捐饷倡办团练。贼至，则据险自守，乘机出战。贼退，则分路探谍，乘隙耕种。后涂炭日久，粮绝疫行，王清及弟某、周文吉先后遇贼不屈死。"

同治元年 8 月，李秀成集结大军，兵分三路：北路由李秀成与李世贤率主力进攻围京清军；中路由陈坤书等领兵攻安徽芜湖金柱关，以断敌粮道；南路由杨辅清、黄文金、胡鼎文等攻安徽宁国，以牵制敌援（曾国藩湘军大营驻守在皖南祁门，宁国、胡乐是祁门通往天京的咽喉要道，所以皖南宁国为天京屏障）。

同治三年 2 月（农历正月），太平军刘肇钧、李容发进军徽州时，在绩溪遭阻，随后复征，顺道击毙宁国县胡乐巡检司巡检王宗沂，巡检司弓兵、徭役数十人全遭杀害。

3 月（农历二月），太平军汪海洋部从余杭撤往德清，后走昌化，进皖南宁国，过胡乐，入江西占瑞金。

直到同治三年 8 月 31 日（农历七月三十日），战乱始结束。晚清战乱其间，胡乐巡检司先后三任巡检赵润、王清、王宗沂先后与太平军作战时被杀，巡检司弓兵多人被杀，更有当地民众组织的团练多人被杀，如周文吉、周垂璈、郭觐光等。晚清时期，太平军、清军进出胡乐是常事。

正可谓："转战东西皖南行，驰骋南北宁川应。扼住咽喉占胡乐，太平军威鬼神惊。"

（高生元）

二、小桃源战守三载

宁邑西乡小桃源（今宁国市胡乐镇下中川），位于宁国西南边陲，南抵绩溪，西接旌德，地处宁国、绩溪、旌德三县交界之境。村庄四面环山，仅有一条平路向北出村，因其重要的地理位置和险要的地形，太平天国战争时期太平军与当地民团在这里进行过多次激战。关于太平军在这一带的活动，笔者耳闻甚多，今通过查阅相关资料，结合一些民间传闻，予以整理。

太平军与小桃源民团的几度交锋

太平军进居皖南，让小桃源及附近乡村都感到极度恐慌。各村乡绅纷纷召集人员商讨对策，并组织民团阻击太平军。据 1936 年版《宁国县志》（下文均简称《志》）所载，咸丰十年（1860）旧历正月，太平军攻占旌德县城。宁国小桃源与旌德县接壤，距旌德县城约 25 公里，旌德东部各地居民为躲避战乱，纷纷逃往小桃源。为阻止太平军东进宁国，小桃源处士周垂璈召集村里及附近村庄（包括宁国西部、旌德东部、绩溪北部等地）

精壮几万人，于旧历三月初六围攻旌德县城，在城下叫骂一天，太平军坚守不出。这时天色已晚，又下起大雨，周垂瑃所率几万人，没准备食物及帐篷、火把等器物，腹中饥饿，又无法安营扎寨，只能站立在城外等候天明。太平军趁机从西门杀出，攻击周垂瑃队伍两翼，杀死众多旌德籍乡丁。周垂瑃占据较高地形，摆开阵势，并焚烧破旧房屋，在火光的照明下，周垂瑃率剩余人马得以撤离。

另据传闻，为防止太平军进入小桃源，当地人在村外 2 公里处的山上砍下一棵直径达五六十厘米的大树，放置山脚，用一根长约 2 米、有碗口粗的"小木棍"作打杵（扛树用的一种省力工具），将大树撑起，靠在路边的石壁上。树上还挂了一双"特制"的草鞋，足有 30 多厘米长。准备入村的太平军士兵见状，十分吃惊，真以为村中有此"神人"。几天后太平军再次派人来探，发现这棵大树仍在原地未动，认为这是村人以此来吓唬他们，便进入村庄。

据《志》载，太平军进入小桃源时，周垂瑃、周启楹（周赟祖父）等事先已组织村民做好抵御准备。周启楹购置各种颜色的绸绫，做成旗帜，代替原来的纸旗，最大的一面有一丈见方（约 10 平方米），并备有铁铳等火器。太平军得知小桃源没有官军把守，从凤山（位于小桃源东南）背面发起进攻，村丁以铁铳等兵器予以还击。《志》载："将及，顶铳一声，旗帜皆竖，闪耀云日，与林石相间，如数万雄师。"太平军攻不得克，撤退时，村丁发射炮石猛烈攻击，埋伏在山腰的兵丁随即纵火，切断太平军退路，太平军腹背受敌，伤亡惨重。凤山之战，十分惨烈，从周赟《山战》诗中可见一斑：

> 怪石神丁立，灵旗太乙开。
>
> 火飞天下罔，山向地奔雷。
>
> 雨涨一溪血，烟腾万贼灭。
>
> 相遭两不幸，忍见骷髅台。

小桃源没有官军把守，太平军为何还要从凤山背后进行突击，而不由北正面入村呢？据当地传闻说，太平军进居吴家村（位于小桃源东北约一公里）时，不知因何缘故，与吴家村人发生纠纷，吴家村人纷纷逃往村后的上庵岭上，此处另有山道通往小桃源及陶家（今属胡乐镇竹川村），太平军便将吴家村大部分房屋焚毁。事后，太平军或许意料到小桃源已有防范，未从正面进入小桃源，而是从上庵岭绕到凤山背后，想来个出其不意，结果却中了埋伏，损失惨重。

太平军在凤山之战失利后，依然没有放弃在小桃源的争夺，与当地民团进行了长达三年的拉锯战（《志》载"小桃源战守三载"）。由于久战不息，当地生产遭到破坏，村中粮食紧缺，加上瘟疫流行，村丁忍饥挨饿坚持作战（《志》载"后粮尽疫行，犹枵腹力战"），周垂瑃身负重伤而死，村丁死伤和被俘处死的举不胜举（《志》载"所伤人数较之束手受死之地为犹多云"）。

连年战事对当地及周边地区的破坏

自咸丰十年（1860）至同治元年（1862），太平军在小桃源与当地民团持续作战达三个年头，连年战火，加上瘟疫流行，给地方带来了严重破坏，造成人口锐减，大量房舍建筑被毁。李鸿章在《中川周氏宗谱序》中有"咸丰初，粤匪由豫章窜皖省，遂陷金陵。兵灾之惨，皖省为最，而宁邑又为皖省最"。其对小桃源所遭破坏记载"（中川周氏）现户口凋残而祠堂谱牒竟无恙"。周赟也有多篇文作，反映了战火对小桃源的破坏状况：

旧庐毁于兵，平定后构堂于故址。——《六声堂记》

粤寇之难户减三之一，丁减十之九焉。——《小桃源十景诗序》

同治壬戌（1862）庵（望源庵，位于小桃源村外 1 公里处）毁于兵，楼观竟无恙。——《桃花观记》

小桃源周边地区，也同样遭受战火的洗礼。据《志》载，仅胡乐境内，就发生过以下战事：

咸丰十年（1860）太平军侍王李世贤部全军于 10 月 2 日（旧历八月十八）自胡乐司进至宁国、绩溪交界处丛山关（今属绩溪县）。

咸丰十一年（1861），胡乐巡检司巡检王清与邑绅周文吉、郭觐光、周赟等在西乡设保卫局，捐饷倡办团练。利用山区有利地形据险自守，乘机出战，后因粮绝疫行，王清及弟、周文吉战死。

同治元年旧历二月十八日（1862 年 3 月 18 日）太平军与地方团练在胡乐交战，胡乐小桃源人周启纯、周垂勋、周裕泰、周遵涝等地方团练头目战死。

同治三年（1864），太平军凜王刘肇钧自胡乐司进军绩溪县遭到阻击，复征时与当地民团交战，胡乐巡检司巡检赵润、王宗沂等民团头目战死。

天京（今江苏南京）陷落后，突围出来的太平军残余部队一路由偕王谭体元、首王范汝增等率领经胡乐司等地出浙江淳安，后转战江西。至此，太平军完全退出宁国胡乐，太平天国运动最后也以失败告终。

小桃源周边的方村（今胡乐镇梅岭脚和三基塔）、亨源（今胡乐镇龙池及甲路镇元川一带）、碧波（今甲路镇枫山）等地，也遭受战火的破坏。周赟文作中的这几个片段有所记载：

故与方村人士登山临水，吟风弄月，交情尤密。及粤寇之变，十户九空，梅岭精舍羊劫灰飞，旧时亲友落如晓星。——《方村十景诗序》

前为松风阁，后通梅月楼，余先后读书处，毁于兵燹。——《梅岭（位于梅岭脚村东）书声诗序》

甲子（1864），贼平，遗黎十不存一。——《亨源周氏宗谱序》

前谱修于道光戊子（1828），两村烟户数百家，兵后十一仅存矣。——《碧波周氏谱序》

周赟在战乱时期的辗转经历

小桃源人周赟（1835—1911），字子美，又字蓉裳，别号山门。七岁能诗，九岁作《六声图》，十三岁中秀才，时称"神童"。

咸丰十年（1860），太平军入小桃源，周赟避难于竹溪（今胡乐镇竹川村），在一石龛上镌"庚申年到"，并作诗《避难题竹溪石龛》。诗中"宛陵西有小桃源，先世避秦曾入此。岂知有路引渔郎，杀人欲赤桃花水""儿啼女哭昏黑中，半万生灵命如蚁""何异官兵弃城遁，寇不能追我安恃"等句，反映了当时战乱导致民不聊生及官府无能、官兵节节溃败的状况。是年底，周赟被太平军捉拿充军时，相搏中其母以手臂连挡数刀救了周赟性命。后周赟诗《断肠歌》有"贼刃砍儿母臂当，臂血乱点儿衣裳"。

周赟被太平军捉拿后，随军活动于绩溪县、歙县、昌化县（今属浙江省杭州市临安区）一带。他在营中度日如年，不知今日是何日，始作《兵难诸作》诗。咸丰十一年（1861）农历六月十一日夜，周赟与同乡共13人从昌化太平军军营逃出，后作《贼中归》《断肠歌》等诗。

咸丰十一年（1861），周赟与胡乐巡检司巡检王清、胡乐邑绅周文吉、郭觐光等在西乡设保卫局，捐饷倡办团练，对抗太平军。

同治元年（1862），周赟在小桃源凤山参加对太平军作战，作《山战》诗。不久，周赟远走庐州（今合肥），与徽州人汪宗沂同为李鸿章幕僚。汪宗沂《山门图记》载"予以同年相见于湘乡合肥幕府"。周赟在《重修〈青阳县志〉序》亦提及"余自壮岁从戎皖幕"。

几经辗转奔波，周赟目睹了战争的惨状，其所著多篇诗文也反映了这些情形。其中有对战事惨烈、生灵涂炭的描述，如《贼中归》"刀光火焰逐魂飞，举目凄凄万事非"，《山战》"雨涨一溪血，烟腾万贼灭"，《兵难诸作》"白发攀藤走，红颜藉草眠。隔山回望处，家室已成烟""血痕阶石紫，一见一回惊"，《闻官军克金陵》"东南血战三千里，西北攻心十二年"；也有对和平岁月、幸福生活的向往，如《兵难诸作》中"始知太平日，鸡犬亦神仙""何日见天日，同采故山薇""未失千秋业，归来谱六声"……

（程燮平）

太平军在万家

1864年5月7日，太平军第四路军在浙江昌化战败后，由刘肇钧、朱兴隆、李容发、林彩新等将领率领从白牛桥翻塘岭经万家至宁国。

太平军在经过万家，当时叫作洪家庄和王家庄这两个相近的村庄停下来，进行了短暂休整，士兵四处寻找食物并生火做饭。虽然两个庄之间有三百多亩良田，但数年来的瘟疫和战乱影响，数百人的村庄已是十屋半空，青壮劳力所剩无几，田地也多半荒芜。成群结队的士兵将上下两个庄的房屋搜个遍，所得食物还不够一餐之用。军情紧急，很快半饱半饿的太平军向宁国快速退去。

隔日，有十个太平军模样的人从洪家庄对面的山坞中出来，径直闯入坐落在坞口一家二进二出的宅院中。原来，这十个太平军的士兵昨天在搜查过这座离洪家庄约500米的宅院时，伺机逃离队伍溜进山坞里躲藏起来，今见军队已走远，就放心地出来占领宅院，准备在此安身立命。这十个逃兵对住在房屋内的人进行驱赶。逃兵霸占了房屋后，便到村庄里挨家挨户仔细搜寻粮食，民众稍有不满，便招致祸端。为了解决长期生活的需要，这些逃兵还规定上下十里内的百姓在节气日（即二十四节气）如数按时送物上门，否则自有后计，闹得人心惶惶，民众苦不堪言。

逃兵在村民的口中得到这样一条消息：在王家庄对面的山林中定居着两个强盗，埋藏了不少钱粮。于是他们就准备捉拿强盗获得更多的财物。原来十年前，有两个人路过王家庄时因见其村庄比较富裕，且有皖浙商人经常路过此地，便萌生在此打劫为生的念头，于是在村庄对面山林中隐居下来，干起了强盗的勾当。凭其武艺除了拦路劫财之外，还要求洪王两庄大户人家缴纳粮食以充抵所谓的保护费。

千顷关

经一番商议，决定采用让三个逃兵化装成生意人路过王家庄引诱强盗，其余的人先在途中埋伏的计谋。一天，强盗见到三个生意人便追赶了过来。可当埋伏的人一起围住了强盗时，两个强盗像长了翅膀一样飞出包围圈，跃至河对岸的大树林中，一眨眼不知去向。不甘心的逃兵在树林里、河道中来回搜索，最终在河边石坎上的一个石洞前发现了强盗的踪迹。他们先朝洞中投石块，接着一阵枪声。然后将柴草堆放在洞口进行燃烧，直至天黑。从此，人们再也未见到过这两个强盗身影。由于强盗突然死亡，虽然逃兵也找到了强盗居住的地方，搜寻多日，没有得到一点财物，于是有关此地强盗留有宝藏的猜测开始流传，至今仍有传说其时甚久。

逃兵在清除强盗后愈发猖狂，几乎无恶不作。不到两个月，日积的民愤终于爆发了。

水洞洞口

一天，一位王家庄嫁至洪家庄的王姓女子，悄悄召集曾遭欺凌的妇女商讨杀死逃兵的计划，这个计划也得到了两庄所有人的支持。大家表示，拼了性命也要将这些丧尽天良的人杀掉。

当晚，她们如往常一样来到逃兵的住处，不过今天按约每个人手里拿了一把用干燥竹篾做成、并在上面涂了油料的火把，为了迷惑士兵，来之前就已同逃兵说过，明天早晨要早点回家的理由，而携带火把是走夜路之需。妇女进屋后，将火把放在房门口。鸡鸣时分，她们打开房门，点着易燃的火把迅速扔到还在熟睡着的逃兵床上，而这时埋伏在四周的民众看见燃烧的火把，手持刀斧、棍棒、石块涌入屋内与逃兵展开生死搏斗，最终将十个逃兵全部打死。悲壮的是，这些不顾年迈体弱上阵搏杀的五十多位民众，幸存者竟不足十人。

经过这场战斗，洪家庄和王家庄的人口所剩寥寥无几，王家庄近百人的王姓没有一人生存下来，人亡庄毁。后来人们形容王家庄为"王家塌"，现今仍称为"王家塔"，只是书写的时候换了那个不吉利的字而已。洪家庄也一样，洪家尽亡。直到有一天，安庆桐城汪氏兄弟两人来此插标为记、开山种田时，走进了那座还未完全倒塌的二进二出宅院，他俩在房屋院落中清理出许多人骨并将其妥善安葬，同时在墙壁里发现了山契和田契，才得知房屋的主人姓施，南面的山坞里近千亩山场都是施家的。房屋正好在山坞口和大河交界处，汪家人在此定居，后称自己所居住之处为"施河口"。渐渐地，此名代替了"洪家庄"并沿用至今。

同年 8 月 30 至 31 日，太平军护幼主洪天福贵从广德一路突围至宁墩又经万家，过塘岭到浙江昌化，与另一路溃军汇合南下江西。

两个月前，忠王李秀成之子李容发从浙江昌化退走万家时，了解到万家北面有两道天然关隘，呈一夫当关万夫莫开之势，可阻挡清兵追杀。太平军进入二道关后，在隐山畈（80 年后，1944 年左右国民党的忠义救国军曾在此驻扎）稍做停留，首先将一位在突围中战死的将领安葬在二道关旁的山坡上（后来人们称此处为将军岭），接着清点人数，分两路向塘岭方向退去。

一路由黄文英、吉庆元率领身体无伤的士兵从云山走近道快速赶至塘岭以防清军占据千顷关。二路由洪仁玕、李容发等由西泉方向至塘岭，这条线路还能预防塘岭千顷关被清军占据，在很难打开通道的情况下，便可向东南过黄花关入昌化。

中华人民共和国成立后村民在徐家大屋发现太平军用过的长矛

西泉这一路退军来到癞痢尖（此山位于皖浙交界，是宁国的第二高山，因山顶不生草木，故此名。公元 2000 年左右，浙人在此山的西南面利用千顷塘建天池景区时，取其谐音，改称"乐利峰"并刻于石碑立在通往该山的道路两旁，此名正好迎合了当下社会盛行的追求物欲心态而广泛传开。今读《太平天国史》觉得太平天国缔造者们乐而忘忧，利令智昏，是导致兵溃国亡的主因之一，便觉得"乐利峰"之名，深深刻下的时代烙印，难免会影响后人对社会价值观的正确认知）山脚下的徐家大屋，便分头四处寻找粮食。由于这里的百姓已先得到消息，于是将食物随身转移躲藏起来，众多士兵空手而归。

有一群士兵在经过一个洞口时，偶然看见人影，于是跑至洞口，进入洞内，发现了里面躲藏的村民，为了抢到所藏的粮食，他们将躲在洞内的二十多人全部杀害（从此，人们称这个洞为鬼洞，还有一种传说，太平军和清军曾在此发生恶战，双方混战中焚山火攻，产生大量烟雾入洞导致在洞内避战的民众窒息死亡），支锅做饭，但粮食太少，这时在徐家大屋的李容发也正在对士兵抓来的两名百姓进行审问，以获得藏粮地点。审问过程中，一名百姓被士兵杀死，另一位见此情景，在极度恐吓中就交代了仙人洞内藏有不少百姓和粮食的情况。

鬼洞洞口

李容发立即召集五十多个士兵，拿着枪，举着矛，直奔仙人洞（此洞距离鬼洞约 500 米）。为了洞内照明的需要，他们将仙人洞周围百姓茅舍拆除扎成火把。洞口高约 4 米，面积近 2000 平方米，然后经过一段只身弯腰低头的路段后，眼前忽然呈现一座无比魁梧的仙人石像，仙人周围有盘踞的虎豹、似动的龙蛇和装满清水的梯田。见此奇景，李容发命令士兵，停止搜寻，并原路返回离开仙人洞。

天完全黑了下来，另一路退军传来消息，塘岭交通要道已掌控在手，催促此路人马连夜翻山越岭，天亮之前赶到昌化。

史书记载，李容发刚进江西就被清军擒获，因不知其名又见年纪较轻便放归，后来，李容发就隐姓埋名活了下来。无人知道李容发在仙人洞里见到仙人那一刻心中是怎样想的，但是要知道那些士兵如果再往里面走几步，洞中躲藏着的五十多人就会暴露身亡。史书说不清的是，吉庆元率军最先占领塘岭，但第二天到达昌化白牛桥后就下落不明，不知所踪。而民间传说吉庆元在塘岭慈云寺出家做了和尚后，经常游走于慈云寺和仙人洞之间，时常听到他自言自语道："天王杀俩王，天国打不通。长毛非正主，注定一场空。"

（赵抒林）

太平军在河沥溪

河沥溪作为历史悠久的商贸古镇，从明中期进入鼎盛发展以来，繁荣景气持续数百年不曾出现衰败。清咸丰六年（1856）之后，宁国县沦为太平天国战争的重灾区，河沥溪首当其冲遭受毁灭性的打击，这是一段不堪回首的历史。

太平军每占领一地必做三件事：一是征收钱粮财物，二是强征成年人入伍，三是摊派后勤杂役。若有反抗不从，就可能以支持"清妖"的罪名处斩。河沥溪人口稠密，又是钱财聚集的商贸市镇，因而遭兵灾死亡的人特别多。太平军来临时，那些不惜财产闻风而逃的人或许有机会活下去，而那些持侥幸心理守家护财的人，则难免死于非命。至于由县府组建的守护河沥溪的团练民兵们，在抗击太平军的战斗中不堪一击，更难免一次又一次成为最先赴死的炮灰。

转战江南地区征剿太平军的清军，是曾国藩创建和统帅的湘军。湘军以凶悍残暴著称，其最重要的激励手段，是给予官兵优厚的待遇，以及重赏作战有功者。湘军士兵每月的饷银平均高达6两，是清廷正规军（八旗兵、绿营兵）的2至3倍，将官的待遇更高。但晚清国库空虚，无力支付巨额的军费开支，湘军的军饷主要依靠各部队自筹。湘军每夺一地，必向地方强征苛捐杂税，甚至纵兵抢掠。如有不从，即以"长毛叛逆罪"处置。因此，湘军不只是对太平军凶残，对平民百姓也常常滥杀无辜。对待河沥溪，湘军绝不会放松抢掠和杀戮。

战争期间，河沥溪老街相邻的官山即成为乱葬岗，常有无名尸首在官山合坑埋葬，死者既有平民百姓，也有阵亡士兵。这类无主坟茔，在后世县志中称作"义冢"。这些义冢长期无人培土维护，坟头逐渐消失。20世纪五六十年代，官山上开荒种地、平土建房，一座座义冢暴露出来，时不时会见到白花花的人骨散落地头路边。

宁国民间有一个普遍相似的传说：太平天国后期流行瘟疫，死亡率极高，致很多病死者无人掩埋，当清末外来移民打扫房屋时，常见床上躺着人的骨架。但是，这种"白骨卧床"的情况，并未听说在河沥溪老街上出现过。为什么呢？因为城关地区战事频发，街镇上的居民早就非死即逃，而瘟疫大流行发生在太平天国的后期，所以不会有居民滞留在家中染病死亡。战争前期，河沥溪尚有外逃的居民在退兵间隙回到家中，企图重整家业，但太平军与清军打来打去如同拉锯，和平遥遥无期，后来再无人敢冒死回家了。当然，逃到外乡的人，或许能躲过兵刃，但大多数最终也难免在外乡死于瘟疫。

河沥溪位居水陆交通要道，又毗邻县城，历来为兵家必争之地。正如民间所传："守护宁国城，必守河沥溪；攻打宁国城，必打河沥溪。"在整个太平天国战争期间，河沥溪通常都有重兵布防，有时被太平军占领，有时被清军占领，从来不会消停。清军与太平军争夺宁国县城的战斗不下20次，而前锋战场往往就在河沥溪。正因为夺取宁国县城的战役包含了河沥溪，所以未见宁国地方志单独记载河沥溪的战例。

但外地史料对河沥溪的战例还是有所反映的。例如浙江"安吉新闻网"所载《太平军在安吉军事活动概述》中就有这样的记述：1860年12月8日，太平军李世贤部主力"经唐舍关入宁国界，次日在河沥溪下水碓击败清军鲍超部，再次占领宁国县城，后复入徽州"。文中所说的下水碓，是指河沥溪大桥下游300米至1000米的范围。这一带是多条大小道路的汇合地，可往来宣城、广德、本县大东乡以及安吉、孝丰、於潜等地。此外，这里还有多座东津河码头可供水军利用。因此，下水碓是进犯河沥溪的首选地带，同时也是方便撤退的御敌地带。

回看太平天国战争对河沥溪的伤害，情况是极其惨重的。河沥溪成为商贸市镇，经历了数百年的经营积累，聚集了大量的、门类齐全的商店和工坊，形成了生产、供销、水陆运输等要素协调发展的工商贸易体系。历史上，河沥溪不只是本县经济首镇，同时也是苏浙皖赣商路上重要的商品集散地之一。明清时期，宁国府商人一直是徽商的重要组成部分，而河沥溪商人则是宁国府商人中的一支劲旅。然而，经历太平天国战争的浩劫之后，河沥溪辉煌的商业成就荡然无存。

古代封建社会中，商人的地位不高，除非商人有显著的慈善义举，地方志一般不屑于记载商业和商人的事迹。有关河沥溪的陈年旧事，基本上依靠土著居民口口相传得以传承。太平天国运动结束时，河沥溪荒无人烟，当初弃家而逃的居民，似乎人间蒸发一样难觅踪迹。据调查，太平天国之后重返河沥溪的土著居民屈指可数。如宁国县第一个留学生方金銮，她在光绪三十一年（1905）出生于河沥溪，属河沥溪方氏家族第五代。其父亲方冶秋是晚清秀才，祖父方光庭经商，她的父辈和祖辈是太平天国期间幸存并回归的河沥溪土著居民。再如地方绅士饶味新、杨宝书、叶德松等人，他们是在光绪年间长大成年的，他们的父辈是太平天国之后重返河沥溪的土著居民。由于河沥溪土著人口近乎绝灭，致使乡土文化的传承出现了不可弥补的断层，其丰富的人文历史大多失传了。河沥溪在太平天国之前有怎样的盛况、太平天国时期发生过哪些重大变故，如今只能从零星的传说中去推测。

再看河沥溪的历史建筑，因长期的战火摧残，大街小巷满目疮痍。特别是那些儒释道文化建筑，无一幸免地都被兵祸破坏了。太平军的这种行为，在全国各地普遍存在，这是洪秀全的叛逆情绪和认识局限性的必然体现。洪秀全四次科考落榜，转而痛恨和排斥以儒家学说为基础的传统文化。他斥骂佛道为"邪教"，只尊上帝为正神，极力宣扬"拜上帝教"，以"上帝之子"的名义号召农民追随他建立所谓的理想天国。太平军所到之处，一切寺庙、道观、祠堂、书院等文化建筑统统都是破除对象。道光年间，河沥溪尚存不少儒释道文化建筑。正街的上街有太子庙，河沿街有武圣庙（关帝庙），小溪口南面有准提庵、将军庙，大桥西首至巫山岭官道沿线依次有观龙庵（芥子庵）、祠山庙、火神庙、天后宫、祠山殿、文昌宫、谷雨祭坛、观音殿等。这些文化建筑全部毁于咸丰年间。小溪口保家巷内的刘家祠堂，其仪门、寝堂和祭祀设施也被捣毁，从此不再成为祠堂。武圣庙、太子庙、准提庵等几座寺庙，曾在同治后期被简单重修，但光绪后期又被改作他用。20世纪60年代，太子庙被宁国县伞厂利用，武圣庙被宁国县水文总站利用，虽然它们只剩下部分建筑，仍能感受其原有规模的宏大。原宁国二小（河沥溪小学）建于准提庵遗址上，东操场有一株两个大人方可牵手合抱的古树，树周垒石为台，操场南侧有青石围砌的二亩池塘，这些都是准提庵的遗物，由此也可想象准提庵昔日的盛况。

太平天国战争断送了河沥溪的繁荣，但河沥溪得天独厚的区位优势不可改变。在战后几十年里，河沥溪又奇迹般地重新崛起。这个伟大功绩，属于勤劳勇敢的外来移民。同治四年（1865）之后，在清廷移民新政的推动下，宁国县迎来历史上最大的一波移民潮，其过程从清末持续至民国初期。这期间，绝大多数移民走向广大农村占据荒村田野，而一些稍有家资并看准商机的移民则纷纷抢滩老街河沥溪。这些新河沥溪人，是富有冒险精神和特别能吃苦的一代人。他们一边抢修破败的居所，一边从小摊贩、小商铺、小作坊起步创业，艰难地实现资本的积累。光绪年间，随着人口的持续增加，店铺、工坊逐渐布满河沥溪的大街小巷，久违的工商繁荣逐步恢复。光绪三十四年（1908），宁国县商会（今宁国市工商联前身）在河沥溪成立。此时，"小小宁国县，大大河沥溪"的佳话广为流传。从清末直至20世纪70年代，河沥溪一直被公认为宁国经济和文化的中心。

（黄国华）

太平军在长虹

一、笔者曾为知青下放在长虹

我接触到有关太平天国时期的本土故事，始于五十年前的知青年代。当年我的插队地点，是宁国县长虹公社荆虹大队高村生产队。这是一个不大的古村落，三面环山，面对阔野，村中心有几座古老的砖瓦房和几处古建筑坍塌后留下的废墟，村子边缘散落着一些年份不久的夯土房。那时候的乡村非常闭塞落后，正因此，所见所闻更容易触及陈旧的历史。

经公社与高村生产队商定，安排我住进了队长家。队长家三口人，住三开间带阁楼的老房子，另有三间餐厨配房，加我共四人，很宽松。这座房子确实很有年头，斑驳的外墙爬满了苔藓，门槛石磨出了光滑的凹痕，屋内所有的木质构件已被岁月熏染成厚重的黑褐色。我住一间空闲的房间，里面放着积满尘垢的古旧床架和书桌，书桌上放着一对失去光泽的陶瓷罐。床架和书桌经我认真擦洗之后，能隐隐见到暗红的土漆底子。队长还借给我几只青花瓷的老碗，说是清朝的，叮嘱我爱惜着使用。我在心里暗想，这座房子以及我房间里的这些东西，在旧社会可不是普通人家所能拥有的。

队长夫妻古道热肠，待我如亲子，久之无话不聊。我对他们家的房子很好奇，有一次终于忍不住问队长："你们家的前辈应该是地主吧？"队长笑答："这房子是祖父在清朝晚期白捡的，实际上我家一直是穷人。如果我家是地主的话，怎么能选我当队长呢？"他接着还认真地向我讲述了自己的家史。

二、太平军在长虹的几个传闻故事

队长1926年出生于高村，祖籍湖北随州。他小时候听父亲说过，祖辈两兄弟在同治年间或是光绪初期结伴迁徙宁国县，历经千辛万苦，辗转来到高村落脚。当时村中无人，房前屋后到处长满荆棘，有些房子已经倒塌不成样子。按当时的移民政策，田地和空房子可以无偿占有、先到者先得。当然，也不是想占多少就占多少，要根据人口多少来选取，否则地方官不予登记造册。他爷爷挑选了现在所住的这座老房子，至今使用的大多数家具，也都是这座老房子里原有的。他大爷爷家的人口较多，抢先占有了村中唯一有四水归堂天井的大房子。稍晚时日，又来了几户湖北老乡，陆续占据了其他几座完整的房子。当初各家在打扫房子时，都从屋内清理出了不少人骨。这些人骨有的在床上，有的在地上，姿态各不相同。用队长的话说："这都是长毛造反之间闹瘟疫死的，整村都死绝了，没有人去埋尸。"听过队长讲述的故事，我在很长时间内每当上床就会想到自己的床架上曾经躺过清朝人的尸体，不免有些恐惧。

队长还说："据老人们传说，在长虹公社这一带，不少房子里还发现有些尸骨穿的是军服，这件事奇怪得很呢！"我现在想起来，这个现象并不奇怪。瘟疫不只是传染老百姓，军队也同样会染病，而且由于军队具有高度的聚集性和流动性，反而更容易染病。太平天国后期，正当清军与太平军展开殊死较量的时候，一场以霍乱为主的瘟疫在苏浙皖各地流行开来。皖南地区的宁国、广德一带，疫情尤为严重，湘军和太平军都曾深受瘟疫的困扰。清军中的疫情在《湘军志》中有明确的记载，其中驻扎宁国的湘军鲍超部队曾报称："除已痊愈外，现病者六千六百七十人，其已死者数千，尚未查得确数。"由此可见，瘟疫流行期间，有军人滞留在民房里病死，是不可避免的。当初长虹一带民居内发现穿军服的尸骨，就是一个确切的证明。

高村今属河沥溪街道长虹村，今长虹村是由原长虹乡所辖的5个行政村共61个自然村合并组成的。在清代，长虹乡全境属宁仁乡。宁仁乡面积比较大，清道光之前辖二都、三都、四十都，道光初年之后辖二都、三都、四都、四十都。其版图范围包括长虹乡的全境、姚高乡的绝大部分、沙埠乡的一部分，以及畈村乡、汪溪乡的少数自然村。宁仁乡与广德县广泛接壤，宁广驿道（宁国至广德驿道）穿境而过。宁广驿道的交通地位非常重要，它是横贯苏南、浙北、皖东南、赣东北大通道的一个必经段落。此外，宁仁乡境内又有多条捷径可达县内其他乡镇以及宣城、广德、安吉、孝丰等邻县。太平天国时期，宁国、广德、湖州是太平军与清军争夺的重点地区，两军拉锯战反反复复经过宁仁乡，境内一次次遭到扫荡性的掠杀，你方唱罢我登场，无村可以幸免。而在战事短暂消停的时候，宁仁乡又成为散兵游勇不断袭扰的游击区。

宁国地方志中有记载，太平天国饥荒年份曾发生"人相食"的惨剧。而我在知青年代从当地老人那里听到的某些"食人"传说，更比一般记载更为惊悚。这些故事怎么来的呢？是因为太平天国时期有很多本地农民被太平军和清军强征入伍，其中有少数人活到了战争结束，他们的见闻经口口相传保留下来。

三、有关几个地名的演变含义

历史上，宁仁乡在宁国属于比较富庶的地方，村落和人口一直比较稠密。但经历太平天国战争之后，宁仁乡的土著几乎绝灭。我早就注意到，我插队的生产队，名为高村，却没有一个姓高的村民，根本就是"名不副实"。队长也解释过，当初他的先祖落脚时，是从村中的文字遗物中知道这里叫高村的，也就沿用了老地名。

据今日走访调查，宁仁乡内所有以姓氏冠名的自然村，都是"名不副实"。如胡村、梅村、俞村、刘村、丁村、张村、龚家坞、宗汪村、包梅村等，都和高村一样，没有或极少有太平天国前的土著后裔。今汪溪街道姚高村的宗汪村民组，尚有少数土著宗姓后裔，但该村现有汪姓人口全部是太平天国之后的移民后代，原土著汪姓完全不知所踪。

还有少数自然村，移民们为了寄托对故土的眷恋，干脆搬用老家的地名给自己的迁居地命名，这也是一种"名不副实"。今长虹村的荆山村民组，前身为"上荆山村"和"下荆山村"，是由清末最早迁来的两支移民命名的。这两支移民来自湖北荆门州（今荆门市），他们分别落居在同一条山坞沿河而立的两个相邻的自然村。因故乡荆门之名源于湖北省最著名的荆山，他们就将自己的迁居地命名为"上荆山村""下荆山村"。又如今姚高村，有个自然村叫作河南村，是因为河南潢川籍武秀才傅文琳最先落居而得名。傅文琳原以武秀才身份在江苏溧阳谋职，因太平天国战乱致家道困顿，后在光绪年间携家眷迁至今址。

宁仁乡西南边缘有个湖南村（今属畈村村）、西北边缘有个湖南冲（今属汪溪村），这两个自然村都是因为湖南籍移民最先落居而得名的。这批同乡移民含苏、吴、孙三姓，他们大约同时在同治四年（1865）迁居宁国，并且都是来自湖南省湘乡县。吴姓落居地初称吴家台子，后得名湖南村。苏姓和孙姓最初落居下湖村（今属汪溪渡口村），紧接着又在村北小河对岸的山冲"插标划田，立界为山"，后人在此居住繁衍，这个山冲即得名湖南冲。苏姓家族当初同时有三房兄弟迁宁国县，其中一支迁港口镇五磁村，光绪年间又有一支自湖南冲再迁泾县。因湖南湘乡是曾国藩的故乡，而上述苏、吴、孙三姓的祖籍也是湖南湘乡，并且这三姓迁居宁国的时间正当太平天国覆灭之际，于是有传说，这三姓人家是太平天国时期的湘军后代。

光绪年间，河沥溪曾成立湖南会馆。坊间曾有议论，湖南会馆的性质不同于泾县会馆、旌德会馆、江西会馆等，前者是以湘军退役军人及其亲眷为主体的同乡人联谊组织，后者是以商人为主体的同乡人合作组织。关于湖南会馆的上述说法，可信度很高。太平天国覆灭后，曾国藩为消除清廷对他手握重兵的疑虑，立即下令裁撤湘军，绝大多数湘军官兵随之解甲归乡，其中也有不少人留在了外省地。靠近宁国城关的鸡山乡、宁仁乡等乡镇，因农耕资源条件较好，当年确实吸引了一些湘军退役军人就地安家，同时又通过他们动员一些老家亲眷来宁国安家。不过，因年代久远和缺失文字记载，加上相关家族对那段特殊家史讳莫如深，现已很难确考。

四、长虹被毁的几座旧寺庙

在河沥溪街道长虹村境内，晚清时期被太平军毁灭的古寺庙，目前所知有九宫庙、将军殿、三都庙、一字庵以及遍布各自然村的小土地庙。其中，九宫庙、将军殿、三都庙、一字庵等寺庙已经转化为地名，因而不至于被彻底抹去历史的记忆。

九宫庙，位于宁国至广德古驿道（宁广驿道）北侧，距宁国县城东门20里，距长虹铺10里。相传九宫庙历史悠久，庙宇高大宏伟，香火曾经非常旺盛。清咸丰年间，九宫庙被太平军毁坏，之后再未重修。因庙碑、庙额等文字证物早被灭迹，其历史详情已无从可考。当地老人介绍说，中华人民共和国成立初尚存部分建筑，因破败不堪，不久全部拆除了，其遗址上的砖石材料被挪作他用，雕刻精美的巨大磉磴也被人偷卖了。

将军殿，位于宁广驿道北侧，在九宫庙之东三里余。中华人民共和国成立初，将军殿尚存部分建筑三间，一直用作生产队的库房，直到20世纪

60 年代末才完全拆除。将军殿供奉古代哪位将军，现已失传。将军殿与九宫庙之间，道路中线原有一条青石板路面，清末时仍保存完整。这条青石板路线的来由，相传与风水应用有关。这条路的南面，历史上一直是当地面积最大的田畈，但粮食产量总是受到旱涝和病虫害的影响。为了求得高产，人们便企图从风水方面获得帮助。后经风水师勘察，说村庄北面有座山峰形似水牛，牛头正对田畈，因水牛爱吃秧苗，故而造成祸害，可以在牛头上建寺庙予以克制。后来，村民就把九宫庙建在了牛头上。可是，寺庙建好后，多年来并未见到理想的效果。到了元末某年，刘伯温随大军经过此地，老百姓向其讨教，刘伯温察看地形之后，便授意在九宫庙至将军殿之间的道路上铺一条青石板路线，相当于给牛鼻子拴上绳子，让将军殿的大将军牵牛绳管制水牛。从这个传说推测，将军殿和九宫庙可能在明代以前就已经存在了。

一字庵，位于龚家坞水库末端的山坳处，南有山路去沙埠，东有山路去广德。其遗址上最明显的标志物，是一株高大古老的栎树，民间一直奉为神树。此树在 20 世纪 70 年代以破除迷信为名被砍伐。相传，乾隆皇帝微服私访江南时到过此庵。当时正值炎夏，乾隆一到，便在护驾保镖的伺候下仰面躺在殿前的石板地上纳凉。他头枕一把雨伞，两手平摊，两腿张开。方丈见状，心领神会：这睡姿分明就是一个"天"字，莫非皇帝爷驾到？方丈不敢声张，佯装不知，待乾隆醒后，赶忙奉上笔墨，请求道："小寺至今未能正式题名，今有贵施主光临小寺，实乃天赐机缘，请施主为小寺题个名吧！"乾隆环顾四周，心想这寺庙居于深山老林间，防火最为重要，便大笔一挥，写下"一字庵"三个大字。方丈连连称赞："好，好，好，天一生水，水克火也！"从此，山寺便定名"一字庵"，香火大旺。咸丰年间，一字庵被太平军彻底捣毁，只留下一些砖瓦和石头构件散落在山林间。

三都庙，其遗址早被占用，现已找不到痕迹。明清时期的"都"，是基层行政区划名称。"三都庙"不可能是寺庙的真实名称，应该是按照所在"都"相传的俗称，其意思是位于三都的寺庙。因寺庙的真实名称在太平天国之后失传了，这个自然村就以三都庙为名。采访当地老年人，都说小时候只见过这座庙的废墟，没见过寺庙的模样。

上述几座寺庙中，九宫庙的知名度最高。从民国时期到 2001 年区划调整，九宫庙所在地一直是乡级政府的驻地，作为本乡政治经济文化中心，自然是远近闻名。但是，今天看来，九宫庙这个名称极有可能是错误的。这里有必要特别加以讨论。

九宫，是易学应用的重要基础，特指河图洛书与后天八卦相结合而组成的九宫八卦图。九宫依次为：乾宫、坎宫、艮宫、震宫、中宫、巽宫、离宫、坤宫、兑宫。九宫非人物、非神仙，不成为供奉的偶像，专为九宫立庙是说不通的，因此"九宫庙"在国内极为罕见。重庆大渡口区有一个以"九宫庙"为名的街道，此地原有供奉神龟的"九龟庙"，清末时误传为九宫庙。此外，湖北襄阳城西南有座真武山，为道家名山，相传赤松子在此按九宫之数布阵修仙、广收弟子，创立隐仙派，真武山道观被隐仙派弟子尊为"九宫庙"。

古时，宁国县九宫庙所在地是宁广驿道的必经之地。据明嘉靖《宁国县志》记载，自宁国县城至广德界 30 里，有驿铺（驿站）三座，依次为阮村铺、周村铺、长虹铺。按十里一铺的旧制推断，周村铺就在九宫庙所在地。显然，至少在明代，九宫庙所在的村庄叫作周村，这是一个周姓聚族而居的古村落。

周姓人大多以周文王姬昌或其儿子周公姬旦为得姓始祖，并且，周公姬旦的后人世袭"周公"爵位。周公的威望极高，为历代统治者所推崇，被奉为儒家文化的开山鼻祖，也是孔子一生崇拜的偶像。因此，自汉代"独尊儒术"以来，全国各地出现很多官建周公庙，也有很多周姓家族自建周公庙作为祭祀祖先的家庙。现有资料显示，全国共有周公庙三千余座。如果说，古时宁国县周村铺建有周公庙，是非常合乎情理的情况。据调查，所谓"九宫庙"，实际就是周公庙。

由周公庙变成九宫庙，这是太平天国战争之后的误传。太平军反儒是政治任务，不可能让周公庙继续存在。当初太平军占领周村时，不仅将周公庙所有的塑像、牌位以及带有文字的文物毁灭一空，就连周氏家族也成为镇压对象，以致本村周氏人口非死即逃，杳无踪影。前面提到，周公庙在咸丰年间被毁后再未重修，就是因为周氏家族在这里后继无人。清末，

汪溪街道办事处下湖村遗存的清代住宅，同治年间湖南籍苏姓家族迁此居住已历七代人

外省移民到此，看到这座空虚破败的大庙，便去打听它的名称，结果被方言误导了。因为晚清之前宁国县属吴语方言区，"周"的发音近似"鸠"，"周公庙"念作"鸠公庙"。当时的移民基本是文盲白丁，受文化和见识所限，就想当然地把这里叫作"九宫庙"（早期也曾误作九公庙）。久之，人云亦云，以讹传讹，此处的地名就固化为"九宫庙"了。当然，这个传说是否属实，尚待进一步考证。

（黄国华）

太平军在东乡

——宁国东乡采访录

采访时间：2023年5月6日、7日、8日。

被采访人：李定发，男，82岁，住仙霞镇仙霞村深坞里，湖南省湘阴县移民后裔；

吴韵祥，男，71岁，住仙霞村2队2组，福建省松溪县移民后裔；

朱树国，男，85岁，住云梯畲族乡云梯村十一组，原居民云梯朱茂春之孙；

钟友根，男，76岁，原云梯畲族乡副书记，住千秋畲族村千秋关下，浙江省淳安县移民后裔；

奚飞，男，75岁，原南极乡书记，住杨山村黄甲堂，原居民宁阳奚氏后裔；

仙臣胜，男，56岁，仙霞仙氏骨科医院院长，住仙霞村望仙桥后，原居民仙家村仙氏后裔。

宁国东乡的仙家村、云梯境内古时就有千秋关、孔夫关、铜岭关、白沙关，分别屹立在皖浙交界的崇山峻岭中。1856年3月，太平军进入宁国县后，在太平天国运动中，宁国府被划为浙江军事管辖区，宁国东乡遂成为清军与太平军双方在皖浙交战的主战场，军队调动、进军的主渠道，发生许多次拉锯战、争夺战。

1857年，浙江提督邓绍良视安徽宁国县为浙江屏障，率总兵吴全美、明安泰、德安等屯军扼守千秋关、马头岭关。11月，邓绍良兵分两路，一路由千秋关进驻宁国；一路由马头岭关入宁国县南极曹口河东畈，在此大战一场，清军人多势众，太平军损失严重，太平军战败而退。

1860年2月10日，忠王李秀成与其堂弟、侍王李世贤分别率军由芜湖发兵。李秀成率护王陈坤书、慕王谭绍光、来王陆顺德等部两万余人经南陵、清弋江镇和马头镇、绕过宣城。2月22日，太平军李世贤、刘官芳率军从宁国汪溪四十八棚交界处进入宁国，攻克宁国县城，焚掠四出，直逼广德。

2月24日，进入广德，沿途纵火，五日始熄。广德知州邵启元于五更天逃出州城，太平军径直攻入城池，接连攻克广德。又分兵由广德直指浙江西北部的长兴县，一部由宁国孔夫关、唐舍关攻入安吉、孝丰二县。李世贤部随后进入浙江，合李秀成部克安吉、长兴。3月率部围湖州（今吴兴）。不久，撤至安徽广德，参与攻占建平（今郎溪），共商救援天京之策。

太平军占领宁国、广德后，孝丰县令程兴亲自召开军事会议，布置各村坚壁清野，村自为战。同时任命前山东历城县县丞王敦书为孝丰民团团总，武生诸伟章为团副，组织团勇日夜巡守城垣，并分督各乡民团把守幽岭、董岭、苦岭、金鸡岭、孔夫关等要隘。宁国东乡仙家村的仙氏，云梯村的朱氏、吴氏、车氏，中田村的程氏、章氏，杨山的后塔杨氏、奚氏、朱氏、盛氏，以及盘山杨氏、袁氏、汪氏等家族自发组织地方武装（团练），配合地方政府分赴孔夫关、唐舍关、千秋关、铜岭关、白沙关，抵抗太平军入宁国境内。

东乡乡民早在明正德年代就有保卫家乡的乡风。正德丁丑年（1517），安吉州孝丰汤九毛造反，声势浩荡，危及邻边多县。一度攻打孔夫关，宁国知县王廷相带人防守，力量单薄，孔夫关岌岌可危。这时，孔夫关下附近宁国县朱氏、仙氏、吴氏家族等乡民自告奋勇赶来协助，数度打垮汤九毛，协助安吉官兵擒拿住汤九毛，知县王廷相特地写诗歌赞美乡民朱凤。

1860年7月26日，英王陈玉成驻扎在安吉、泗安，攻占孝丰。这时浙江巡抚王有龄调遣驻守千秋关道员彭斯举带领的5营增援官兵也赶到孝丰，两军相遇，一仗下来，彭斯举溃不成军，"军士器械亡失过半"。太平军穿城而过，经报福一直追到章村，次日陈玉成留一营官兵驻扎章村，其余大部经孔夫关、唐舍岭，进入宁国东乡，对东乡团练进行残酷报复，烧毁孔夫关仙家村北边半个村庄，云梯的吴氏宗祠烧得仅剩最后一进，云梯老街从八字门往上一连四五十间房屋全遭烧毁，云梯朱家房屋烧得仅剩一半，死伤人员无数。

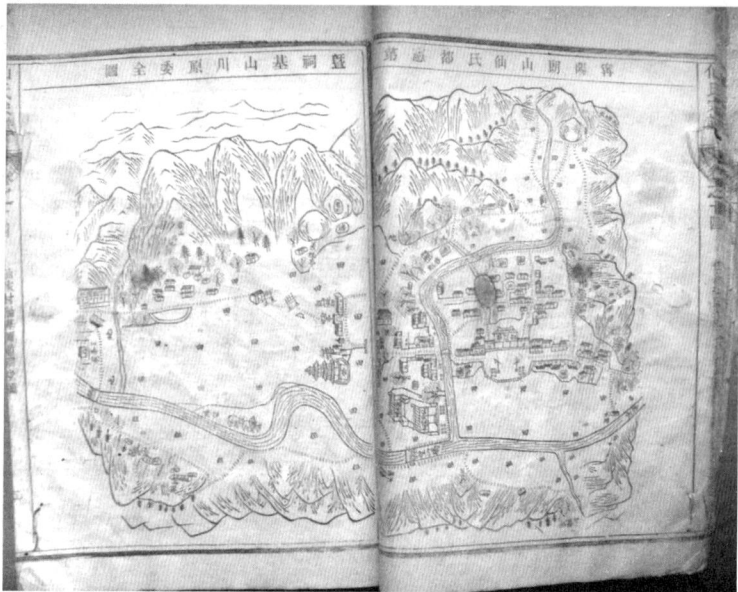

仙家村村庄图（清光绪二十六年《仙氏宗谱》）

现今云梯畲族乡千秋畲族村有一个很特别地名的自然村，称作"三十六间"，位于千秋岭与汤公山之间的谷地。由谷地盘旋而上可至汤公山上的千年古关——铜岭关。

铜岭关下乡民由于战乱和瘟疫，所存无几。清代末期，畲族人陆续从浙江、福建等地迁向云梯，一部分人选择了这个蛮荒无主的谷地落脚。初来时，移民们发现了一些无人居住的旧屋宅，正好可作为栖身之所。其中一座宅院特别大，经过清理、打扫、清点数量，共有房间三十六间，于是就把该处称作"三十六间"，该名沿用至今。

当初发现三十六间时，院内、院外长满了竹木、荆棘，屋内物品原样未动，地上、床上散落着累累人骨，蚊帐和被子看着是完整的，但手一抓即碎。后来才知道，是太平天国战争和瘟疫导致其废弃多年。三十六间的规模、造型和室内陈设显示，宅院的主人是当地有显赫地位的朱姓大户人家。20世纪60年代之前，三十六间一直被作为村民的住房使用，最多时住过二三十户人家。后来三十六间因逐渐损毁难以居住，便被整体拆除，只留下了地名。如今该处是千秋畲族村村委会的驻地。

之后太平军从千秋关、铜岭关进入於潜界，击毙於潜民团团练王文玉。7月28日占领於潜，知县包容、道员彭斯举等退走昌化。

1860年11月底，湘军主力浙江提督鲍超部由千秋关、孔夫关驻守宁国，太平军由宁国县城撤退至东岸。

1861年1月15日，辅王杨辅清领军二万余人从宁国过狮桥，在宁国东乡仙家、云梯一带，再次对组织地方武装对抗太平军的中村程氏、章氏，仙家村仙氏，云梯朱氏、吴氏、车氏打击报复。然后杨辅清军一部分过千秋关、铜岭关、白沙关先后攻克於潜、临安二县。

中岭洞

1月18日，杨辅清率领太平军主力由宁国进驻孝丰。2月21日，临安太平军遭当地民团围扰被迫撤至於潜。2月23日，孝丰太平军经报福翻羊角岭以及出孔夫关由千秋关入於潜增援。2月25日，太平军重新夺回临安，而孝丰民团在知县张增文带领下乘虚复陷孝丰。

4月12日，驻扎在宁国的太平军千余人入孝丰境，欲夺回县城。知县张增文督团抵御，太平军损失将士百余名，于4月15日返回宁国时，对仙家村仙氏实行了打击，贵重物品、粮食、牛羊猪家禽等抢劫一空。多年后，从福建泉州、松溪迁徙而来的吴氏移民，来到仙家村后山边大拱背长邱田时，有许多完好的房子，都没人居住，成了无主房，吴氏就居住于此。仙家村老乡政府（村后 150 米）边上，20 世纪 70 年代，刘姓村民建房时，李姓村民（湖南省湘阴县籍移民后裔）帮助挖地基，挖出地下几百具骨骸，才知此地原来是一个义冢坟墓。墓型是用砖块砌成长条水沟型，一连二三十排，每排之间用一块站砖隔开，上面用一块平放的砖作盖，一排有十几个骨骸，可见仙家村当时死人之多。仙家村上街由前街通往后街的巷弄特别多，太平军从前街进入村里，乡民就从巷弄向后街逃往山上躲藏，这样才保存下来一小部分村民。

1862 年 7 月 11 日，清军鲍超部攻陷宁国府，杨辅清败走广德，清军乘胜攻陷宁国县。7 月 16 日，太平军洪容海背叛，击杀李世贤部大将马桂功，袭取广德州城，迫使杨辅清撤退至江苏境内。8 月 23 日，叛将洪容海部下张得胜、陶子高二万余人反正，北走投辅王，未几，洪容海部将朱大椒、主将黄三元等二万余人在广德誓师反正复州城，叛逆洪容海、韦志俊死里逃生退守宁国县。10 月 28 日，辅王杨辅清、堵王黄文金及孝王胡鼎文围攻宣城不克，继而转入宁国县，守城降将洪容海、韦志俊皆遁走。至此，宁国县、广德州复归太平军占领。

金王钟万信、东平王何明亮、感王陈荣、跟王蓝仁得等率部由宁国千秋关入於潜，"其前窜广德者，复折踞孝丰"。10 月 24 日，於潜太平军入昌化，10 月 30 日，清军总兵黄少春、知府李耀南自绩溪过昱岭关进行阻击。11 月 2 日，昌化、於潜太平军先后撤回安徽宁国县境，并经孔夫关进入孝丰，与先期抵达孝丰的广德援杭太平军会合，此时孝丰太平军兵力已达数万。11 月 13 日，清总兵刘松山、易开俊等部攻打宁国县城，匡王赖文鸿兵力单薄，弃宁国县城入广德，后入孝丰，与先期抵达孝丰之太平军会合。

11 月 19 日，太平军在清军东、南、北三面合围下，主力不得不先后撤出临安，经於潜过千秋关、孔夫关转入孝丰、宁国，跟王蓝得任留守昌化。12 月 2 日，清总兵黄少春入昱岭关攻昌化，跟王蓝得任经於潜退孝丰，未几，黄少春兵返昱岭关，蓝得任复自孝丰趋临安。

1863 年 12 月 12 日，太平军东平王何明亮、匡王赖文鸿、金王钟万信等部在浙江战事失利，自孝丰孔夫关、千秋关进入宁国。

千秋关下，于 1949 年后发现"太平天国十三年石达开部用"铁炮一尊，经安徽省文史馆考古人员认定，此炮为太平天国于 1863 年铸造的武器，被安徽省文史馆收藏（今存安徽省博物馆）。

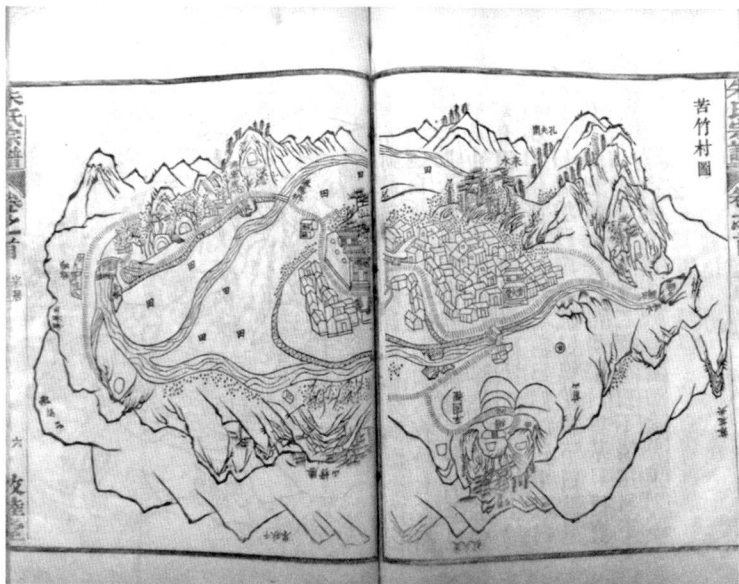

清代苦竹村图，今名白鹿村

1864 年 1 月 22 日，太平军击退清军宁国守军刘松山部，宁国县城复为太平军所得。2 月 2 日（农历一八六三年十二月二十五），太平军一部从万家、大龙向杨山小岭头进发，受到当地地方武装的顽强阻击，一连五六天攻不下来，直到 2 月 7 日，即大年三十才突破小岭头，山下盘山、狮山等地居民受到残酷摧残。

2 月 9 日，侍王李世贤、沛王谭星、天将林正扬、王宗李仁寿、李世光、李元茂等自广德经孝丰孔夫关、宁国千秋关进入浙江昌化，欲进江西征粮。2 月 10 日，击败清军副将刘明珍，谭星等经徽州入江西。李世贤到昌化后闻溧阳危急，带领少量军队经宁国返回溧阳，后入湖州，余部转入淳安，进窥遂安。清军王开琳自徽州进遂安，在中州昏口进行阻击。黄少春驰入县城，在遂安城北进行阻击，太平军前队损失惨重，后队即折回宁国县西南一带，复于 2 月 19 日由宁国翻山过孔夫关，入湖州孝丰县南乡。

4 月 14 日，侍王李侍贤令感王陈荣据守孝丰，令驻守孝丰二年的律（列）王王（黄）老虎援助湖州，自率听王陈炳文、康王汪海洋、戴王黄呈忠、来王陆顺德等自孝丰经章村，过孔夫关、千秋关，经太阳埠（现为临安区太阳镇）抵达昌化，后分二路顺利进入江西。

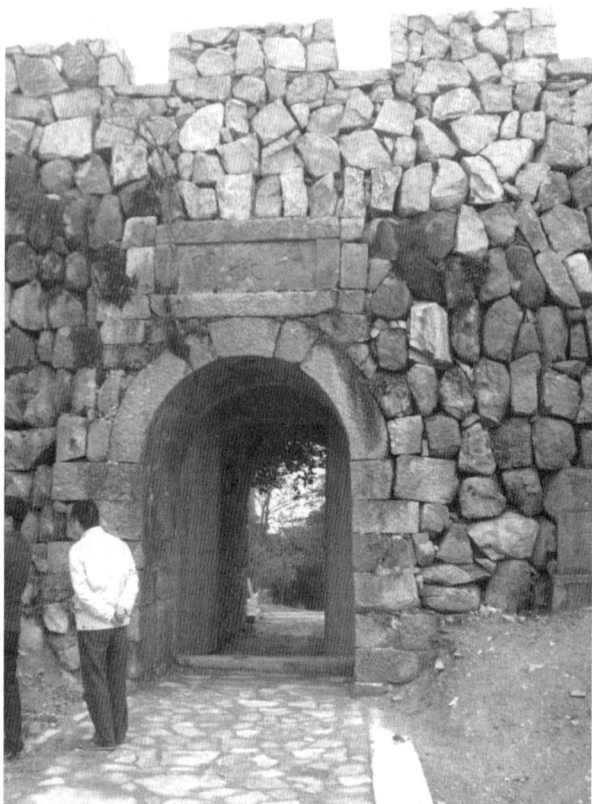

千秋关

8月31日，刘璈留守孔夫关，令游击唐湘远带队过孔夫关向千秋关追击，遇太平军一部，杀其数百，收降千余，解散数千。刘端冕自仙霞折向西北，经三元村、狮桥、中溪，然后转向东北，一直追至宁国县七都桥头舒村，突遇数百骑着战马，数千手举龙旗，怀端枪炮、梭镖的黄文金大队人马，在三四名身着黄衣太平军将领的率领下蜂拥而来，清军哨长彭练州、甘大有、彭荣华、刘春熙等大呼奋击，立毙身着黄衣者二名，激战一日，杀毙、溺毙、坠崖千余，生擒二千有余，并获佑王李远继大小印章及各首领印章上百颗。李远继余部退至东瓜山过菖蒲岭入孝丰，后入昌化白牛桥，与黄文英部会合。刘铭传部从广德一路追向舒村，堵王黄文金身负重伤，退至汪村，洪仁玕、黄文英等王护幼主洪天贵福及忠王之子自桥头突围而出，经石口至宁国墩（今宁墩），黄文金伤重而亡，尸体安放在宁国墩集镇上首深水沟里，身上仅有一块玉佩（一说死于白牛桥）。洪仁玕、黄文英连夜向东撤退，经万家、大龙，翻老岭，过黄沙关（又名黄花关），入昌化白牛桥。其中一部向西突围，被宁国守将刘松山击溃于云门铺，四千余太平军投降。

道光二十八年（1848）至同治七年（1868）宁国县自然灾害实录如下（根据清同治、光绪《宁国县通志》及民国二十五年《宁国县志》整理）：

道光二十八年（1848），大水，漂没人畜无算。

道光二十九年（1849）夏，大水，沿河民房淹至屋脊，人多淹死，冲坏房屋、田亩、桥梁无数。

道光三十年（1850），地震，有声殷殷如雷。

咸丰二年（1852），荒歉，飞蝗蔽天，所集田地，苗稼立尽。

咸丰四年（1854）至咸丰五年，蝗虫害稼，连年荒歉。

咸丰六年（1856），大旱，人相食。

同治元年（1862）五月，瘟疫流行，死亡枕藉，无人掩埋，十室九空。

是年冬，大雪。斗米千钱，人相食。

同治四年（1865），县境人烟稀少，草木繁盛，野猪成群，损害庄稼十分之三四。

同治五年（1866）五月一日，地震。

同治七年（1868）三月十九日，下雹，大者如盏，平地积一二寸，次日始消。

宁国东乡千秋岭下，云梯、仙家、杨山村民遭遇太平天国战争、瘟疫、天灾等灾难，给当地造成毁灭性打击，以人口损失为例：仙家村仙氏战乱前有两千多人，战乱后不足两百人；云梯吴氏有一千五百余人，战乱后仅剩百余人；白鹿、云梯、上阳（属杨山村）三个村朱氏战乱前有五千余人，战乱后仅剩五百余人；宁国奚氏清嘉庆十五年谱载一万多人，战乱后不足八百人，其中石村（今属汪溪街道渡口）、范村（今属河沥溪街道畈村）、游船（今属万家乡云山村尤川）、奚家庄（今属万家乡大龙村）战乱后竟没有一人生存，黄甲堂（今属仙霞镇杨山村）战乱前五百多人，战乱后仅剩一人，此人名叫奚继相，被太平军抓去，编入太平军的童子军，战乱后逃回家乡时经过水口，一路仅见母女两人在吃人肉。战乱前宁国县人口近三十万人，战乱后五年的宁国县人口仅有一万零四人（同治、光绪《宁国县通志》）。东乡村民大部分房屋被烧毁，多数祠堂被毁坏，村民遭遇了前所未有的打击和毁灭，历史进程倒退近百年。

> 晚清战乱时，遭遇拉锯战。天灾和瘟疫，乡民血泪寒。
>
> 人殁房屋空，无人不心酸。移民满阡陌，东乡子孙延。

关于"长毛"埋宝的谜语，在仙霞村采访时，该村党支部书记吴信麟说：仙霞花村桥（古称"禄青桥"，明代仙克谨撰写的修桥记尚存县志中）原有桥碑，碑文中有谜语曰"弓对弓、箭对箭，谁能得到，能买一府搭三县"。桥碑已毁数十年，当地老人都知道谜语所指：太平军溃败途中在仙霞一带埋下宝物，价值能买"一府搭三县"的土地，但时人不知埋藏地点。

（高生元　郑树森）

太平军在青龙

通过走访和查找资料，以及对儿时听老人们口口相传的故事等资料进行梳理，笔者大致了解了太平天国时期的青龙地面的历史情况，将从桑园镇厘关、人口变迁两个方面展开概述。

太平天国时期，现在的青龙乡片区大部分隶属西津乡，实行的是保甲制管理体系。那时宁国县西部的交通主要依赖西津河水运。水运的运载工

港口湾码头（据回忆画成）

具以乌排、竹筏、木排为主。宁西的税收主要依靠位于桑园镇（现港口湾自然村）的厘关收取。

西津河自上而下，分别有胡乐、东岸、济坑、桑园四大水运码头。胡乐和东岸规模较大，济坑和桑园规模较小。由于河道在桑园镇形成了大大的"S"弯，且正弯处有岛石横亘，自然成坝，造成坝上面水平如镜，坝下水流湍急，形成天然的河埠码头。行排或在此装排卸货，或在此停泊休整。尤其涨水的时候，必在此停靠休整，等待洪水退去，时机合适时，方能下坝航行。

一、桑园镇厘关楼

桑园镇，上有洪村，下有孙家坎和葛村，一湾环抱。历代宁国县，都在此设立厘关（征收税收场所），对西津河流域的竹木茶炭等物资征收税金。这项行政职能一直延续到民国结束。

桑园镇，说是镇，其实就三四十户人家，常住人口两三百人的一个古老的村落，有商号、客栈和茶馆等。加之厘关在此，商业活动比较频繁，所以人们称之为"桑园镇"。

小镇东西走向，房屋南北对街，街长不足二百米。户头虽然不多，但两三进的深宅大院比比皆是。厘关建在村东头，两层阁楼式建筑，高七米余，宽九米余，深五米许。门洞类似城门，外圆内方。厘关西锁街坊，东临西津河。关外是一片高大的银杏林，其中一株千年银杏对门洞而立，枝繁叶茂，宛如华盖，高五六丈，需三四人合抱。古杏东侧沿阶而下，有一口古井，深一米左右，虽然不深，却是泉眼，终年丰盈；井水清冽，甘甜爽口。来来往往的客商多在此聊作休憩，而沿河景致怡人，岛石参差，草坪青青，岸柳垂秀，古木参天。

厘关里当差者，立在二楼凭栏瞭望，见有排筏下来，便到河边埠头上预备收取厘金。

老人们曾说，石达开的军队最先来到桑园镇。根据资料，那应该是1856年5月，石达开在鄱阳湖大败曾国藩后，回师占领了天京与杭州中间的战略重地宁国县。此后，宁国县就在太平军与清军的拉锯战中反复易手。

太平军来到桑园镇，占住厘关，开始在河面上截排取税。据说，不久，太平军打了败仗，撤出了宁国。清军恢复了对厘关的控制。次年，太平军又打过来，清军退走。这时的太平军开始乱烧滥杀。紧接着，瘟疫肆虐，民不聊生。桑园镇满目疮痍，厘关税务废弛，直到太平天国灭亡，大批湖广、安庆等地移民来填补宁国县，桑园镇人口才有所恢复。到光绪初年，桑园镇的厘关才逐渐恢复税务功能。

二、太平天国时期人口和语言的变迁

现在的青龙村包括茶林、袁村和青龙三个片区。这个区域离县城较近，且有相当数量的良田与人口。战争期间，太平军与清军的拉锯战，在这里体现比较明显，造成的伤害比较大。及至瘟疫肆虐，这里的人口几乎丧失殆尽。在袁村走访时，老人们说，移民到达时，田地荒芜，人烟几绝。后来遇见一个落魄的土著人，经过询问，方知那人姓袁，那里叫袁村，且有上、下袁村之说。如今，袁村已经没有一个土著的袁氏后人，整个青龙村袁姓村民很少了。青龙、袁村畈区多为湖北人的后裔；柏枧山里（如茶林、方家冲）多是安庆、池州移民的后裔。

作者杨素之在青龙乡龙阁村采访

现在的龙阁村包括济坑、双河和龙阁三个片区。战前，这里的济坑、桑园都有河运埠头，经济相对繁荣，人口密度大，大户人家多。比如济坑胡姓，桑园的叶姓、洪姓、葛姓、孙姓等。战争与瘟疫导致厘关内叶姓家族彻底消失。葛姓、洪姓、孙姓躲进深山避祸（如大彭家坞和小彭家坞），方保留了部分人口。战后，洪姓家族回归自己的村落。孙姓祖居地孙家坎，已被乱军焚毁，后人见厘关内的人丁无存，房舍空虚，便全族迁入，择优居家。之后，安庆、池州移民纷纷迁来，插标划田、立界分山、据室为家。尤其是桑园镇，客民土著，杂沓聚居，民风丕变，传统不在，礼乐难继。

现在的西林村合并了原东岸乡桃湾等村落。那时的西林处于大山深处，交通不便，受战争影响相对较小，人口损失主要是受瘟疫祸害。战后，大批的安庆、池州移民来此逐山溪而居。

战争、瘟疫，导致桑园人口凋敝，荒草恣意，房舍荒废。少数土著侥幸存活下来；有的住进大山深处，不复出来。有胆大些，来到桑园，选好一点的宅子，清理后居住下来。之后，一些湖北籍乡民到袁村、青龙桥等地村庄落户。1870年前后，有安庆、池州的乡民陆续来到桑园及其附近安家落户。据说，其时房屋院内蒿草一人多高，地上时有白骨零落。房内蚊帐看似完好，以手触碰，即成粉末，也有在遭焚烧的残壁断垣下翻出尸骨的。

战后的土著留下来的姓氏主要有葛姓、洪姓、孙姓、姚姓、胡姓、莫姓、章姓等。移民来的姓氏主要有汪姓、王姓、陈姓、桂姓、周姓、俞姓、万姓等。由于移民人口基数远大于土著人口基数，在长期的生产、生活中，兼容了湖北话的安庆话，消失了土著人千余年的吴语，完成了语言的统一。桑园从此成了杂姓聚居的地方，安庆话成为当地的主要方言。厘关外的吆喝声，也由外来的安庆话替代了土著吴语。

移民对当地的过去了解甚少，他们与土著杂沓而居，在这条曾经排筏竞流、号子起伏的西津河上，在这片饱受战火和瘟疫蹂躏的土地上，翻地播种，升起袅袅炊烟。

（杨素之）

太平军在霞西

霞西原名桥西，因村庄西侧的中津桥而得名。后因吴语中"桥"音近"霞"改为现名。境内坐拥石柱山、怀安县古城奥川、阳壕山红色根据地、"小三线"遗址等名胜遗存，其丰饶秀美和厚重的历史底蕴令我心向往之。

据走访和查询资料，目前已知太平军在霞西有过两次活动的痕迹：一次在吴岭镇（今虹龙村），一次在阳壕山。

吴岭镇之战

清朝后期的宁国是清军与太平天国军队拉锯战的主战场之一。太平军在实施西征、攻打江南大营、援救天京和东征等一系列重大军事行动时，为牵制清军转战苏浙皖赣，宁国作为交通咽喉和战略屏障的地位日显。据统计，太平天国时期宁国发生大小战争19次，其中咸丰十年（1860），忠王李秀成堂弟、主持皖南事务的侍王李世贤一年三次攻打宁国，先后在宁国县城、吴岭镇、东岸和胡乐司等地与清军或乡丁交战。据《宁国府续志（1808—1912）》卷七记载：咸丰十年"八月，太平军与湘军战于宁国吴岭镇，知县李鸿被击毙"。

清宁国知县李鸿战死之地——吴岭镇旧址

吴岭镇即现在的虹龙村，位于宁国市南部，距市区二十公里，古称虹龙甸，明清时期属怀安乡二十、二十一、二十二都，因处于古怀安县城奥川的郊区（距县城两华里）而得名。清末及民国期间曾改名吴岭镇，是宁国历史上著名的集镇之一。掩映在群山怀抱中的"虹龙甸"，中间自然形成盆地，良田千亩，而街上商贾云集，山货琳琅满目（这对湘军将士吸引力极大，据说每打下一个地方，曾国藩允许官兵"索抢三日"）。且虹龙地理位置独特：西可到霞西、庄村、甲路通徽州，北可到朱村、平兴、河沥溪通广德，东至三塔、双川、宁墩、朱家桥、梅村、马头岭，或南至上门、石河、南极三黄岭，有通向浙江昌化的古道，因而成了兵家必争之地。

1860年4月，江南大营溃败，太平军上下情绪高昂，势力日炽。咸丰帝急忙给围困安庆的曾国藩下圣旨：江、浙安危，命他"与杨载福率领所部水陆各军，迅由东流、建德一带，分剿芜湖，并入宁境，以分贼势，而顾苏、常于东南大局"（李瀚章《曾国藩编年大传》）。6月，湘军行营由浙江建德移至祁门（也是徽宁池太广道治所）。当时李秀成、李世贤、杨辅清等部太平军对皖南清军发起攻击，"侍贤率寇四万出广德"（《清史稿》），辗转皖南和江浙一带，威逼湘军祁门行营。8月，湘军五大主力之一的霆军（因统领鲍超字春霆而得名）宋国永、谭胜达等将领领兵抵达皖南，配合清军李元度部，在宁国吴岭镇与太平军李世贤部激战。

霆军的创建人鲍超是一位闻名三湘的悍将。1856年受到湖北巡抚胡林翼赏识，委派他赴长沙募勇。鲍超挑选士兵非常严格，治军赏罚分明，重视操练，打仗不管分兵几路，都喜欢用"二字阵"（有时也称"大一字阵"），即前一层多用洋炮火力密集打头阵，后一层则站立不动予以策应。如果敌人四面合围而来，霆军就会把"二字阵"变成"方城阵"，前一层站前左两方，后一层站后右两方，这样就可以自保，减少战损。1860年5月，霆军改隶两江总督曾国藩麾下，此时霆军仅有六千人，但其战斗力奇强，曾国藩称霆军"实为群贼所惮，非楚勇、湘勇、淮勇所能及"。

太平军在平川旷野与敌兵遭遇，常常使用"百鸟阵"战法，即将大队人马分为百余个小队，每队25人，好似一群乌鸦在野地里觅食，天女散花般散开，令敌军惊疑，当对方正捉摸不定时，突然合而攻之，往往会达到出奇制胜的效果。两军对垒，当时太平军在兵力上明显占据优势，因此采取"螃蟹阵"更合适，即部队分为三路，中队迎敌，左右两翼像螃蟹的两只大钳子向两侧包抄迂回，形成夹击之势。多年的交锋，霆军早已摸透了太平军的阵法，便用"二字阵"来破"螃蟹阵"。而太平军久经沙场，迅速变换战法，两翼前锋直接上前攻击敌兵前队，而后将左右翼和中路兵合为一队，等待与敌后路接战……当然，霆军也不是徒有虚名，他们的士兵个个"吃得苦，霸得蛮，舍得死"，拥有勇猛的战斗风格和坚强的战斗意志，所以一番鏖战不可避免。

穿过虹龙村路边"旧府新村"门楼，来到山边，远远地看见鹅卵石砌起的崖壁上嵌着一块长方形石碑，上面赫然刻着"虹龙"二字，字形雄健洒脱，仔细辨认署款是民国二年（1913）立，想不到已有百年历史。碑下左侧倒刻着"吴岭镇"三个红色大字，站在巨石上眺望金瓜山，我依稀看到山上旌旗猎猎，人影幢幢，耳边仿佛听到虹龙河畔杀声阵阵，炮声隆隆，我想那时的天空一定是阴沉多霾，空气里飘荡着浓重的血腥味的……

镶嵌于吴岭镇山边的"虹龙"村碑（1913年题）

战争是残酷的。这一切对当地人而言，无疑是一场噩梦，家破人亡，加上后来的瘟疫，死者枕藉，只能挖坑填埋，虹龙甸由盛转衰。据霞西中学退休老师章尊良说，他的爷爷告诉他虹龙村口有一片坟地（现德诚木业公司门前），埋葬着太平军战士的遗骨，每年清明节的时候村里人会来祭扫，后来不知道什么时候平掉了。现在只要走过庄稼地，同村人遇到种地的人还不忘提醒一句："地下住着人，你可不能浇粪哦！"

虹龙村太平军埋尸坑遗址现状

此战结果，我们从曾国藩咸丰十年九月初六日折奏"臣自恨军威不振，甫接皖南防务，旬日之间，徽宁失陷"，以及他请求对宁国知府进行优恤，对皖南道李元度革职拿问可以断定，包括吴岭镇之战在内，湘军都吃了败仗。由此推定，高生元《腥风血雨的岁月——太平天国时期的宁国》一文中这段文字是可信的：

1860 年 9 月，清军李元度纠集湘军主力霆军宋国永、谭胜达等将领领兵与太平军李世贤部激战于宁国县吴岭（今虹龙）。龙岩人宁国知县李鸿带团练堵击太平军，被杀。双方伤亡数千人。

关于知县李鸿民国《宁国县志》确有记载：

李鸿福建龙岩人，举人，咸丰九年署宁国县。十年八月，率练勇堵剿粤逆，阵亡。同治年间奏恤。

榧树塔血案

榧树塔位于霞西镇南边（今属石柱村辖地），山路崎岖，地势陡峭。因村内石坡上有年久的古榧树，且形状似塔故名。

据中华人民共和国成立前阳壕山区委书记汪水顺和"革命的仙姑"邱水兰的孙子汪永彬说，咸丰年间，阳壕山老百姓听说"长毛要毛不要头，清军要头不要毛"，感到非常害怕。清政府也刻意加以歪曲宣传，说太平军"所到之处，船只无论大小，人民无论贫富，一概抢掠罄尽，寸草不留。人民有被掳入贼中的，贼必剥取衣服，搜括其银钱，银满五两而不献者，即行斩首"（曾国藩《讨粤匪檄》）。当时在榧树塔坑龙黄、冬青树两地，住着不少依靠山货发了财的村民，听说太平军在虹龙等地杀了不少人，他们为了自保，于是用绳索、树木从山顶往下布置陷阱，将进入石柱山的道路封起来，以阻止南下路过此地的太平军……村民的自卫举动，与浙江的情形完全不同，在那里"太平军到处，得到人民群众的热烈欢迎与大力支持"（罗尔纲《李世贤传》）。这种"不友好"引起了太平军的血腥报复。

既然正面易守难攻，于是太平军找了一个当地人，带他们从纸棚方向绕到山后方进入榧树塔。离榧树塔只有几百米远的仙姑坪住户，一看形势不妙先跑了，等太平天国运动失败后再回来，后来陆陆续续又有一些湖北人、江北人、安庆人、宣城人移民到阳壕山，所以这个故事就这样流传了下来。目前羊毫山（阳壕山）村民组有五十多户人家，一百多人。曾经成片的石柱山风景区一样的榧树林，因为砍伐、山洪冲刷现在已不复存在。

石柱村榧树塔杀人坑旧址现状

值得一提的是，山下社公庙难逃被毁的命运，但其地基虽然至今仍依稀可辨。因为太平军人人信奉拜上帝教，他们尊奉上帝为独一真神，斥其他一切神灵为"邪神"，严申"凡拜一切邪神者是犯天条"（《天条书》）。所以太平军足迹所至，"自孔圣不加毁灭外，其余诸神概目为邪，遇神则斩，遇庙则烧"。

周赟用诗《兵难诸作》真实记录了当时宁国的战争惨状："两县（旌德、宁国）尸横野，千树夜哭声。"查《宁国县通志·人物志·烈女》载，遇贼（太平军）不从，死者众多，有投水、自缢的，有被杀、吞金、绝食而死的。目之所及，耳之所闻，怎么到处是太平军烧杀抢掠淫的累累罪行？不应该呀，金田起义时太平军颁布过"五条纪律诏"，其中有"秋毫莫犯"，后来实行"一切缴获归圣库"的制度，战争和生活所需均由圣库供给（起初一礼拜士兵发 50 文钱津贴，后期仍基本保证每人每月两块银圆）。永安封王时又颁布"十款天条"，其中有"不好杀人害人""不好奸邪淫乱""不好偷窃劫抢"等条款，太平军前期纪律严明，从重处罚扰民破坏军纪的行为，如对强奸妇女者，斩首示众。

下面两份珍贵资料，未必完全真实可信，但也许能部分解开人们心中的疑惑，有助于我们全面了解太平军。一份来自被称为太平军"真正的洋兄弟"英国人呤唎所著《太平天国革命亲历记》（1866 年出版）。呤唎 1860 年来中国，参加了忠王李秀成的军队，1864 年离开中国。他在书中这样写道：

太平军的完善组织，较之清军优越得多。太平军的兵士不是为了饷银而是自愿参军的，他们严格遵守纪律……太平军的兵士如果违反军纪，尤其是虐待村民和吸食鸦片，都立刻得到严惩。自然，太平军的兵士也有违法乱纪的，但这只是由于新招收的兵士不懂得也不关心太平军的革命宗旨……被太平军所包围的村庄中的居民，只要愿意归顺，并遵守太平军的风俗习惯，就可以保证安全。太平军在各村庄过境，只要村民捐输数目不大的物资。太平军也许也有过越轨行为（尤其在后期），但这绝不是他们的基本规律。不论他们停留在某一占领地区的时间多么长，那里的景况总是和平的满足的；只有在那些他们停留时间很短就马上撤走的地区，由于清军或趁火打劫的地痞流氓与成群结队的土匪强盗接踵而至，才遭到破坏毁灭，以上就是我的亲身体验。

另一份也是一个英国人写的，他叫夏福礼，英国驻宁波领事。他在 1862 年给议会的报告中（转引自梅毅《太平天国理想的幻梦》），披露了太平军在宁波"解散军纪"三天的野蛮行为，马克思也正是看了这份报告，对太平天国的态度发生急剧转变，以至于写下了对其口诛笔伐的《中国纪事》一文。夏福礼在报告中写道：

叛军（指太平军）士兵不领饷银；他们像海盗一样靠劫掠为生，任何东西都抢，无论是实物还是现金……附近地区被迫向叛军捐献供给物资，例如，宁波周围的农村被迫按照配额，交纳大米、猪、家禽、蔬菜和农产品之类的食物来供养军队……太平军士兵仅仅依赖所能抢劫勒索到的东西而生存……叛军的另一独特之处是习惯于征召各省被征服地区的居民入伍。

这群恶人中的一些人对待妇女和年轻姑娘的行为已令人发指……可能是作为一种补偿和对作战英勇的一种奖赏，似乎在业已占领而当地居民未及逃脱的城市，太平军士兵被给予整整三天的时间去做他们想做的任何事情——施展一切暴行，在光天化日之下做出一切令人憎恶的事。

它（指太平天国）究竟是一场抱着摆脱沉重枷锁之宗旨的民众运动，还是一种血腥的劫掠行为和蔓延全国的焚毁、破坏、杀戮一切具有生命的东西的盗贼行径？唉！答案实在是再明显不过了。

总而言之，太平天国是一大祸害。如果它未被遏止地横行于众多的省份和地区，那么，所经之地就会时常发生灾祸和瘟疫。太平军正如同那些可怕的灾难一样在整个国家蔓延……他们一走，老百姓才松了一口气，不禁喜形于色……

（吴云驾）

探　索

太平天国为什么改宁国地名

　　太平天国曾经改了全国各地很多地名，其中就包括宁国府和宁国县，宁国府改为"宁郭郡"，宁国县改为"宁郭县"。好好的地名为什么要这样改呢？这要从封建时代的"避讳"说起。

　　避讳，是我国封建时代流行的一种传统礼俗，即为了维护封建统治阶级的等级地位不被冒犯，当日常生活中遇到或用到与某些特殊人物名字相同的字，必须用其他的字来替代，不允许直接读出来或者写出来。避讳的规矩最早始于周代。据《春秋公羊传·闵公元年》的记载："春秋为尊者讳、为亲者讳、为贤者讳。"这句话大致确定了避讳对象的总原则。

　　第一类避讳对象是帝王，这是最重要的避讳，也叫"国讳"。帝王的名字、别号所用到的字，包括同音字，属帝王专用，其他人绝对不能使用，也不能直接念出来和写出来。一旦没有做到避讳，就可能引来杀身之祸甚至灭族之灾。即使是在帝王去世之后，他的名字仍然必须避讳，对他的称呼必须使用法定的谥号、庙号，不可直呼其名，并且与他的名字相同的字别人也不能使用。例如唐朝皇帝李渊的爷爷叫李虎，李虎去世之后，李渊仍下令全国上下不可使用"虎"字，于是人们就把老虎改叫"大虫"。

　　有些时候，某些独裁霸道的地方官也会仿照帝王的做派，强迫下级对他以及他的父祖的名字避讳。例如陆游在《老学庵笔记》卷五中记载："田登作郡，自讳其名，触者必怒，吏卒多被榜笞。于是举州皆谓灯为火。上元放灯，许人入州治游观，吏人遂书榜揭于市曰'本州依例放火三日'。"其意思是说：有个叫田登的知州，自作主张不允许本州府的百姓直呼其名，否则就要打鞭子，结果导致与"登"字同音的"灯"字被手下人改成"火"字，以致上元节放灯的时候，出现了"本州依例放火三日"的搞笑告示。这便是谚语"只许州官放火，不许百姓点灯"的由来。

第二类避讳对象是长辈，也就是家族中长辈、先祖的名字用过的字，后人就不能再用了，这叫"家讳"，也就是晚辈不可与长辈同名。"家讳"的传统容易被理解接受，时至今天，大多数家庭给孩子起名还在遵守这个规矩。

第三类避讳对象是圣贤。例如孔子、孟子，自汉武帝"罢黜百家，独尊儒术"以来，被历朝历代奉为圣贤，那么孔子、孟子的名字就需要避讳了。孔子名丘，为了避讳"丘"字，丘姓被改成"邱"姓。孟子名轲，后世起名也不能用"轲"字。孔子的唯一儿子名叫孔鲤，被尊为孔家二世祖。为避讳"鲤"字，孔子故乡曲阜一带改称鲤鱼为"红鱼"，祭孔仪式的供品也不能有鲤鱼。

说到这，应该明白太平天国为什么改宁国地名了。宁国的"国"字冒犯了太平天国的"国"字，必须避讳，于是换了一个同音的"郭"字。宁国之名，蕴含"万国咸宁""邦宁国泰"的吉祥寓意，改成"宁郭"，实在是有伤大雅。

洪秀全的历史局限性非常深重，避讳之举是其代表之一。早在金田起义之后，洪秀全就在其《天条书》中明确规定："不好妄提皇上帝之名。"随后，这种避讳迅速扩大沿用到天王洪秀全和初期的"五王"中。五王，分别是东王杨秀清、西王萧朝贵、南王冯云山、北王韦昌辉、翼王石达开。为了贯彻避讳，太平天国定都天京之后，洪秀全指定他的族弟洪仁玕写了《钦定敬避字样》一书并谕旨颁行，其中详细规定了一系列必须避讳的字。根据这个规定，带"秀"、带"全"的名字必须改，导致大量的人改名。李秀成的名字中有"秀"字，但并没有改名，这是经洪秀全特别批准的，算是对他的一种恩赐。更有甚者，不能姓王，王姓必须改为黄姓或汪姓。

为了避讳，太平天国将全国地名改得一团糟，出现了许多奇葩搞笑的地名。为避天国、天王，天津改为"添津"。为避"秀"字，秀水县改为"绣水"县。为避冯云山的名字，山东和山西改成了"珊东""珊西"，云南改成了"芸南"。为避讳萧朝贵的名字，贵州改成了"桂州"。为避韦昌辉的名字，武昌改成了"武玱"。安徽省内，除了宁国府改为"宁郭郡"、宁国县改为"宁郭县"，还有潜山县改为"潜珊县"，含山县改为"含珊县"，贵池县改为"桂池县"，繁昌县改为"繁玱县"，天长县改为"添长县"，全椒县改为"荃椒县"，等等。

（黄国华）

曾国藩与宁国县的渊源

曾国藩（1811—1872）是湖南湘乡人，与数千里之外的宁国县因太平天国起事使二者发生机缘，而且曾国藩的一项决策影响了宁国县情的变化。

一、太平军的侵入打碎了宁国县繁盛的局面

经过康乾盛世，宁国县经济平稳较快发展，涌现许多殷实之家和望族（从众多宗祠的兴建可见一端），人口也激增。河沥溪因水陆条件和区域位置而成为辐射周边的商业中心，徽商和江西籍、浙西籍客商常来河沥溪购销货物。嘉庆、道光年间，宁国县人口一直稳定在 30 万人上下，最高年份的嘉庆二年（1797）增至 367450 人。

咸丰六年三月二十八日（1856 年 5 月 2 日），太平军石达开部首次攻占宁国县城，此后 8 年间宁国县遭受腥风血雨般的兵灾，太平军烧杀淫掠，百姓不堪其苦。一些望族的祠堂被烧毁（县志记载不少祠堂毁于"洪杨之乱"）；一些古建筑、书籍毁于兵火，使宁国文化断层；家财、妇女被掠走（百姓中有传闻或见于家谱记述）；无辜平民被杀害。周赟在咸丰十年至同治三年（1860—1864）被太平军捕入军营，其间所写《兵难诸作》就反映了生灵涂炭的情景。

同治元年（1862）五月起，宁国县爆发鼠疫、灾荒，死亡枕藉，土著式微，田地荒芜。同治三年七月太平军最终退出宁国县，此后三年内该县荒无人烟（许多村庄空无一人），真是"千村薜荔人遗矢，万户萧疏鬼唱歌"。

洪秀全创立的"拜上帝会"是变相的基督教，这种教义影响下的农民运动无助于解除广大农民的疾苦，太平军后期军纪废弛，在各处烧杀淫掠的劣迹倒是重伤了农民兄弟；洪秀全集团成员定都天京后追求纸醉金迷的生活、腐化堕落；太平天国司法上采用的酷刑（如杖刑、枷刑、点天灯、五马分尸、斩首示众、剥人皮）则令人发指。这些迹象表明即使它取得全国政权，也无非是改朝换代而已，并不会给农民带来福音。太平天国运动虽然有打击贪官污吏的作用，但也使所到之处生产力倒退、经济衰败。宁国县所遭受的兵灾就证明了这一点。

二、"征剿太平军"中曾国藩履历皖南

曾国藩，字伯涵，号涤生，生于湘乡县一个地主家庭。道光十八年（1838）考取进士，两年后授翰林院检讨，为军机大臣穆彰阿的门生。从倭仁、唐鉴讲习程朱理学。1847年擢升内阁学士。1849年任礼部右侍郎。1852年署吏部左侍郎。

1851年1月11日，太平天国起义在广西金田村爆发，1853年3月19日攻占金陵，改名天京，并定都于此。清政府为镇压太平天国，在天京城东孝陵卫建江南大营，在扬州城外建江北大营，并指令各省举办团练武装。在这种背景下，作为官僚地主的曾国藩为抗击太平军，于1853年初，以在籍侍郎身份在湖南募兵训练（以500人为营，营辖4哨，哨辖8队）。次年2月练成湘军陆师（乡勇）、水师，3月发布《讨粤匪檄》，指斥太平天国革命是开天辟地以来"名教之奇变"。率军阻击太平军对长沙的进攻，并出省作战。从此走上治军征战的道路，成为清末湘军首领。

1854年秋，湘军攻陷岳州、武昌、汉阳。在田家镇击败太平军水师，进围九江。1856年春，因陆师在江西湖口被太平军打败而退守南昌；同年秋太平天国发生杨韦事件，湘军乘机夺取天京上游的军事重镇。1858年11月令李续宾率湘军主力6000人攻三河，被太平军歼灭。旋以曾国荃吉字营为基础，扩充实力。1860年8月曾国藩升任两江总督，次年被任命为钦差大臣，节制浙、苏、皖、赣四省军务。1861年9月，督湘军攻陷安庆，杀太平军1万余人。1862年春，派左宗棠率湘军由江西入浙江攻杭州；派李鸿章率淮军从安庆到上海，伙同英人戈登的"常胜军"、法人德克碑的"常捷军"进攻苏州、常州，"借洋人助剿"太平军；令曾国荃率主力从安庆围攻天京，自己驻守安庆策应3路。1864年7月19日攻陷天京，受封一等侯爵，加太子太保。

皖南地区是太平军西征浙赣、回援天京的必经之地。咸丰十年（1860）六月，曾国藩在祁门县设大营，整训团练，次年三月移驻东流县。驻扎祁门9个月间，宁国县或许有他的履迹。

三、曾国藩对宁国县的认识和影响

曾国藩是清末第一重臣，文武兼备。其诗文俱佳，有《曾文正公全集》行世；对太平军作战并最终取胜，为清政府立下了赫赫战功。有人称其"道德文章冠冕一代"，成为封建社会最后一尊精神偶像。

他博闻强记，对军事要地不可不察。举凡兵家于天文地理不可不识。宁国不仅是皖南地区的气象中心，更是兵家必争之地，东接杭州，南极徽赣，西望安庆，北通金陵（当代抗战期间，宁国县是"国统区的前方、沦陷区的后方"，驻军在此集结换防，再次证明了宁国军事位置的重要）。从咸丰六年（1856）至同治三年（1864），太平军在宁国县境与清军展开拉锯战19次之多，太平军10次攻克县城。在征剿太平军的过程中，曾国藩很看重宁国县军事位置的重要，曾说："'发逆'盘踞金陵，蔓延苏、浙、皖、鄂、江西等省，所占傍江各城为我所必争者有三：曰金陵、曰安庆、曰芜湖，不傍江各城为我所必争者有三：曰苏州、曰庐州、曰宁国。"曾派鲍超等将据守宁国。1852—1871年，他在外忙于军务，还时常寄信给两儿纪泽、纪鸿。在《曾国藩教子书》中，就有几封信提及宁国，如同治元年（1862）九月十四日书信中说："惟宁国县城于初六日失守，恐贼（指太平军）猛扑徽州、旌德、祁门等城，又恐其由间道径窜江西，殊可深虑。"

在太平军与清军相互争战中，江南地区各县均出现人口剧减的情况，或亡于战争，或死于瘟疫，或逃荒于外。鉴于苏皖赣抛荒严重、民政废弛的情况，为增加政府财政收入，同治四年（1865），两江总督曾国藩采纳薛福成（是年以副贡入曾国藩幕府，后随李鸿章办外交，是近代改良主义者，清末外交家）的建议，上书朝廷要求实行"召垦升科"的政策，得到允准，清廷诏令从人口密集的湖北、湖南、河南等省移民到江南地区，允许移民"插标划田、立界为山、据室为家"（凡无主田山、房屋，移民均可自行划分，具册呈报领凭后便为己产）。安徽省也颁布了《开垦荒田章程》，宁国同皖南各县一样设"劝农局"，以垦荒政策吸引大批外地人移居。清廷诏令下达的前一年，已有徽州、福建的少数客民迁入宁国县；同治五年（1866）

起，则有湖北、湖南、河南等省及省内安庆等地大批民众携带家口，来该县垦荒种地，光绪年间浙南人迁入。两湖、河南移民大批迁入，人口才渐多。光绪七年（1888）四月二日，清廷准予垦种荒地的"客民"加入宁国县籍，其子弟可在当地"入籍考试"。

同治八年（1869）宁国土著人口仅10004人，清末移居宁国的"客民"已数倍于土著人口。大量"客民"的加入，使宁国成为移民县，使宁国县情发生变化：一是很多山地被开垦，农业生产逐步恢复发展。湖北人多居平畈种植水稻，安庆人多在山区开荒种玉米，畲族人劈建梯田。二是各地生产技术得以传播融通。三是呈现各具特色的风俗习惯和方言。四是带来了各地的民间文艺（如安庆的秧草歌；畲族的盘歌；湖北的花鼓调与皮影戏；河南的旱船、彩车；南陵县的目连戏），而且与宁国本土文艺融合（如皖南花鼓戏就是湖北花鼓调、河南民间灯曲、宁国民间歌舞合流而成）。五是各地"客民"和土著人并存于兹，形成了开放包容的宁国精神，不排外不封闭，易于接受新鲜事物和观念，从而为今后创新发展奠定了民情基础。

四、曾国藩褒奖宁国才子周赟

曾国藩善于发现、提携人才。左宗棠、李鸿章等名臣均出自其门，他统辖的湘军阵营也人才济济。同治三年（1864），两江总督曾国藩在金陵开科取士，其中有宁国县才子周赟中举，被授予奉政大夫、花翎同知衔、拣选知县。

周赟于1887—1910年历任青阳县训导、宿松县训导、徽州府教授，先后纂修《青阳县志》《九华山志》《宁国县通志》，为皖南文化建设作出较大贡献；擅长书画，正、草、隶、篆、金石俱佳甚至用竹签作画；精通音律，喜好作诗、弹琴。他9岁始作"六声图"，于同治二年（1863）写成《山门新语》初稿，后经数十年的修改充实，创立"六声韵学"，光绪三十三年（1907）再次刊刻。该书阐述精微、旁征博引，成为有较高价值的音韵学专著。成书之前，曾国藩就发现了周赟这个音韵学人才，对其所作"六声图"题词"千载神悟"，奏请光绪帝授予周赟"二品教官"称号，亲自赠送"六身堂"金字匾，并撰联"二品教官天下有，六声韵学古来无"，以示奖掖。

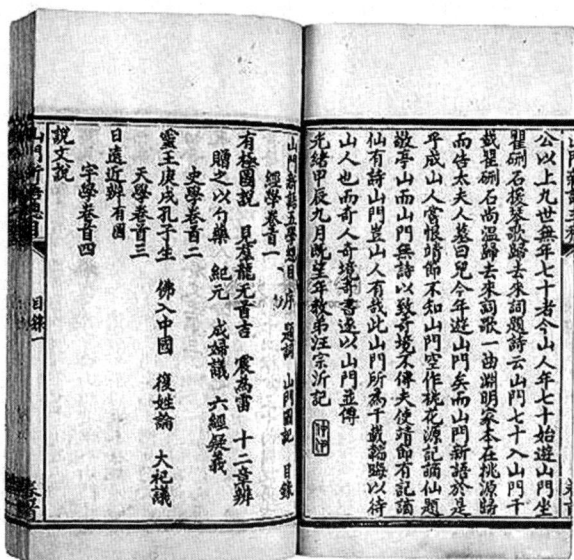

清宁国人周赟著《山门新语》书影

论及宁国市今日之发展，太平军战役后大规模移民迁居宁国实为历史渊源。而这一政策的推行确与两江总督曾国藩有关。

（郑树森）

——本文载于"宣城历史文化研究"公众号 2021 年 4 月 28 日第 281 期

晚清著名将领刘松林

刘松林，又讳绳，字福林，号青田，汉族，原籍桐城。嘉庆己卯（1819）五月三日生于官况衰落之家。五六岁时在桐城国学生施和扬家读私塾，十七岁考入府庠生，后又考入太学，授封江宁县主簿。因洪秀全起义，南方大部分地区战争不断，咸丰八年（1858）正月二十日，宁国县县令吴世昌战死，知县缺。朝廷征召候补江苏某县知县刘松林帅乡勇方檄赴任宁国，被开化知县汤世铨奏请知府留守开化，嘱任开化丞。在开化与太平军激战中，汤世铨战死，刘松林身中数刀，险些丧命于开化。八月刘松林伤好后赶赴宁国，宁国城为太平军占领，刘松林帅乡勇举家迁居宁国县西乡三十四都四甲上袁村。刘氏家族与当地村民和睦、融洽，尤其是与袁相富家族更是亲密。此时宁国县令办公大都居无定所，且随时奉命征战东西南北。如：咸丰九年（1859），朝廷令直隶天津人曹克忠任宁国县知县，咸丰十年（1860）曹克忠领兵出击、击败潜山、太湖一带太平军，升为参将，赐号"悍勇巴图鲁"，赏赐黄马褂。在此期间，宁国两任县令吴世昌、李鸿先后战死。

清军与太平军争战于长江两岸时，刘松林率乡勇加入清军李元度、张应超部，转战于江南一带。刘松林因善于谋略，作战勇敢，故被提升为游击之职。清军李元度、张应超部撤退宁国时，刘松林又率部及次子刘以发参与清军镶黄旗僧格林沁部，转战大江南北，大小几十战，立奇功，深受僧格林沁重视，提升为守备之职。

抗击英法

咸丰八年（1858），直隶总督谭廷祥及托明阿防守天津大沽海口战败，清廷主和派与英国代表签署《天津条约》。僧格林沁得知后，向咸丰帝奏

刘松林公传

刘公松林之既殁距今十有余年矣其孙秉彝府庠生绝家境执信京都同脉康侯王刘仁寿随父族中修辑家乘以为因族中修辑家乘以为人子孙者将欲发扬先人之美示当时而传後世幽则有志铭明则有传赞维云古孝子之事亲也色不忘乎目聲不忘乎耳心志嗜欲不忘乎心然则秉彝之於其祖久而不能忘思托诸人以传之也谁曰不宜遂以其撰先人生平之大略若干言嘱余为之传餘为即其言而叙次之作刘青田公家传视青田松林字福林皐阳公之长子也其性质樸好氣義少贫勤苦積微欣然捐資营葬於桐邑比峡关保黄家嶺之阳因寄跡甯邑猶恐失其祭祀複捐洋

清宁国刘氏族谱中的《刘松林公传》

请，坚决要求撤回谈判代表，主张调用全国之兵员，倾全国之粮食，整顿军队，把外国侵略者赶出去。但因主和派占上风，他的意见未被采纳。

咸丰九年（1859），咸丰帝命僧格林沁至天津督办大沽口和京东防务。僧格林沁吸取第一次大沽口战役失败的教训，积极筹建大沽海口和双港的防御工事，整肃军队，做好反侵略的各项准备。咸丰九年六月，刘松林率次子以发跟随僧格林沁抗击英法联军，参加天津大沽口保卫战。大沽口即白河口，是天津和北京的门户，重要的军事要塞。英法新任驻华公使普鲁士、布尔布隆率领所谓换约舰队从上海沿水路北上。舰队由一艘巡洋舰和13艘炮艇组成，行至天津大沽口时，藐视中国军队的设防，不听中国军队的劝阻和警告，明目张胆地闯入大沽口，激起了中国官兵的极大愤慨。僧格林沁下达坚决反击入侵者的战斗命令，督军力战，刘松林积极向僧格林

沁请战并率领将领和士兵奋起反击，击毁英军战舰 3 艘，使英军死伤 464 人，英海军司令贺布受重伤。相持数日，英法联军军舰败走。

这次大沽口保卫战，是自第一次鸦片战争以来，中国军队所取得的最大的一次胜利。清廷对僧格林沁和有功将士大加奖赏。在这次战役中，刘松林总是带着官兵冲在最前面，作战勇敢，身上多处受重伤，仍手握大刀与英法联军肉搏，士兵伤亡亦十分惨重。此战役后，刘松林深受僧格林沁赞赏，奏请咸丰帝升刘松林为僧格林沁副将（从二品），从此松林跟随僧格林左右征战沪、津、鲁、豫、鄂、皖等省，抗击英法联军十数战，战功卓著。

不忍内斗

太平军与清军在南部地区交战，造成大量平民百姓及士兵伤亡，反复内耗，造成大部分地区瘟疫流行，南部地区十村九空，无人居住，荒芜凄凉。刘松林于心不忍，内心不愿与太平军争斗，太平军不久便发觉刘松林不愿与其内斗。咸丰十一年（1861），太平军侍王李世贤、辅王杨辅清派人劝降刘松林，刘松林犹豫不定。太平军无奈抓走其长子刘玉发，逼迫刘松林妥协、不再与太平军作战，并提升刘玉发为太平军百夫长之职。刘玉发被抓后也无心参战，1862 年刘玉发乘机脱逃军营，隐居于宁国县三十四都上袁村绅士袁相富家。刘松林曾多次释放太平军大量士兵，安抚救济战后困难的乡民，将太平军与清军战亡士兵，统一安葬，用自己的俸禄将无辜的瘟疫百姓尸骨安葬一处（俗称"百骨坟"）。这一切引起另一位副将王正起不满，向僧格林沁举报刘松林长子刘玉发参加太平军通敌之事。同治元年，江南大部分县城均被太平军占领，战事十分吃紧，正是用人之际，僧格林沁没有处罚松林，继续重用之，但内心已存芥蒂。同治四年，僧格林沁率刘松林父子（刘以发）激战于山东曹州最前线，僧格林沁不幸战死。

太平天国运动失败后，刘松林部镇守皖南。湘军大批被裁撤，一部分就地安置在皖南，大部分仍滞留在长江沿岸各府州县。同治七年（1868）六月二十日，淮军李鸿章派清军副将刘松林部于盐山、沧州等处围追堵截捻军张宗禹部。同年，朝廷为表彰安徽、湖北籍参战有功将领，皇恩诰封副将刘松林为"巴图鲁"荣誉称号。

被人举报

同治十年（1871），副将王正起因没有授封"巴图鲁"荣誉称号而嫉妒刘松林，又向同治帝奏报刘松林长子刘玉发参加太平军之事。同治帝授权大理寺、刑部督查院、三院司会审刘松林悬案，并将刘松林革职回乡，居宁邑待查（后久查无果）。光绪八年（1882）七月十一日，刘松林因抗击英法联军伤势复发得不到妥善医治，病殁于宁国县西乡上袁村，享年63岁。临终前遗言：如不昭雪，不得将其下葬。停放灵柩十二年，直到光绪二十年（1894）平冤后，才安葬于宁邑上袁村村后眠牛形，癸山丁向。松林其性质朴，好气义，少贫勤苦积微，欣然捐资营造祖坟。暮年家境稍裕，乐善好施，乡人德之，以为为善者其后必昌而长。

刘氏族谱中刘松林长子刘玉发相关记载

沉冤昭雪

光绪二十年，江西抚州知府倪廷庆（刘松林郎舅之孙）、千总黄万年、七品军功倪国荣（刘松林之孙女婿，亦由桐城迁住宁国居住）、宁国三十四都都甲绅士袁相富（尊称袁老汉）等联书上奏光绪帝，为刘松林辩冤……刘玉发自筹银子百两，并回桐城县孔城向倪府舅舅家借银百两，绅士袁相富也凑捐银40两，宁国当地都甲乡民慷慨捐银，长孙刘秉彝连夜书信同脉皇亲大清开国老臣、恩封二等哈哈番刘世杰亲王（子为康候王刘仁寿）之裔孙，用银圆打点宫中太监及刑部，又亲自奏章面见慈禧太后，陈述刘松林多次参加抗击英、法侵略军和平定太平军等各类战役，屡次立功，并诰封为"巴图鲁"称号；刘松林长子刘玉发是受胁迫而无奈入太平军并趁机脱逃而隐居于山野；刘松林次子刘以发官至清军守备（正五品），同治二年十二月，在宣城与太平军激战中战死，功大于过，力求保举刘松林。慈禧太后听后感慨，谕旨大理寺、刑部，要开恩宽处刘松林。大理寺、刑部、督察院三司会终审，按清律法处理：按副将次二品职厚葬刘松林，谥号"昭忠"，配享四爪龙服饰及墓碑石刻四爪龙图案，安葬宁邑西乡袁村。例赠八品登仕郎，刘玉发世袭登仕郎之职，追封刘以发"忠义"称号。朝廷又喻江西抚州知府倪廷庆慰问刘松林遗孀倪氏，恩赐"婺德齐芳"贺匾。甲午科举人方象堃（刘府姻亲）赞颂刘松林厥配夫人倪氏曰："厥功淑慎……邻里颂扬。"

纵观晚清副将刘松林坎坷的一生，不愧为抗击英法侵略、对抗太平军的著名将领。民国《宁国县志·职官志》中应补充县令刘松林，任职时间在咸丰八年（1858）至九年（1859）。

（高生元　刘武林）

附：刘松林基本信息

本名	刘松林	去世时间	光绪壬午（1882）七月十一日（葬宁国县西乡三十四都上袁村）
别称	又名：绳，字：福林，号：青田	主要成就	征战太平军，抗击英法联军、参加抗击天津大沽口大捷
所处时代	清朝	历任官职	江宁县主簿、开化县丞、宁国县知县、游击将军、守备、副将
民族族群	汉族	官衔	从二品
出生地	桐城	封爵	巴图鲁
出生时间	嘉庆己卯（1819）五月三日	谥号	昭忠

参考资料：

(1)《清史稿·列传二百七十八·忠义五·汤世铨传》

汤世铨……

（咸丰八年）六月，县城（开化）复，仍因失守褫职，代未至，仍带勇守御。七月，贼由常山复攻开化。江苏候补知县刘福林帅乡勇方檄赴宁国，世铨请于大府，留籍防御，而以城守嘱县丞某，且出印印其衣，毕，遣人赍印至府授代者，遂出御贼于华埠。贼至，叠击败之。会贵州定远协副将珠贵统兵三千夹援，战失利，世铨急整队出，仓猝不能成阵，力斗，与福林同殁于战所。以印衣觅得尸，胸腹腰肋创十数。勇目方忠同死于其侧。事闻，复原官，恤如例，给世职（据桐城《刘氏支谱·刘松林传》记载：实际上刘松林重伤并未死，伤养好后赶到宁国赴任宁国知县，宁国县城被太平军占领，安家宁西三十四都四甲上袁村后，又转战于大江南北）。

（2）桐城《刘氏支谱·刘松林传》，光绪二十三年（1897）修。

（3）2018.7.14《一点资讯》，作者一点号。

（4）《同治朝实录》卷之二百四十：以安徽湖北等省历年剿匪、暨水师团练筹饷转运出力。赏提督吴长庆、总兵官卫汝贵……一品封典；提督王占魁、张栋材……副将……刘松林……巴图鲁名号……

（5）清光绪二十年刘松林墓碑。

（6）桐城《刘氏支谱》，光绪二十三年（1897）修。

（7）《宁国府续志》卷之七《武备志·咸同兵事》，石巍编纂，黄山书社出版。

（8）《桐城志略》，民国二十五年徐国治主修。

（9）《宁国县志·大事记》，生活·读书·新知三联书店出版，1997。

清末湘军水师总兵易英和

一

太平天国时期，宁国出了三个"巴图鲁"（满语"英雄"之意）：一个叫刘松林，原籍桐城，1858年奉旨补缺宁国县，居三十四都四甲，后加入清军抗击太平军和英法联军，因功诰封"巴图鲁"，升任副将（从二品），1882年殁葬青龙上袁村。另一个"巴图鲁"吴寿生，1862年投效湘军，在追剿太平军、捻军中迭著战功，官至副将并赏给"义勇巴图鲁"名号（民国《宁国县志》）。还有一个，即下文重点介绍的湘军水师总兵易英和，湖南湘乡易家大坪（今湘潭市湘乡市潭市镇大坪村）人，因屡建奇功获"效勇巴图鲁"称号，并升任总兵，是三个"巴图鲁"中官阶最高的。1868年徙居宁国，死后葬于港口太平村杨家河（伙）村后。

迁坟之前拍摄的易英和墓

该墓坐落于港口杨家河（伙）村一个长满松树的小山坡上，2020年10月宁国港口生态产业园扩容时迁出，遗留骨殖葬入港口镇太平村屠村公墓。坟中挖出的遗物有官服上的和田玉龙头玉扣、顶戴花翎帽子上的珊瑚球和插羽毛的专用插孔，可惜的是，迁坟时挖土机将墓碑挤断，珊瑚球被挖土农民踩碎。目前这些东西已捐送宁国市文物管理所收藏，它对我们进一步了解清朝官员的服饰制度很有价值。

清朝官员等级森严，在服饰上用官服的补子图案——缝缀在官服胸背的方形绣饰作为区分官品高低的标志，一般文官绣禽，武官绣兽。如文官一品绣仙鹤、二品锦鸡、三品孔雀、四品云雁、五品白鹤、六品鹭鸶、七八品鹌鹑、九品练鹊；武官一品麒麟、二品狮、三品豹、四品虎、五品熊、六品彪、七品和八品犀、九品海马。

在腰带上，中国历朝也是非常重视官阶区分的，如明朝规定腰带扣：一品玉，或花或素；二品犀；三品、四品，金荔枝；五品以下乌角。不过，

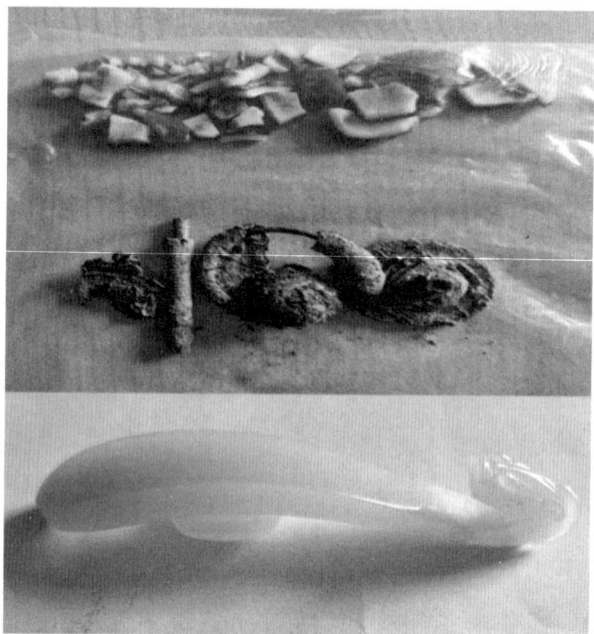

易英和墓出土文物

清朝因为在袍服外面罩上补服，官员上朝的时候，已不系腰带。但是，清代在帽饰（顶戴）上有所体现，不同的顶珠质料和颜色代表不同品级。如从色泽上分，一、二品都是红色的，三、四品都是蓝色的，五、六品都是白色的，七品以下则为金色。顶戴的材质也不同：一品戴珊瑚；二品戴起花珊瑚；三品戴蓝宝石或蓝色明玻璃，依次有别。至于御赐翎羽（花翎为孔雀翎，蓝翎为好斗的鹖鸟羽毛），皇帝是非常审慎的，只有功勋卓著的大臣才被赏戴三眼花翎或双眼花翎。据统计，顺治至清末被赐三眼花翎的大臣只有傅恒、李鸿章等7人，被赐双眼花翎的二十余人。五品以上可以享戴单眼花翎，而六品以下官员和低级军官一般只赐予蓝翎，俗称"野鸡翎子"。

从挖掘出土的文物可见，易英和的顶戴是红珊瑚，与墓碑上正二品"总兵""镇军"（清代总兵的俗称）规定的帽饰相一致。按照其官职，易英和墓中应该还有单眼花翎和绣有一头狮子的补子，也许是时间久远腐烂掉了，实在可惜。

二

下面说说墓碑。墓碑立于 1894 年，上面的文字信息量较大，这有助于我们了解易英和的生平事迹。而墓碑两侧联中的"丁丑重修"应该是在 1937 年。易英和墓志铭云：

显考易公讳英和镇军大人之墓

右敬跋者，先考讳英和，号聚斌。原籍湖南省乡湘县（"湘乡"误为"乡湘"）。值咸丰年间粤匪窜逆，投入水师，血战数载，膺耀总兵，效勇巴图鲁。同治三年（1864），克复金陵，不求仕进。七年（1868），徙居宁国县山门洞。迨光绪十七年（1891）二月故，寿六十九。葬于三十六都，土名杨家伙村后，随田山山丙。古墓右上首，壬山丙向。应勒碑志之，以垂不忘不朽云。

大清光绪二十年（1894）甲午谷旦。男德芳、媳陈氏、孙男维新敬立

括弧内文字系笔者所加。查阅和有关资料获悉，1853 年 1 月 8 日，咸丰皇帝颁给湖南巡抚张亮基一道上谕，说："前任丁忧侍郎曾国藩籍隶湘乡，闻其在籍。其于湖南地方人情，自必熟悉。著该抚传旨，令其帮同办理本省团练乡民，搜查土匪诸事务，伊必尽力不负委任。"（《曾国藩全集·奏稿》）这里的"土匪"指太平军。当时曾国藩因母逝回家服丧，凭借"办理本省团练"的机遇，他在家乡湖南依靠学生、乡亲、亲戚、好友等复杂的人际关系，建立了一支地方团练，人称湘军。随着太平军攻占江宁，定都天京，太平军在长江往来自如，所向无敌，曾国藩感到多造战船，训练水勇，肃清江面为第一要务，于是在陆军之外又着手编练水师 5000 人。湘军大体上仿照明朝戚继光的营制，以营为基本单位，直接受"大帅"统辖（后增设统领，各统率若干营）。水师每营五百人，有长龙八艘，每艘二十四人；舢板二十二只，各十四人（1856 年前编制装备略有不同）。每船为一哨，设哨官；哨官之上，辖以营官。在武器装备上，湘军不仅向外国采购洋枪洋炮（洋炮为六百斤至千斤），也配小枪刀矛，以备近战。还自设船厂，仿造新式武器，学习太平军战法。易英和与曾国藩老家——湖南娄底双峰县相邻，两县相距不过百里，自然积极响应，遂成了湘军水师的一员。

经过一年准备，曾国藩制定雄心勃勃的征讨计划，先夺取武汉，控制

长江上游，再水陆并进东征，克九江、下安庆、夺取金陵。水师在曾国藩统领下，罗泽南、杨载福、彭玉麟分兵苦战，几起几落，逐渐由弱变强。湘军水师既有靖港首战大败，九江、湖口惨败，导致丧师失地，曾国藩被革职查办，两次欲投水自尽的惨痛；也有武汉大捷，田家镇、安庆大获全胜，最终攻克金陵，使曾国藩恩宠加身，赏加太子太保、一等侯爵，走向人生巅峰的成功。而易英和一路拼杀，有勇有谋，终于功成名就，有《湘乡县志》卷九选举十一史载为证："易英和以援剿江皖闽浙等处，攻克沿江城隘积功，官副将加总兵衔。"

1864 年 8 月，湘军裁撤 25000 人。1866 年，曾国藩以钦差大臣的身份督师剿捻。1868 年 8 月，曾国藩奉命调任直隶总督。同年，易英和"不求仕进"，定居宁国山门洞，终日与隐士瞿硎之魂为伍，直到终老。至于他为何有此选择，后人不得而知，《湘乡大坪易氏支谱》也没能给出一个答案，甚为遗憾。

三

追根溯源，据《易氏家谱》载，湘乡大坪易氏始祖为亮公，亮公长子欢公之孙四十三郎生二子：麒、麟。麟公于宋绍兴年间由宁乡迁居湘乡，抚麒公之子晚郎为嗣，四传至元末明初炎正公易华，徙居湘乡大坪，被尊为大坪一世祖。六传至秀公开派后托，之后析为纶、纪、经、宪四房。自炎正公起至 1948 年，已传 26 代，族人 24000 余人。

康熙易氏族谱载，大坪始祖炎正公易华，生于元至正甲午年（1294），字闻远，行谊敦笃。与元儒吴澄讲求程朱义理之学，有《涟溪集》，人比之周茂叔，称涟溪先生。登元延祐（1314）进士。性豪迈任侠，精击剑盘矛，身材魁伟。多结海内豪俊之士。隐观天下之变。然守其家学，修明礼法，人莫能窥其所至。家积殷富，扶危济困，使鳏寡孤独废疾皆有所养。遐迩闻风，从之如归。享年八十四岁，殁葬二十九都羊楼冲之钟鼓石。裔孙分为界头支、峡上支、金涵支、洪山支、大坪支、后坨支。

清朝时期易氏出名人易宗涫，其博学多才，著述丰厚，有《半霞楼集》等传世。曾任慎郡王府教习，易氏辈序的由来与他有关。族谱云：易宗涫六十寿诞时，经由慎郡王引带面圣，获得高宗（乾隆帝）御赐易氏辈序诗句：祖昌祚大，盛德维新。秉礼守义，作述斯征。行业慕孔，心传在曾。懋尔家修，利于国宾。锡命笃祜，永世克绳。

按此湘乡大坪易氏辈序，易英和属"盛"字辈（湘乡易氏19代）。因近世未续修谱，其父是谁，有待进一步索隐挖掘。

在本文结尾，我想把笔者知道的、与易英和后代有关的内容记录在此，以备读者参考：曾孙易寿昌，副教授，曾任宁国师范教导主任、宣州教育学院中文系主任；曾孙易鸣，宁国中学高级教师；玄孙易秉政，安徽省特级教师，曾先后担任宁国中学副校长、河沥中学校长、安徽材料工程学校党委书记；玄孙易战难，曾任宁国市政协委员、联络委主任。

（吴云驾）

附 录

咸 同 年 间 的 宁 国 县

人口变迁的探索

太平天国时期的宁国人口

宁国明代人口统计数字与实际情况相差很大。因为当时是"按丁纳赋"，这种人头税的压力造成人口大量隐匿。明嘉靖《宁国县志》记载："后世民伪日滋，而乃于避瑶者十之九，而丁籍者不一二焉，弊也久矣。"明嘉靖《宁国县志》记载宋朝有 5 万多人，元朝有 12 万多人，明朝洪武二十四年（1391）有 6 万多人，明正德七年（1512）人口下降到 3 万人，到嘉靖二十九年（1550）仍然是 3 万多人。若按"避瑶者十之九"的说法推算，宁国明朝实际人口有 30 万左右。

清朝中期人口统计数字与实际情况很接近。因为康熙五十一年（1712）实行了"滋生人丁，永不加赋"政策，特别是雍正元年（1723）实施"摊丁入亩"的政策，使赋役重点由人身转到土地，清除了人头税的压力，解除了人口增长的束缚，大量隐匿人丁复出，使人口统计数字大幅度上升。其中不少官僚、地主、商人的家奴，在雍正五年（1727）因颁发解放令而获得人身自由，正式编入里甲。一些此前免予登记的众多特权贵族、下等户、山区棚民等，到乾隆朝因统计标准的重大转变而"咸登版籍"。这些政策的实施使人口统计数字与实际情况越来越接近。

根据民国二十五年（1936）《宁国县志》记载：乾隆六十年（1795）宁国县有 34756 户，人口 299095 人。嘉庆年间（1796—1820）宁国县人口基本上保持在 3.4 万多户、30 万人，只有嘉庆二年（1797）特殊，宁国有 48440 户、367450 人，比上一年多 13684 户、67970 人，比下一年也多 13591 户、67237 人。这一年人口陡增，次年陡减，应该是一个非正常年份，不能简单认为宁国人口曾经达到 36 万的水平,正常水平仍然是 30 万人左右。民国县志记载嘉庆十九年(1814)和道光元年(1821)都"遵旨编查保甲",全县土著居民分别是 34549 户、302859 人和 33773 户、294980 人。

太平天国时期(1851—1864)宁国人口锐减。从清朝中期 30 万人锐减到数千人。根据清同治八年(1869)修、光绪二十五年(1899)增补的《宁国县通志》"户口"记载:"上西乡五都共计本籍男丁 1532 名,女丁 775 名;下西乡五都男丁约 1300 余名,女丁约 500 余名;南乡共计男女丁 2900 名;北乡共计男丁 580 余名,幼丁 58 名;大小东乡共计男丁千 587 名,女丁 772 名。"这里记载的人口合计是 9004 人,若大小东乡男丁"千"字前面有数字"一"即全县人口约 10004 人,这也是很多文章引用的数字。该志书稿并未刊行,只是手抄本留存于世,现行刻本为后人私刊。该志稿户口记载既没有全县有多少"户",也没有全县多少"口"的数字,只是记一个大概地域范围"上西乡""下西乡""北乡""南乡""大小东乡"有或约有多少人;统计单位有"男丁""女丁""男女丁""幼丁"也不统一。该志主编周赟是修志行家,又是为自己家乡修志,出现这种状况可能是修志时,太平天国战争刚结束不久,战乱、瘟疫造成全县治理混乱,户籍人口无法统计,志书记载的"本籍"人数字可能是修志人调查访问所得,供后人参考。这个人口数应该是同治八年修志所记,而不是光绪二十五年增补。虽然该志并未说明,但清光绪三十年(1904)官方人口统计数字可以说明这一点,相互印证。

根据《皖政辑要》清光绪三十年司册统计,这一年宁国土著户口(祖籍在宁国的户口)有 2815 户,是宣城地区乃至安徽省土著户数最少的州县,宁国周边的宣城有 31189 户,泾县有 21976 户,旌德有 10365 户,绩溪 17160 户,广德 3362 户,建平(郎溪)5717 户,都比宁国多。宁国土著人口有 26923 人,在全省倒数第三,只比广德 13532 人、建平(郎溪)24664人多。1904 年统计宁国县客民(从外地迁入宁国的户口)有 15482 户、120131 人,客民人数在宣城地区最多,宣城是 100656 人,泾县是 10377 人,旌德是 5624 人,绩溪是 1493 人,广德是 102066 人,建平(郎溪)是 61979 人,宁国客民人数在安徽省只是比合肥县、泗州少。

从 1904 年的人口统计看,太平天国战争结束后,经过 40 年的外逃避难人口回迁和繁衍，宁国土著居民仍然只有 2815 户、2.7 万人，户均 9.6 人。从 40 年有两代人口的繁衍看，宁国在经历战乱、大旱、瘟疫之后，当地存留人口可能只有数千人。

太平天国时期宁国人口锐减的原因如下：一是受战乱影响十分严重。咸丰六年（1856）太平军首次占据宁国，到同治三年（1864）太平军与清军在宁国县境内的最后一仗，八年间，宁国是太平军与清军反复较量、战斗十分激烈的地区之一，大量人口或惨遭杀害，或外出逃亡。太平军后期，纪律废弛，官兵为抢掠财产而杀人放火、滥杀无辜的事情时有发生。二是自然灾害极为频繁。据民国《宁国县志》记载：咸丰二年（1852），四年（1854）、五年（1855），"连年荒歉。飞蝗蔽天，所集田地，苗稼立尽"。咸丰六年（1856）"大旱、人相食"。同治元年（1862）五月，"瘟疫流行，全境死亡枕藉，无人掩埋"。民国县志记载："据乡老言，宁民死于锋镝者十之三，死于瘟疫者十之七，散于四方来归者，不及十分之一。"由此可见，太平天国时期人口锐减的直接原因主要是"瘟疫流行"，因瘟疫死亡人口占 70%，战乱死亡人口占 30%，当地少量的土著居民主要是外逃避难回迁人口，真正在当地留存下来的土著居民极为稀少。

作者父母的祖籍地都是宁国。父亲的出生地是西津河中游的赵村，按照 1985 年发行的《宁国县地名录》，赵村属于桥头铺乡桥头铺村。赵村有赵氏祖坟山，修建港口湾水库要淹没祖坟山，迁移祖坟时，父亲只迁移了他祖父、曾祖、高祖的遗骨，天祖以上先祖有坟头而找不到遗骨了。听父亲说：赵村有两进的赵氏祠堂，被西津河 20 世纪 30 年代发生的大洪水冲塌，父亲的祖母将祠堂里祖先牌位送到大坞山上的庙里供奉。由此可见，赵村无疑是父亲的祖籍地，不是移民。

那么，赵村赵氏一族又是如何在太平天国时期的战乱、瘟疫中保存下来的？我们可以从赵村所处的地缘因素中找到答案。赵村在西津河中游南岸的大坞。大坞南北走向，三面环山，坞口向北敞开，直抵河边，河对岸是河水冲刷的峭壁。西津河在如今惠云禅寺所在山脉转了一个"几"字大弯，赵村就在"几"字弓背一侧，即惠云禅寺所在岛南面湖对面。未修水库前，惠云禅寺所在山脉南面是被西津河水冲刷的悬崖峭壁，沿西津河岸的古道在此避弯取直，避开了这段河岸陡峭的石壁，翻越解带岭。解带岭北坡稍徒，南坡平缓，自古为交通要道。此岭有清代石碑，刻有"宁旌古道"字样。特殊的山河形势使赵村避开了古道，成为人迹罕至的地方，因此躲过了战乱和瘟疫。

从人口繁衍看，赵村赵氏一族仅有父亲的祖父赵公元一人在赵村开支散叶。从父亲祖母 19 世纪 30 年代后去世享年 80 多岁看，父亲的祖父母是经历太平天国时期的一代。我的祖父赵绍春有兄弟三人，我父亲有叔伯兄弟四人，并已迁出赵村，分别落户在赵村附近的塌地、炉子窑、许村。我这一辈有堂兄弟八人。

从家族交往看，西津河赵村与港口赵村多有联系。我考上大学的 1980 年，父亲曾带我到港口赵村本家曾祖母认亲。2005 年父亲带我到港口赵村找到一本被洪水浸泡成团的《乌石赵氏宗谱》。我将此谱一页页分开摊平并复印成册。虽然这本族谱有些破损残缺，但大致可以看出赵氏宗族在宁国繁衍的脉络。此谱记载排行首位的"士"字辈（缺一小部分）世系，卒年最晚年份者为清朝雍正乙巳年（1725），由此可见该谱为清朝雍正年间编修。宗谱中有一幅《汪塌园墓图》，其中"汪塌园"与西津河赵村相邻的"塌地"山河形势基本一致，可见港口赵村与西津河赵村为同一宗族。听父亲说，他有几位叔伯叔叔在港口赵村，小时候和自己叔伯兄弟一道来这里走亲戚，对两位叔伯奶奶印象深刻。这应该是父亲祖父赵公元的兄弟在太平天国战乱、瘟疫之后到港口赵村安家落户或港口赵村的同族兄弟到西津河赵村避难，后返回家乡。因为港口赵村位于水阳江上游平畈，地处交通要道，人口稠密，受太平天国战乱、瘟疫影响很大，而西津河赵村是当时理想的避难之地。

我母亲的祖籍地是西津河中游的许村。许村在西津河中游平畈，是一个古村落，清道光五年（1925）《宁国县志》中的县境图中就标注了"许村"。我在许村出生长大，我知道许村有一对石狮子，有一只已风化的面目不清了。这石狮子应该是许村许氏宗祠大门外的一对石狮子，石狮子附近是几人合抱的古银杏树。沿西津河的宁旌古道从许村村前经过，有古石桥跨越村前的小河。我家居住在村中小河上游，屋边的菜园中有几根两米多长的石条，应该是古建筑门柱倒塌的遗存。根据民国七年（1918）重修的《许氏宗谱》记载："清咸丰年间，发匪蠹起，所遭各处十室九空。不但许川人烟单弱，老成凋谢，至同治承平之日，生者回乡族有德树公同妻洪氏贤良，同族思一门之谱，知失处而取回收藏。"由此可知，因为许村处于交通要道，战乱和瘟疫影响很大。许村许氏一族在太平天国之后属于"生者回乡族"，有"德"字辈两人在此开枝散叶。许德树的儿子许自彬，孙子许永富，曾孙许昌嘉、许昌荣。许德发的儿子许自高，孙子许根祥，曾孙许昌和、许昌明。许根祥是我外曾祖父，出生于 1897 年，1993 年去世，享年96 岁。许昌和是我外祖父。许村许氏一族这两支繁衍到我母亲这一代有"安"辈兄弟十人。许村许氏一族一直与旌德、歙县许氏家族保持往来，说明许村许氏一族在太平天国时期为躲避战乱、瘟疫可能逃往旌德、歙县家族居住地暂住，待"承平之日"才返回家乡。从 1904 年人口统计看，歙县有土著 4.2 万户、19.5 万人，客民只有 5624 户、2.5 万人，说明歙县及旌德受战乱、瘟疫影响比较小，成为同族人口的避难之地。

（赵祖军）

清末民初宁国的移民潮

人口的移出、迁入是常有的社会现象，但一定时期内大规模的移民则是值得关注、研究的历史事件。近代大量客民迁入宁国县（初由政府动员，继之民众自发迁徙），是移民城市宁国的成因，"五方杂处"仍是今日宁国市基本地情之一。

一、大量客民迁入宁国的前因

经过康乾盛世，宁国县经济平稳较快发展，涌现许多殷实之家和望族（从众多宗祠的兴建可见一端，境内曾有 57 座宗祠），人口也激增。乾隆年间人口均为 29 万多人，较明嘉靖廿九年增 20 余万人；嘉庆年间在 30 万上下波动，嘉庆二年（1797）创人口高峰（48440 户，367450 人）。人烟稠密之情形，从下例可见一斑：

宁国县西的环川村（今名上坦村，明清时为徽商通往金陵、苏州、杭州线路上重要据点之一，穿村而过的古道是旌德通往宣城的必经之路）于清代中叶鼎盛，店铺栉比、民房密集，相传"千灶万丁"，村内有 72 家豆腐店、3 家当铺和众多旅店，菜地全在四周山坡。

移民曾开垦过的荒山

在商业较繁荣的河沥溪、港口、石口、东岸、胡乐等集镇已有外籍客民。1936年版《宁国县志》载：宁邑旧称居城列肆皆徽郡之人，在乡营生多江右（江西）之客，既而旌、泾之人遍于四境。

然而，咸丰、同治年间的兵燹、鼠疫、灾荒不仅打碎了宁国的繁盛局面，而且使宁国遭受近乎毁灭的劫难：

①自咸丰六年三月廿八日（1856年5月2日）太平军石达开部首次攻占宁国县城，至同治三年（1864）七月太平军退出宁国，这9年间清军与太平军争夺县城二十次，多数成年男性被太平军强行征兵，兵灾中生灵涂炭，被杀或逃亡者不计其数。

②同治元年五月起，暴发大面积的鼠疫。县志云"瘟疫流行全境，死亡枕藉，无人掩埋""终日不过行人，百里不见炊烟"。

③灾荒。1852—1855年"连年荒歉，飞蝗蔽天，所集田地，苗稼立尽"；1856年"大旱，人相食"；1862年冬"大雪，斗米千钱，人相食"。由是土著式微（县志云"宁自清咸丰兵燹后，土民存者不足百分之一"）、土地荒芜，许多村庄空无人烟，真是"千村薜荔人遗矢，万户萧疏鬼唱歌"。县志云"宁民死于锋镝者十之三，死于瘟疫者十之七，散于四方未归者不及十分之一"。

移民成群结队来宁国

在太平军与清军相互争战中，江南地区各县均出现人口剧减（或亡于战争，或死于瘟疫，或逃荒于外）、熟地搁荒（当时宁国府和广德州荒地不下数百万亩）的情况。鉴于苏皖赣抛荒严重的情况，为增加政府财政收入，同治四年（1865），曾在皖南征战的两江总督曾国藩采纳薛福成的建议，上书清廷要求实行"召垦升科"的政策，清廷诏令从人口密集的湖北、湖南、河南等省移民到江南地区，允许移民"插标划田、立界为山、据室为家"（凡无主田山、房屋，移民均可自行划分，具册呈报领凭后便为己产）。安徽省也颁布了《开垦荒田章程》，宁国同皖南各县一样设"劝农局"，以垦荒政策吸引大批外地人移居。光绪七年（1881）四月二日，清廷准予垦种荒地的"客民"加入宁国县籍，其子弟可在当地"入籍考试"。

清廷诏令下达的前一年，已有徽州、福建的少数客民迁入宁国县；同治五年（1866）起，湖北籍、安庆籍、浙江籍民众相继携带家口，来宁国县垦荒种地，人口才渐多且客民数倍于土著人口（1869 年土著人 10004 人，是原来人口的 1/30；1904 年客民 120131 人，而土著人仅 26923 人）。

二、宁国移民的构成、分布

迁居宁国的客民中，以湖北人、安庆人居多，其次是浙江人和河南人。

1. 首批迁入宁国者系湖北人。2008 年广水市电视台拍摄的专题片《再度牵手进宁国》称：如今 38 万宁国人中近 20 万人祖籍是湖北的。湖北人中应山县（1988 年 10 月改为广水市）人约占六成，应山人多地少、十年九旱，故人们最先响应"劝农局"的号召向外迁徙，有两千余户上万农民"下江南"，聚族而居，至今宁国普通话即以应山话为基础而成为主流方言。湖北人除应山籍外，还有来自孝感、枣阳、远安、谷城、大悟、当阳、钟祥、十堰、黄陂、荆门、随县、英山等地，他们多半集聚在畈区（今港口、梅林、汪溪、河沥溪、竹峰、霞西、西津等镇、街道），同治年间"湖北人满阡陌"，河沥溪即有湖北移民聚集而成的"湖北巷"，湖北人亦有散居在东部乡村者。他们找到适意的村庄后"据室为家，插标划田，立界为山"，一季丰收后回原籍向亲友述说"江南肥沃"，遂引来更多移民。

2. 第二批迁入宁国的移民是安庆人，主要来自潜山、怀宁两县（落居宁国的桐城人、太湖人、枞阳人较少），初来时住棚垦山、间以狩猎，谓之"棚民"。主要分布在万家、宁墩、南极、狮桥、云梯、仙霞、中溪、桥头、青龙、甲路、东岸、方塘等山区乡村，亦有散居城郊、梅林镇者。

3. 浙江人与安庆人同期或稍晚迁入宁国。主要落居在宁国东部地区（今万家、宁墩、中溪、仙霞、云梯、南极、梅林 7 个乡镇），来自浦江、江山、绍兴、昌化、永康、黄岩、青田、东阳、义乌、桐庐等二十余个县，以浦江、江山人居多，其次是绍兴、昌化、永康、台州等地浙民。浙民约七成在清末民初辗转来到宁国谋生，最终定居下来，少数人在民国期间因躲避"抓壮丁"逃难而来①。

浦江人主要落户云山、万家、南阳、纽乐、黄岗、凤凰、中溪、中田、狮桥、石口 10 个村，龙亭、盘樟、石岭、阳山、桥头 5 个村亦有少量浦江人。江山人主要分布在云山、大龙、西泉、万家、吉宁、黄岗、南阳、中溪、石口 9 个村，云梯、龙亭、石岭、孔夫、石口、龙川、桥头、桥头铺 8 个村也有少量江山人。绍兴人分布于大龙、西泉、仙霞、狮桥、中田、阳山、永宁 7 个村。昌化人分布于云山、南阳、杨狮、南极、永宁、梅村、龙川、鸿门、石门 9 个村。永康人分布于中溪、西泉、千秋、白鹿、云梯、孔夫、凤凰、石岭 8 个村。台州人分布于阳山、云山、千秋、中田 4 个村。黄岩人分布于仙霞镇深坞一带。青田人居于孔夫、西泉、茅坦村的部分村民组。1879—1893 年，钟、雷、蓝 3 姓畲族人从浙江淳安、桐庐、兰溪、景宁、云和诸县迁入宁国，落籍于云梯、仙霞、杨山、中田、狮桥、南极等

10 余个乡镇，他们刀耕火种、寮房山栖，住在云梯者将荒山坡开成层层梯田。

4. 同治、光绪年间迁入宁国的其他移民。迁居宁国县的湖南、河南、福建籍人口不甚多。在畈村（有"湖南村"）、万家村和隆坞（原名火龙坞，即因湖南人住此且有玩火龙的习俗）等地有湖南人。在姚高、古林两村，河南人（主要来自新乡、罗山、光山县）较多，杨狮村、桥头村也有少量河南人。在仙霞、云梯、千秋、南阳、中田、大龙等村有闽南人，另有来自福建浦城县的畲族人。

三、大量客民移入使宁国发生显著变化

一是农业生产逐步恢复发展。当初动员移民时，地方政府将荒田廉价售给客民，或准许客民对无主田山、房屋自行划分，造册呈报后便为己产，政府提供耕牛、种子，并以"三年内不纳皇粮"的政策鼓励垦荒，因而招徕大量移民，荒凉之地渐有生机。湖北人多居平畈种植水稻，安庆人多在山区开荒种玉米，畲族人劈建梯田。很多田地被复垦，农业经济得到恢复发展，数年后政府也增加了财政收入。

二是生产技术得以传播融通。移民聚族而居或杂处，各地的耕作方式、生产技术相互交流传播，加之"宁国县山川朗秀，土地肥饶"，则相应提高了生产效率。

畲族移民新村

三是呈现各具特色的风俗习惯和方言。"宁国兵燹后，土著人稀，五方杂出，习尚各殊"，相处百年后部分地区的习俗也有一些趋同；湖北人种植棉花后自织自染的"湖北布"，改变了人们的穿着；鄂菜尚辣、徽菜重油色，至今影响宁国人的饮食；与汉人相处、经济条件改善，影响了畲民住居方式。咸同兵难之前，宁国县主流方言是土著人所操用的吴语，弱势方言则是胡乐司（与绩溪县接壤）所通用的徽语。湖北、河南、安庆、浙江、徽州、巢湖籍移民迁入后方言纷杂，经过百余年的交融，宁国市境内形成三大方言区：中、北部的湖北方言区（构成宁国市的强势方言），东南部的安庆方言区（也夹杂小片吴语区），西南部的徽语区（绩溪话）。在浙民后裔年轻人中原籍方言渐次失传，湖北、安庆、绩溪方言在宁国保留下来。

四是带来了各地的民间文艺（如安庆的秧草歌；畲族的盘歌；湖北的花鼓调与皮影戏；河南的旱船、彩车；南陵县的目连戏），而且与宁国本土文艺融合（如皖南花鼓戏就是湖北花鼓调、河南民间灯曲、宁国民间歌舞合流而成），丰富了人们的文化生活。

五是形成的"宁国精神"使宁国发生巨变。各地客民和土著人并存于兹，形成了开放包容的民风，不排外不封闭，易于接受新鲜事物和观念，从而为今后创新发展奠定了民情基础。改革开放以来，宁国扔掉贫困县的帽子进而跃入综合实力百强县、获得多项国家级荣誉，创业过程中体现出的"宁国精神"（开放包容、敢为人先、艰苦奋斗）即与移民县有渊源关系。

（郑树森）

注：①部分浙民在"吃食堂"（1959—1961）后逃荒而来，中华人民共和国成立后手工业者、经商者落户宁国，以及因1958年建造通济桥水库而将浦江县前吴镇、白马乡部分民众迁移宁国县纽乐村等，不在"清末民初移民潮"之列。

"湖北填江南"与宁国人口的变迁

一

宁国自东汉208年建县以来,长期无保存下来的人口统计资料。宋、元时期的人口数,则是从明嘉靖《宁国县志》里获得的,那时全县人口基本稳定在3万人左右,直到1550年止。由于史料的欠缺,以后217年没有人口记录。

据1936年版《宁国县志》记载,清朝乾隆年间(1736—1795)宁国人口保持在29万多,到嘉庆二年(1797)总人口为367450人,创下了宁国有史以来人口的第一个高峰,以后60多年,宁国人口则基本上在30万左右波动。

上坦大桥

与清朝以前相比,人口为什么会有这么大的激增呢?这是因为:一、西汉以来赋役尤其是人头税的征收,导致"避徭者十之九,丁籍者不一二"(明嘉靖《宁国县志》),从而造成人口隐匿;二、雍正帝实行"摊丁入亩"，按田亩多少纳税，废除了人头税，这样隐瞒不报的人口一下就冒了出来。此外，社会生产的发展也有利于养活更多人。

稳定的人口状况一直延续到咸丰后期，接着就发生了巨大变化。据金陵大学民国二十五年（1936）关于《豫鄂皖赣四省之租佃》调查报告称：宁国县在太平军退出后的三年内荒无人烟。后来从徽州、福建、浙南迁来少数客民，待到湖北、河南灾民大批南来，人口才渐多。截至乱定5年后的同治八年（1869），全县男女人丁也仅有10004人，是原来人口的三十分之一。人们梦寐以求"邦宁国泰"的宁国，为什么在同治初年会如此萧条、破败？湖北人又为何会大量迁入这一地区呢？

二

"湖北填江南"是一次近代大规模的人口迁徙活动，尤其对宁国、广德、宣城、泾县等地而言，如果没有当时的人口迁徙，也就不会有这些地方的今天。据2008年湖北广水电视台拍摄的寻访应山县（今广水市）移民后代生活状况的专题片——《再度牵手进宁国》介绍，在如今38万宁国人中有近20万人祖籍是湖北。那么，这一切究竟是怎么发生的？

1. 梦碎天国，杀戮无常

"锦绣山河江南地，花艳果香四时春"，这是古人赞美宁国的诗句。但是，喊杀声和枪炮声打破了这一切。1853年太平军进入安徽，从此安徽成为太平军与清军反复较量、斗争十分激烈的地区之一，特别是皖浙交界的宁国，它是皖南山区之咽喉，又是南北商旅通衢之要冲。因此，从清咸丰六年至同治三年（1856—1864），太平军转战宁国县境8年之久，与清军展开拉锯战达19次之多，曾先后十次攻克县城，结果生灵惨遭涂炭，被杀或逃亡者不计其数。

太平军（俗称"长毛"）盘踞宁国时期，强行征兵，绝大多数成年男性被迫从军，无数无辜百姓血溅沙场。民国县志载："宁自咸丰兵燹后，土民存者不足百分之一。"宁国知县也不得不迁居宣城，在宁国府内暂住。

清军在宁国几次反攻得手，却没有给这里的老百姓带来安宁。湘军杀戮无常，对此曾国藩在家书中曾供认不讳，他下令对攻下的皖南城池"一律斩雉无遗"。事后，他在一篇奏折中不得不承认："惟安徽用兵十余年，通省沦陷，杀戮之重，焚掠之惨，殆难言喻，实为非常之奇祸，不同偶遇之偏灾。"由此可见，十多年的战乱和清军灭绝人性的屠杀，是造成包括宁国在内的广大地区人口锐减、田地荒芜的重要原因之一。

2. 连绵天灾，祸害无穷

江淮一带除了人祸，还有天灾。由于长期处于战争环境，民政不治，水利失修，旱涝虫灾更易为患，这更加重了这时期宁国人口下降的趋势。

民国县志载：1856年，"大旱，人相食"。又载：1862年冬天，"大雪。斗米千钱，人相食"。据说，今青龙乡有座"百骨坟"，山门乡有座"杀人庙"，都是那个时代"人相食"留下的遗迹。更有甚者，在1864年那场大饥荒中，皖南一带还出现了卖人肉的不法奸商。"物以稀为贵"，开始人肉卖二十文一斤，后来竟涨到一百二十文一斤。真是太触目惊心了！

水，这东西很古怪，少了不行，多了也未必好。据《安徽水灾备忘录》记载：皖东南一带平均每两年就要发一次大水。宁国胡乐、庄村等地日降水量大于50mm的洪灾，平均每年达四次之多，堪称多灾、重灾区。大水之后必有大疫。污水淤泥滋生杂草，田舍荒芜又使野猪和老鼠成群，这些都为蝗虫大量繁殖和瘟疫流行埋下了极为严重的隐患。

3. 瘟疫流行，万户萧瑟

据民国《宁国县志》记载：1862年5月至8月，宁国县瘟疫流行，"终日不过行人，百里不见炊烟"。当地土著"死于锋镝（战争）者十之三，死于瘟疫者十之七"。"全境死亡枕藉，无人掩埋，十室九空"，许多村庄变成"无人村"。同年，广德县因大疫人口由1859年的三十一万多人，到1865年锐减为五千余人，幸存者仅为原人口百分之二。之后，今郎溪县境内及长江沿岸等地人瘟也流行开来。

据研究，当时的瘟疫实际上就是鼠疫。病菌通过老鼠和跳蚤的叮咬传染于人，轻者引起淋巴结炎，重者因病原体侵入血液，就会引起败血症或肺炎。鼠疫感染者起病快，病程变化也快，开始时突发高烧，周身疼痛，双足麻木，并伴有出血征象，36小时内终因极度衰竭不治而亡。

瘟疫来势之凶猛，使围攻天京的湘军也不能幸免。据湘军部下官兵反映，鲍超所部染病或已病的就有近万人。又据特使甘晋《致曾国藩书》所述，湘军攻占宁国府后，恰遇"暑疫大作，疫疾殁者十之二三，患病者十之三四，其能出队者不及四成……两月以来，兵民疫死者二三万人，十居八九，城内五六里臭腐不堪忍"。甘晋特使返回安庆不久，即染病而死。据曾国藩估计，当时湘军"水陆诸军，十病六七"。瘟疫肆虐之烈，由此可见一斑。

总之，咸丰、同治年间江南人口下降惊人，到处是荒草萋萋、白骨森森的景象，一时间风景如画的宁国也俨然成了一座"人间地狱"，于是出现了湖北人"一担箩筐下江南"的情景。

三

伴随人口大幅度下降的同时，大量熟地变成了荒田。据不完全统计，当时宁国府和广德州荒地不下数百万亩，这在安徽乃至全国都是罕见的。为了解决苏皖赣抛荒严重、民政废弛的问题，同时增加政府财政收入，两江总督曾国藩采纳了薛福成的建议，上书朝廷要求实行"召垦升科"政策，得到清廷允准，于是《皖省开垦荒田章程》随之发布。

"召垦升科"政策的主要内容有：（一）成立农本局专办垦务，局务由官绅共同办理；（二）发放耕牛、粮种和贷款给农民，牛按原价的20%分三年还本，粮种秋后还，贷款不计利息；（三）鼓励绅商捐资开垦；（四）承认原有土地所有权，但对有佃户而无主的土地，暂由佃户管垦；对无主又无佃户的荒地，则由官府募佃垦种。自此，《晓谕保甲条约》中"禁招集棚民，开垦山场"一款，事实上已成空文。

同治三年（1864）以来，皖南各县注意招徕客民耕垦，优惠的移民垦荒政策吸引了大批外地人纷纷移居皖南山区。这些客民或因人多地少而被迫举家外迁，或因旱涝频繁无以为生才来此定居。客民以湖北人、河南人居多，其次是安庆人和浙江人。其中湖北人又以应山人为多，应山历来被称为"穷邑"，人多地少，十年九旱，所以人们只好响应"劝农局"的号召向外迁徙，据不完全统计，先后有两千余户上万农民下江南。他们多是同姓、同宗结伴而行，聚籍、聚族而居，因此其后代至今仍保留着应山的口音、方言和习俗，如"宁普"（宁国官话）就是以应山话为基础的。现在宁国存在的颜、魏、熊、张、明、吕、喻、杨、雷、华、胡等姓，祖上基本上也都是那个时候从应山迁过来的。

而最近出版的宁国应山裔吕氏族谱，正好给我们描绘了那幅一百多年前的流民图：当年吕氏先民是挑着箩筐顺江而下，到安庆，转青阳，宿南陵，过宣城，一路风餐露宿，扶老携幼，于同治五年（1867）阳春三月，来到宁国杜迁镇（今港口镇）流村古渡口的，最后落脚于现在的太平村，有碑为证。

其他不远千里来到异乡的移民们，在找到适意的村庄后也"据室为家，插标划田，立界为山"，使荒芜沉寂多年的山村渐渐有了生机。秋收之后，这些客民有回原籍探亲的，向亲友叙述江南地多、柴多、人少诸多好处，更引来"各邻省之民络绎来归，垒集境内"。今云梯一带居住的畲族也是在这一时期开始由浙江逐渐迁入的。就这样宁国出现了五方杂处，"主一二客八九"的情形。1881 年宁国知县以客民"均已置产、完粮、无殊土著"为由，奏请清朝政府准予客民在当地入籍，科举考试等不分土籍、客籍，将依照"一视同仁"原则办理。移民取得了与当地人同等的权利，这充分说明土客排斥、冲突逐步化解，共建互溶成为人们的共识。

这次人口大流动一直持续到清朝末年，前后四十余年。

四

"湖北填江南"历时近半个世纪，给皖浙苏三省交界地区迁入外来人口达 100 万以上，同时"湖北人满阡陌"也构筑出皖东南近代经济领域一道独特的风景线，为当时农业生产的恢复发展和社会文化生活的提高起到了巨大的推动作用。

首先，它具体表现在今天江南处处遗楚风。在河沥溪小溪口，当年因湖北移民聚集较多而被称为"湖北巷"的地方，我们依稀能看见移民艰辛与开拓的背影。据说目前它已被列入宁国文化遗产保护计划，其活标本的价值是不言而喻的。前不久，修葺一新的港口镇湖北会馆重新开放，现在它已改建成了移民怀乡念祖的湖北庙，这标志着经过几代人的繁衍生息，如今的湖北人早已融入宁国，宁国已成为各地移民和谐共处的乐园。

随着宁国人口从 15 万、20 万、25 万、30 万发展到 38 万，宁国人的衣食住行和风俗习惯也发生了重大变化。如：（1）在穿方面，移民们自种棉花然后自纺自织自染的土布——"湖北布"，大大地改变了当地人的穿着打扮。（2）在吃方面，现在的皖南居民都嗜辣，无论烧什么都喜欢放点辣椒，这一口味的形成也与湖北移民带来的饮食习惯有关。（3）在玩的乐的方面，湖北东南地区的民间花鼓和河南光山、罗山一带的灯曲（旱船、车上轿等）随移民进入皖南，同当地的民间歌舞彩灯、绣手巾等合在一起演唱，逐渐融为一体，初步形成具有鲜明地方色彩的"皖南花鼓戏"。花鼓戏至今仍是一年一度"宣州之声"的保留曲目，它大大丰富了本区人民的文化生活。

其次，作为一个新兴的山区移民县，宁国就像一座大熔炉，各种文化在这里交织，使宁国人既得益于湖北人聪明、勇猛、务实和自信个性的熏陶，又承接了古徽州文化的濡染和苏浙吴越文化的辐射，从而逐渐形成宁国人开放、精明、求实、自信力强、热情好客、标新立异、争先晋位意识强等共性特征，并且成为宁国人的新传统。正是这些独特的性格，使宁国在改革开放新时期能够独领江淮大地风骚，创造出一个个凤凰城的传奇。

站在历史与未来的交叉路口，最后我想说："湖北填江南"是一个不该遗忘的事件，更是一段需要牢记和经常重温的历史。因为在这里，我们会找到真正属于自己的"根"！

（吴云驾）

祖辈移民来宁国概述

志载：我县在清代咸丰、同治年间，连遭天灾、兵燹和瘟疫，以致"人相食""死亡枕藉、无人掩埋""成为无人区"，故当局移民至此。为再现当年移民到此目击之荒凉景况，特编发这篇由八旬老翁陈绥中先生撰写其祖辈代代相传的口碑资料。

我家祖上是在太平天国革命后被清政府由湖北省当阳县移民来到宁国的。兹将祖上代代相传来到宁国所看到的一些景况作一概述。

在清咸丰时，因宁国是通往江苏、浙江两省交通要道，成了清军与太平军争夺的军事要地，拉锯式战争达八年之久。宁国等地遭难极重，房屋被焚毁，财物被掳掠，青壮男丁被强服兵役，人民死于兵火者十之三，老幼逃亡他乡，境内田地荒芜；之后又瘟疫流行，无医无药，死亡率达十之七，故十室九空，形成日听狼嚎，夜闻虎啸，荒凉、恐怖、悲惨的局面。同治末至光绪初，清政府迁两湖、河南等处农民携带家口前来垦荒生产，繁衍人口。其时，湖北省大旱，直到农历五月十三日始降大雨才整田栽插老秧。秧刚栽罢，政府就催逼上路。

我的曾祖父陈大敏和同时被迫迁移的一伙人，就是这时携男带女一担稻箩挑到了宁国。初到九宫庙，打算落脚，找到一所"四水归明堂"的大房子，院中有两人合抱粗的大树，在树冠遮蔽下，抬头不见天；进屋一看，天井里长着花楝树冲过屋檐比房顶还高；卧室内床上帐子里睡了一具干枯了的女尸。返身出大门，看到没有进屋的孩子们拿死人的头颅骨当球踢着玩，大人们说："这是死人的头骨，踢了它，你们的头要痛的！"吓得孩子们大哭大闹，马上要走。其时人们也是早已毛发直竖，孩子们一哭闹，更不敢在这里住下了，便继续往前再找合适处，直找到港口镇七里凉亭后边程村才住了下来。初到那里，也许是心理作用，总觉得青天白日乌烟瘴气，见不到鸟鹊飞，听不到鸡犬叫，夜里闻风声凄厉便疑是"鬼哭狼嚎"。白天出外开荒，夜晚大家都集中在一起睡觉，因为当时有些在兵荒马乱中外逃后又归来的宁国本地人，在晚上三五成群来抢湖北人的小孩和妇女，湖北人只好联合起来和当地人打，这种状况持续了五六年，后来有老年人回湖北带来了猪羊鸡犬等家畜家禽传开了种，又开垦了大片土地，粮食也收多了，大家的日子越过越好。宁国本地人都说："湖北人福气好，他们来了，天也高了，太阳也明亮了，我们再不能去抢他们的妇女、儿童了。"于是，当地人和湖北人才停止打斗，并逐渐和睦往来，进而互相通婚。

土客纠纷虽已解决，疾病的灾难却一直困扰着人们。由于湖北人在此水土不服，人人都打三日拗"脾寒"（即疟蚊传染的三日两头浑身作寒的疟疾）。直到光绪八年（1882）涨了一次特大洪水，洪水漫过河沥溪大桥，上游还漂下了许多大毒蛇，洪水过后，大家的"脾寒"也都不治而愈，与人打、与病斗的两大矛盾解决了，人们精神振奋，生产更加起劲，以后便安居乐业，世代繁衍到如今。

以上是先祖辈亲历并代代口传由湖北下江南的概况。另据祖辈初到宁国后眼见耳闻的古迹、轶事附录七则于后：

一、百骨坟——湖北人初到下袁村（今属青龙乡）时，在一幢大房子里将堆积的死人骨头清除挑出了几十担（据说是原先当地人杀人吃了遗下的）。当即挖了一个大坑，将骨头全部埋在坑内，堆成一个大坟包，人们称为"百骨坟"。

二、杀人庙——由山门洞汪村到柏枧山去的路旁，有一座"杀人庙"。传说是原先当地人常在这个庙里杀人吃。时间久了，人们便称这所庙为"杀人庙"。

三、吊骨架——传说在张村（今属嵩合村）的一幢大房子里的柱子上倒吊着一具骨架，满身肉都被割下吃光了，只是看到这具骨架小脚骨是被裹成的，才辨认出被害者是女人。

四、枫树墩——在河沥溪西北近郊"三道桥"畔的高墩上长有两人合抱粗的枫树四五十株（中华人民共和国成立前尚存数株，后全被砍伐），墩下荒田芦苇丛生，行人常见大小野猪在芦苇中滚泥，对路上行人视若不见，更不惊慌逃避。

五、板抱白——在西津河潘村渡河畔，有一棵三四人抱不住的板栗树，又从中空的树心中长出了一棵白果树（银杏），每年既结板栗又结白果，当时人们叫作"板抱白"。视作"风水树"，也作为一大奇景保存下来。外地常有人不远百里到此参观，可惜在中华人民共和国成立前被砍掉了。

六、野猪林——张村（即今嵩合村）土著张禄庆私有，森林百余株，枫树、椵树、榆树、柿子树和银杏树杂生其间。有时发现成群的猴子嬉戏在树上，居民不敢招惹。又常见野猪夜宿林中，还有狗獾子在林内打洞。这片树林于民国二十六年（1937）被业主全部砍伐锯板出售后，猴子和其他野兽也不再出没。

七、檀香柏——潘家庄（现属河沥溪镇双溪村）中，在一所祠堂遗址上，有一棵檀香柏，粗约三人合抱，高约10米，相传是明代遗物，现古柏外观已枯且无皮少枝，只是在树梢上突出一股枝丫，绿叶苍翠，姿态很美，常有人对树摄影猎奇和出高价收买，村人不卖，此树至今犹存。

（陈绥中执笔　蔡力人整理）

——本文录自《宁国文史资料》第五辑 P143—146 页

清咸丰同治年间宣城人口损失考量

一、引言

清道光三十年十二月初十（1851年1月11日），洪秀全领导的太平天国在广西桂平县金田村起义。咸丰三年二月初十（1863年3月19日），太平军占领江苏南京，改名"天京"，建立了一个同清王朝对峙的农民政权。今宣城市境（时辖宁国府管辖的宣城县、泾县、宁国县、旌德县和广德直隶州管辖的广德州、建平县）既是太平天国都城的西部屏障及粮饷、兵源储存基地，又是太平军东入苏浙、西进湘赣的交通要道，因而成为太平军与清军必争之地。境内既有清王朝的地方政权，又有太平天国建立的乡官基层政权；既有太平军翼王、忠王、辅王等二十多王的派系太平天国军队，又有清廷江南大营的军队、曾国藩的湘军、左宗棠的老湘营、浙江巡抚的浙江军、张芾的徽防军及地方团练等十多种与太平军作战的清军队伍。

咸丰四年（1854）正月，太平军匡王赖文鸿率部七万人，由石台、太平向泾县进军，由此拉开了太平军与清军在境内的争夺战。咸丰六年四月，太平天国都城"天京"受到清军"江南大营"的威胁，翼王石达开率太平军由江西出发回援天京，攻克泾县县城。五月上旬攻占宁国府。六月三次攻打建平县。八月、十一月两度攻克泾县县城，击毙泾县知县崔琳。十二月，清军提督邓绍良收复宁国府城。

咸丰八年（1858）正月二十五日，太平军侍王李世贤部攻占宁国县城，击毙宁国知县吴世昌。十月，李世贤部再克泾县、太平两县城。

咸丰十年（1860）二月，太平军忠王李秀成率军数万自宁国攻占广德州城。三月十六日，太平军根王蓝得仁率兵与清兵在建平涛城一带激战，击毙建平知县何预纶，占领建平县城。李秀成在建平主持召开军事会议，部署攻打清军江南大营，史称"建平会议"。四月，太平军赖文光部在涛城与清兵鏖战，击毙清兵万余人。六月，匡王赖文鸿再次攻占泾县城，斩清总兵李嘉万等人，并在县城东街造王府。九月，太平军杨辅清、李世贤、赖文鸿三部联合再次攻占宁国府城，击毙清军提督周天培，皖南道尹福成、宁国知府颜培文。

同治元年（1862）六月二十日，太平军保王童容海（原名洪容海，为避太平天国洪秀全讳，更名童容海）袭取广德州城，率部十万献城降清。由此引发了太平兵与叛兵、太平军与清军、清军与叛兵、叛兵内部一场延绵十一个月的大混战。宣城、广德、郎溪、宁国、高淳、溧阳等地方受祸极其惨烈。

　　同治二年（1863）正月，太平军根王蓝得仁由建平出师攻打泾县。七月，奉王古隆贤由太平县入泾县茂林，匡王赖文鸿部自石台进据丁家渡、章家渡。十月，建平城内太平军守将张胜禄开城门降清，建平失陷，蓝得仁被害。清兵进城，大肆杀戮。

　　同治三年七月十九日，太平天国都城天京（南京）失陷。六月二十一日，忠王李秀成和干王洪仁玕护送太平天国幼主洪天贵福奔广德。二十六日，堵王黄文金自广德迎幼主至湖州。七月二十八日，洪仁玕与昭王黄文英护送洪天贵福经广德西走宁国。二十九日，清总兵周盛波攻破广德州城。三十日，干王洪仁玕、堵王黄文金等组织皖南尚存之太平军与淮军刘铭传部在宁国县七都（今桥头乡）展开遭遇战，此为太平军与清军在境内最后一役。匡王赖文鸿、昭王黄文英阵亡。九月上旬，太平军撤出境内，境内太平军与清军战事基本结束。但是，七年后的同治十年（1871）二月，太平军余部关文桂、杨驼子等率众进攻建平，遭伏兵阻击，败退白茅岭，复被包围，全军逃散，至此太平军与清军在境内的战争最终完结。

附：太平军攻占退出宁国府城广德州城及县城时间一览表

城市	太平军攻占时间	太平军退出时间
宁国府城	咸丰六年二月二十八日（1856.5.2）	咸丰六年十二月二日（1856.12.28）
	咸丰十年八月十二日（1860.9.26）	同治元年六月十五日（1862.7.11）
	同治元年九月六 日（1862.10.28）	同治二年七月五日（1864.9.2）
建平县城	咸丰十年三月二十一日（1860.4.11）	咸丰三年闰三月二日（1860.4.22）
	咸丰十年四月八日（1860.5.28）	同治二年十月六日（1863.11.16）
广德州城	咸丰十年二月三日（1860.2.24）	咸丰十年二月二十八日（1860.3. 20）
	咸丰十年三月十八日（1860.4. 8）	咸丰十年三月二十八日（1860.4.18）
	咸丰十年五月五日（1860.6.23）	咸丰十年五月十一日（1860.6.29）
	咸丰十年七月四日（1860.8.22）	咸丰十年七月十四日（1860.8.30）
	咸丰十年十一月（1860.12）	同治元年六月二十日（1862.7.16）
	同治元年八月八日（1862.9）	同治三年七月二十九日（1864.8.30）
宁国县城	咸丰十年二月一日（1860.2.22）	同治元年六月（1862.7）
	同治元年九月六日（1862.10.28）	同治二年十月三日（1863.11.13）
泾县县城	咸丰六年三月二十五日（1856.4.29）	咸丰六年三月二十八日（1856.5.31）
	咸丰六年六月十三日（1856.7.14）	咸丰六年六月十八日（1856.7.19）
	咸丰六年十月十九日（1856.11.16）	咸丰六年十一月二十二日（1856.12.19）
	咸丰八年十二月五日（1859.1.8）	咸丰八年十二月六日（1859.1.9）
	咸丰十年一月二十六日（1860.2.17）	咸丰十年闰三月二十二日（1860.5.12）
	咸丰十年五月五日（1860.6.23）	同治元年三月二十八日（1862.4.26）
旌德县城	咸丰十年一月二十九日（1860.2.20）	咸丰十年闰三月十三日（1860.5. 3）
	咸丰十年九月九日（1860.10.22）	同治元年四月一日（1862.4.29）
	同治元年十二月（1863.1）	同治二年九月十七日（1863.11.8）
绩溪县城	咸丰十年(1860)二月一日己时	咸丰十年(1860)二月一日五更
	咸丰十年(1860)二月四日	咸丰十年(1860)二月十一日
	咸丰十年(1860)八月十九日	咸丰十一年(1861)五月
	咸丰十一年(1861)十二月五日	咸丰十二年(1862)三月一日
	同治元年(1862)十月二十四日	同治元年（1862）十一月四日
	同治二年（1863）正月六日	同治二年（1863）正月十日
	同治二年（1863）八月二十三日	同治二年（1863）八月
	同治三年（1864）正月二日	同治三年（1864）正月元日

二、人口损失估算

由于历史资料的缺乏，特别是太平军与清军间进行的十多年拉锯战，没有文献资料的准确记载，只能依据战争前后各种文献资料描述进行分析推算，虽然做不到准确无误，但是大体上能够反映当时的情况。

（1）宣州区。太平天国时期政区地名宣城县，疆域包括 1971 年 1 月 10 日，经安徽省革委会批准，划归芜湖县管辖的西河、和平、红杨、三元、新丰、赵桥、花桥、黄池 8 个公社及湾沚、西河 2 镇，计 66 个大队、1194 个生产队，30330 户、127184 人，188878 亩耕地。宣城县是宁国府治所所在地，太平军定都天京后，成为拱卫天京的前哨，军用物资的重要供给地，故太平军和清军争夺激烈，几经易手。咸丰六年（1856）五月至同治三年九月，太平军与清军在境内的拉锯战历时四年五个月又十七天，据不完全统计，双方在境内的拉锯战、争夺战十五次之多，其中最为激烈的咸丰十年（1862）八月，太平军辅王杨辅清、侍王李世贤和匡王赖文鸿三部联军第二次攻占宁国府城，击毙清军提督周天培、皖南道尹福成、宁国知府颜培文。人民历经兵燹，流离失所，田地荒芜，人口剧减。李应泰《重修宣城县志序》曰："当寇氛肆扰，发逆捻憝蹂躏殆无虚日，惟宣邑被扰极久极遍，以是户口凋残，百不存一。"也就是战时宣城人口损失达99%。1934年地理旅行家洪素野在宣城的见闻是：据本地人说，洪杨战乱后，城市尽成废墟，本土人民非死即流，故至今若在城中欲觅一道地宣城人，颇非易事。

光绪《宣城县志》载：嘉庆十年（1805），户241835，口1016975。咸丰元年（1851）户数、人口没有记载，据曹树基《中国人口史》推算：咸丰元年（1851），宣城县人口增至127.9万（46年间，宣城县人口净增26.2万，每年平均净增长5700多人）。同治七年（1868），光绪《宣城县志》载：宣城县户57252，口251300，民屯土客在内。咸同兵燹期间，仅光绪《宣城县志》记载的有名有姓的死亡者就达8000余人。

金陵大学农业经济系1935年调查的结论是：宣城县战后"移入之外籍农民，估计约有百分之九十"。也就是说同治七年，宣城县25.13人口中，土著人口约2.5万。战时，宣城人口损失125万，损失率达97.7%（包括逃亡外地未归者。洪素野《皖南旅行记》载："洪杨兵燹后，人民流离，许多人即以他乡为故乡，没有回来。"下同），几乎损失殆尽。战后外来移民的大量涌入，使宣城的人口数量与结构均发生了重大变化。据民国年间调查，"移入外籍农民，估计约有百分之九十"。

多种文献及调查资料表明，清咸丰同治年间，宣城县的人口损失在百分之九十以上。

（2）郎溪县。明清时期政区地名建平县，隶属广德直隶州。民国三年（1914）3月，因与直隶省（今属辽宁省）建平县同名，北洋政府大总统令：改安徽省建平县为郎溪县。太平天国时期，建平地理位置非常重要，向东可窥伺广德，同时又是太平天国都城天京南向高淳、东坝（粮食主产地）一线的门户。太平军欲出皖浙边境援助都城天京破解清军围困，必须以建平为前进基地。咸丰六年（1856）六月至同治二年（1863）十月，太平军与清兵在县境内先后进行十余次战争，其中：咸丰十年（1860）四月，太平军与清军及地方团练在涛城、白茅岭一带激战中打死清军及地方团练一万多人。五月，清军江南大营被太平军摧毁，钦差大臣和春服毒自杀，悍将张国梁逃跑途中溺水而亡。同治二年（1863）十月，建平城内太平军守将张胜禄开城投敌降清，根王蓝得仁遇难，清兵大肆屠杀，血洗建平城。光绪《广德州志》卷三十九《人物志·忠烈二》载：清咸丰同治年间，郎溪县境内绅士殉难者 180人，民人 260 人；卷四十七《烈女志·节烈》载：殉难妇女 378 人。

据曹树基《中国人口史》推算：咸丰元年（1851），建平县人口 28.7万。同治四年（1865）有 5300 户，10855 口，但未把外逃人口计算在内。同治十年（1871）前后，"建平人逃难归来者日增"。如以战后返迁为县内遗存人口的一半计，建平战后遗存人口约 1.6 万，战时人口损失 27.1 万，人口损失率达 94.4%。

（3）广德县。明清时期政区地名广德州，同时为广德直隶州驻地，下辖建平县。民国元年（1912）五月，改州为县，更名广德县。广德位于皖苏浙三省结合部，四周群山环绕，犹如一座巨堡雄踞在皖东南大门，"锁三吴，襟两浙"，历来为兵家必争之地。是太平军与清军争夺拉锯的主战场。尤其是同治三年天京陷落后，太平军余部经广德撤往江西，清军四处围追堵截，所到之处，焚掠一空。"广、建一带遭难最惨，或一村数百户，仅存十余家，或一族数千人，仅存十数口。"光绪《广德州志》卷三十九《人物志·忠烈二》载：清咸丰同治年间，广德境内绅士殉难者 190 人，民人 321人；卷四十七《烈女志·节烈》载：殉难妇女 300 人。

道光三十年（1850），广德州户 58971，口 309008。咸丰五年（1855），户 59106，口 31994。同治四年（1865）广德州户册上所登土著户 2629，口5078；客户 381，口 1250。随着外逃居民的陆续返乡，同治十三年（1874）户册人口数增至 3989 户，口 19410。以此推算，广德州战时人口损失 33.7万，人口损失率为 94.6%。〔清〕王希曾《请给款抚恤难民文卷》载：兹于（同治三年）七月二十九日，官军收复（广德）州城，城内现存本地难民数百口，并外来者亦有数百口，均皆淹淹垂毙。自城池克复后，流民暂次归来，四乡约五千有奇。

广德县道光三十年（1850）至 1953 年人口数量变化表

时间	总人口	其　中				
		土著居民	占总人口比例	外来移	占总人口比例
1850	309008	309008	100	——	——
1855	310994	310994	100	——	——
1865	6328	5078	80.2	1250	19.8
1869	32713	14720	45.0	17993	55.0
1874	99380	19410	19.5	79970	80.5
1879	129548	19981	15.4	109567	84.6
1953	246388	——			——

资料来源：光绪《广德州志》卷十六《田赋志·户口》、1996 版《广
德县志》第三章《人口·历代人口》。

（4）宁国市。明清时政区地名宁国县，地处安徽入浙孔道，历来为军
事要地。咸丰六年（1856）三月至同治三年七月，太平军与清军在宁国境
内进行了长达八年的拉锯战，造成人口的大量死亡和逃徙，但对人口影响
最大的则是瘟疫。

民国《宁国县治·杂志》载："同治元年乱定，五月宁国瘟疫流行，全
境死亡枕藉，无人掩埋。程子山《劫后余生录》：'据老乡言，宁民死于锋
镝者十之三，死于瘟疫者十之七，散于四方来归者，不及十分之一。'"
1997 版《宁国县志·历代人口》载：清乾隆三十二年（1767），全县人口
增长到 28 万多人，比明嘉靖二十九年（1550）增长 9 倍多，后历嘉庆、道
光两代，全县人口一直稳定在 30 万人上下，最高年份的嘉庆二年（1797）
激增到 36 万多人（注：嘉庆三年<1798>比嘉庆二年户减少 3591、口减少
67192，曹树基先生认为此年人口数据存在很大问题），创宁国有文字记载
历史人口的高峰。迨至咸丰、同治年间，兵乱、瘟疫、灾荒接踵而来，全
境生民几无噍类。

南京金陵大学农经系民国二十五年关于《豫鄂皖赣四省之租佃》调查
报告中载："宁国县在太平军退出的三年（注：1863—1866）内荒无人烟
（因没有老百姓需要管理），宁国知县（张志学）只得住于设在宣城县的宁
国府内，后来从徽州、福建、浙南迁来少数客民，待到湖北、河南灾民大
批南来，人口才渐多（才搬回宁国县衙办公）。"直至乱定五年后的同治八

年（1869），全县仅有男女人丁 10004 人。

嘉庆十年（1805）人口 30.1 万，笔者参照曹树基《中国人口史》宁国府每年人口增长率 0.5% 推算：咸丰元年（1851），宁国县人口约 37.8 万，战时损失 36.8 万，人口损失率为 97.4%。是故民国《宁国县志》称："宁自清咸丰兵燹后，土民存者不足百分之一。"

（5）泾县。地处长江南岸平原与皖南山区交接地带，"枕徽襟池，缘江带河"。咸丰四年（1854）正月至同治三年（1864）三月，太平军与清军在此激战十年之久，五次攻占泾县县城，死者甚众，但是，在此之前，泾县外出经商众多，县人多流徙去苏、鲁、浙、赣、豫、鄂、冀等省，其中以赣、鄂两省为最多。如张香都朱氏，因族人朱宗溱经商南昌，朱元湘、朱宗濬、朱伸林、朱敬源等前往依附。咸丰十一年（1861），胡丹成及王之屏一家老幼四十余口，避难上海。"大兵之后，瘟疫盛行，数季不息，归者皆死，人遂视为畏途，裹足不前，积久习安于外矣。"嘉庆十年（1805）人口约 52.5 万。据曹树基《中国人口史》推算：咸丰元年（1851），泾县人口约增至 66.0 万，46 年间增加 13.5 万。同治三年（1864）土著人口遗存约 6.6 万，战时损失 59.4 万，人口损失率为 90.0%。

（6）旌德县。地处皖南山区，古为徽宁通道，宁国府、徽州府要冲。太平天国前，旌德县境乔亭、汤村、朱旺村、大礼村、孙村、新建、庙首、白地、江村、下洋、洪川、隐龙、俞村、凫阳等均是有名大姓大村，庙首、江村、礼村、杨墅、乔亭等已成街市，旌阳、三溪是商贸大镇。咸丰六年（1856）三月至同治二年（1863）九月，太平军与清军在境内鏖战七年六月，兵燹连年，瘟疫和旱灾、蝗祸接踵而至，成千上万人纷纷逃亡他乡，田地荒芜，饿殍遍野。小村空无一人，大村十室九空。全县除老幼不计外，壮丁十约存二，妇女百存一，户之不绝者百中只得二三。嘉庆十年（1805）人口约 37.4 万。据曹树基《中国人口史》推算：咸丰元年（1851）约增至 47.0 万。同治三年土著人口遗存约 2.8 万，战时损失 44.2 万，人员损失率为 94.0%，以致"休养四十年毫无起色，一人三四子者绝不多见，而孑遗靡绝，比比皆是"（江希曾《旌川杂志》）。

（7）绩溪县。位于黄山、天目两山脉的结合带，又是长江、钱塘江两水系的分水岭，地处皖赣通衢，素称"宣歙之脊"。咸丰十一年（1860）至同治三年，太平军与清军在境内反复攻占15次，曾国藩对驻守绩溪的太平军和当地人民群众进行了残酷镇压和屠杀，人口直接死于战争十分之二。1997版《绩溪县志》载：咸丰十一年（1861）底，大雪，饥寒致死甚众，尸横野壑。同治元年（1862）和三年（1863）暴发瘟疫，人口锐减十分之六。嘉庆十年（1805）人口19.3万，咸丰元年（1860）约增至24.3万，同治四年（1865）人口3.9万，战时损失20.4万，人员损失率为83.5%。

咸同年间今宣城市境内县市区人口损失一览表

人口单位：万

今县市区名	嘉庆年间	咸丰元年（1860）	战后人口	人口损失	人口损失率（%）	备注（战后人口年数）
宣州区	101.7	127.9	2.9	125.0	97.7	同治十年（1871）
郎溪县	24.6	28.7	1.6	27.1	94.4	同治十一年（1872）
广德县	30.5	35.6	1.9	33.7	96.6	同治十三年（1873）
泾县	52.5	66	6.6	59.4	90.0	同治三年（1864）
宁国	30.1	37.8	1.0004	36.8	97.4	同治八年（1869）
旌德	37.4	47.0	2.8	44.2	94.0	同治三年（1864）
绩溪	30.1	24.3	3.9	20.3	83.5	同治四年（1965）
合计	306.9	367.3	20.8	346.5	94.3	

注：

（1）嘉庆年间人口数：宣州区、泾县、宁国、旌德为嘉庆十年（1805）人口数，摘自嘉庆《宁国府志》，绩溪县摘自《绩溪县志》；广德、郎溪为嘉庆二十五年人口数，摘自光绪《广德州志》。

（2）咸丰元年人口数，宣州区、郎溪县、广德县、泾县、旌德县摘自曹树基《中国人口史》，宁国、绩溪参加《中国人口史》人口增长率，笔者测算。

（3）战后由于官府的善后资助通常是根据人口数和需要按比例发放，户主没有理由少报幸存人口，因为比较真实。

（4）人口损失和人口损失率不完全是人口死亡和死亡率，还包括统计时逃难尚未回归原籍的人口。

同治三年，南陵人刘镇鏏在《上曾涤生相国议善后条陈》中写道：皖南久历奇惨，烟户稀少，甚有数十里不见人迹者。自咸丰十年以来，大伤元气，人民死亡，房屋灰烬，田地荆棘，奇灾异变，亘古未有。人民死亡，尸骸狼藉，村内村外，池中井中，在在皆是。本朝列圣培植之泽，祖宗贻谋之业，荡然无存。文物之邦，自经变乱，礼义廉耻扫地以尽。

2017 年底，宣城市境人口约 280 万，比嘉庆二十五年（1820）少 27 万。也就是说，约二百年后，今市境内的人口尚未恢复到二百年前的人口数。

三、人口损失原因分析

"清军要头不要毛，长毛要毛不要头。"老百姓只要听说清军或长毛要来，便拼命向深山老林里躲藏，跑慢了就没命了，老人、妇女、小孩跑得慢，死得最多，至今境内民间仍有"长毛跑反"之说。

同治三年六月十六日太平天国都城天京陷落。七月七日，太平天国干王洪仁玕、堵王黄文金、昭王黄文英、偕王谭体元、首王范汝增、恤王洪仁政、匡王赖文鸿、扬王李明成等率太平军余部护送幼主洪天贵福从湖州突围，经广德、宁国退往江西、福建。清军四处围追堵截，所到之处，焚掠一空。

光绪《广德州志·兵寇》载："广（德州）、建（平县）一带遭难最惨，或一村数百户，仅存十余家，或一族数千人，仅存十数口。""自庚申二月（1860 年 3 月），贼窜州境，出没无时，居民遭荼，或被杀，或自殉，或被掳，以及饿殍疾病，死亡过半……庚申（1860）至甲子五年中，民不及耕种，粮绝，山中藜藿薇蕨都尽，人相食，而瘟疫起矣。其时尸骸枕藉，道路荆棒，几数十里无人烟。州民户口旧有三十余万，贼去时，遗黎六千有奇，此生民以来未有之奇祸也。"

曾国藩《豁免皖省钱漕折》载："皖南徽、宁、广等属，兵戈之后，继以凶年，百姓死亡殆尽，白骨遍野。"沈葆桢《沈文肃公政书》载："发逆焚戮之酷，无甚于徽宁者，孑遗之民，存什于千百。"

（一）战争

（1）清军和地方团练的屠杀。太平军和清军在境内进行的拉锯战，在对待老百姓方面，清军甚至比太平军更加残忍。〔法〕史式微《江南传教史》载："清兵好像在同叛军（指太平军）竞争到底谁更凶残，他们每到一地便洗劫一空，无耻地、毫不留情地对待可怜的民众。"同治元年六月《同治朝东华续录》载：同治元年（1862）清廷一份上谕规定："随贼打仗抗拒官兵，不能及早早反正，将来克复城池，悉行剿杀。"负责镇压太平军的湘军不折不扣地执行了这道上谕。同治元年六月十四日清军攻陷宁国府城时，"大呼直入东门，除跪降及老弱妇女外，一律斩薙无遗，前后毙贼几及二万"；"攻入旌德县，挨村洗劫，逢人便杀"。同治元年（1862）十二月，清军撤离旌德县城，以"不与发匪安身之所"为借口，下令将县城内外房舍尽引焚毁。"游勇散兵到处为害，荼毒生灵狠比'长毛'倍之。"民间有童谣"清官军，猛于虎，驱贼既不能，杀人又放火"。

此外，地方绅士"兴办团练"的各种费用不仅取自民间，而且各团练"以旗械华丽相夸耀攀比""团而不练团"。皖南道尹福成在奏折中称："皖省自军兴以来，各邑绅士往往借团练之名，擅作威福，甚且草菅人命、攘夺民财、焚掠村庄，无异土匪。"《旌川杂志》载：白地团首王炳炎（绰号炎老五）少年狂妄，滥杀立威，有民从"贼"中逃出者，遇辄杀之，以张声势。其所召团丁，均属无赖之辈，荼毒人民，"未曾驱民害，反觉添民难"。旌德民谣"旌德人死得苦，害在炎老五"。鉴于军队的滥杀，清军统帅曾国藩不得不发布禁令，严整军纪。

（2）太平军滥杀。在战争初期，太平天国军队纪律严明，将领对部下约束严格。咸丰十年（1860）从美国回到国内的容闳至南京对他"几欲起而为之响应"的太平军实地考察后认为："太平军之对于人民，皆甚和平，又能竭力保护，以收拾人心。其有焚掠肆虐者，施以极严之军法。"但他也认为太平军如"埃及石人首有二面"。起初"凡崇拜天主，信仰救主圣灵，毁灭偶像庙宇，禁止鸦片，守安息日，饭前后战争时均祈祷，种种耶教中重大这要旨，太平天国无一毕具"。〔清〕刘学诚《兵灾记》载："咸丰六年（1856）贼内翼王带兵数万，从青阳、石台走太平、过三溪、下泾县、到宁郡。三月二十三、四两日过尽。典铺内并富家绸衣带去，余物不要。黄花岭至浙溪桥杀死者三十余人，掳去者不满百人，数日间逃回大半。"

咸丰八年（1856）九月，"天京事变"发生，太平天国主要领导人东王杨秀清、北王韦昌辉及所属部众近三万人被屠杀；咸丰九年（1857）6月翼王石达开负气率近半太平军部众出走，太平天国元气大伤，由盛转衰，其后加入太平军的多是"无业游民，为社会中最无知识之人"，"盖此无赖之尤，既无军人纪律，复无宗教信仰"，"迨占据扬州、苏州、杭州等城，财产富而多美色，而太平军之道德乃每下而愈况"。朝纲败坏，纪律废弛，抢掠财产、滥杀无辜时有发生。"至日杀数人，亦不能禁其抢掠，不肖者且阴纵之。"

另外一个重要的原因是：地方世家大族奉清政府之命组织团练对抗太平军，情况发生了变化。如：咸丰三年（1853），旌德西乡庙首镇人、刑部侍郎吕贤基赴安徽省任督办团练大臣，其子吕锦文在家乡创办团练局，多次攻打和抵御太平军。由于地方团练均是地方青壮年老百姓，服饰、方言与一般老百姓没有区别，太平军复仇时，难免杀伤扩大化。咸丰十年（1860），吕氏父子故里庙首镇遭到太平军复仇式围歼，战前四万余人，战后锐减至二千余人。

宣城金宝圩，三国孙吴时开垦，时为皖南境内最大的圩区，圩周120余里，良田数万顷，居民数万户，"土沃民殷富"。咸丰六年（1856）起，盐提举衔候选训导丁翥与袁澄、魏珍、王兰、刘汉川、唐文炳、刘启林等创办团练，"捐资募壮士，教士步武，成劲旅""力抗悍贼"，咸丰六年（1856）二月和咸丰十年（1858）八月宁国府城两次被太平军攻破，金宝圩屹然耸立，"贼攻则败去""为宁国（府）、太平（府）、金陵（府）诸富家大族所萃"，远近归依者数万人。同治元年（1862）十二月，太平军侍王李世贤率军围攻数旬终于被攻破。圩破后，太平军大肆屠杀达八九万人之多，遗存的一千多名练丁逃至芜湖，曾国藩对其编营安插。

曾国藩的幕僚赵烈文在《能静居士日记十六》写道：同治二年正月十七日载：甲子，阴，顺风，下午微雨。金宝圩在（宣城）邑东南，其地民团守十年，为宁国、太平、金陵诸富家大族所萃，于去腊中旬失陷，死掠无数。周围绕数百里内，去年皆有收，自贼至，尽弃盖藏而走，来芜地者，不下数十万，哀鸿遍野，莫可赈恤。现在贼营离此近者二三十里，据高阜可望见。

广德篁村堡（今桃州镇蔡家岭南），光绪《广德州志》卷八十五《杂志·兵寇》载："自庚申二月（1860年3月），贼（太平军）窜州境，出没无时，居民遭荼，或被杀，或自殉，或被掳，以及饿殍疾病，死亡过半。存者至于无可托足，皆迁避于南乡篁村堡。堡民负险拥众，其地倚山，四面环抱，廓其中而隘于路口，故易守。贼屡攻不克，益壮其声势。最后为贼酋洪容海率党攻破，大肆屠戮，居民无得脱者。"同治二年（1863），投降清军的太平军将领童海容（原名洪海容，为避洪秀全讳改名童海容）部攻陷篁竹堡，大肆屠戮，民团遇害者达万人。

宁国梅村"仙人洞"，地形险要，十分隐备。邑人周赟《梅村千人墓记地》载：吾邑东梅村之山有仙人洞焉。山半一径，缘崖右转，危岩上覆，绝壑一悬，横残裂一缝，游者仰而先入其足，负石斜下丈许，乃得平地，渐入渐深，亦渐高大。乡人避其中者日众，多至千余人。乃籍其户口，推一人为洞主，水火出入皆有司。人各选胜而栖，居积鳞次，灯火星罗，往来交易成"洞市"焉。贼爇草熏之，烟不入，灼薪投之火不燃。贼众无可如何，故蹂躏三载，洞中人如在桃源焉。太平军酷刑通过拷打村妇，问出破之策，放火熏死洞中1300余人。洞中烟火10多天后才自然熄灭，此后，10多年再也没人敢进洞中。

（3）清军较太平军的杀戮有过之而无不及。一件使曾国藩声誉大受诟病的是他坚决主张将叛乱者斩尽杀绝。曾国藩推行的杀尽叛军为唯一目的的政策，实际上延长了太平军的殊死抵抗。太平天国忠王李秀成在被俘后写的自传中回忆：如果曾国藩及其部将对讲广西话（太平天国的发源地）的太平军采取纳降而不是坚持一概杀戮的话，太平军早已自行解体了。

容闳在其《西学东渐记》书中写道：（咸丰十年，1860）十一月十二日，（余）离无锡赴常州。自苏至丹阳，舟皆行运河中，河之两岸，道路犹完好。途中所见皆太平军。运河中船只颇少，有时经日一遇一舟。运河两旁之田，皆已荒芜，草长盈尺，满目蒿莱，绝不见有稻秧麦穗。旅行过此者，设不知其中真相，必且以是归咎于太平军之残暴。殊不知官军之残暴，实无以愈于太平军。

曾为太平军俘虏的李圭，咸丰十年（1860）闰三月，太平军再破江南大营，及其叔同为被俘，后为太平军"司笔札"，居太平军中二年半，逃至上海后，追述当时经历，著有《思痛记》。他在《思痛记》中写道："各处烧杀抢掠，亦多有为溃败之官军所为者，不尽属贼也。又官军败贼，及克复贼所据城池后，其烧杀劫杀之惨，实较贼为尤甚，此不可不知也。"皖南石棣绅耆《致在省绅书》哭诉受害情形："兵勇拆毁房屋以作柴薪；捉去归民为伊搬运。所有店铺，被兵勇辈占据买卖。更有夫役人等，借名砍伐竹木，而实攫取室中器物。城乡内外，房屋完全者百无一二。如此横行，以致归民有官兵不如长毛之叹。"

从杀戮的对象来看，太平军镇压的多是官僚豪富和缙绅地主，对一般的平民则是力禁滥杀。据《太平军在上海》载，当时在华的外国人亦有同样的看法："没有疑问，叛军也有时迫不得已必须相当无情地使用他们的大刀，但这只在为了保护他们绝对安全的时候才会使用。城里的人也许逃避一空，且由于各种原因致死而躺在地上的尸体，为数也可能很大，但若把这种情形归罪于长毛（注：指太平军）的过分残酷与嗜血成性，那是很不公平的。"

但是，清军则滥杀无辜。曾国荃在攻陷安庆后，清军"排队入城，乱杀不曾作战之平民，不分男女老幼。其被残杀之尸体，顺大江湍急之水，东流入海。我（注：英国人呤唎）亲见此种惨被凶酷的魔鬼用种种残虐方法所杀害之尸骸，顺流而下，整百整千，乱挤成团"。同治三年七月十九日清军攻破太平天国都城，进城之后湘军就开始大规模地烧杀抢掠。据清人记载："金陵之役，伏尸百万，秦淮尽赤，嚎哭之声，震动四野。"所谓伏尸百万，除了战死者，就是清军在城内外屠杀的平民。

（二）饥荒

道光以来，境内灾荒不断。咸丰元年，宣城金宝圩鼠伤田稼。四年、五年、七年、八年，蝗虫害稼，连年荒歉。同治《宁国县通志·杂志类》载：宁国县"咸丰二、四、五连年荒歉，飞蝗蔽天，所集田，苗稼立尽"。残酷的战争，又使人们无法正常从事农业生产。

《泾川张香都朱氏续修支谱》载："（泾县）咸丰庚申，粤匪蹂躏者三季，荡析离居，逃避四方。"战争致使人迹罕见，则野兽横行，夜晚人们只得打着竹筒呼喊，吓退野兽，单家独户不敢居住。

同治《宁国县通志·艺文志》载："自兵火后，人烟稀少，草木繁盛，野猪百十成群，所过田禾立尽。农民于禾熟时露宿田间，呼号四彻。"宁国县境内还遭受虎患之灾，"吞噬人命，仅如鹿猪，始而啖食行路，复徙他所；今则白日捕掠，渐逼郭邑"。虎患使得"春农力作，避之无时；负米拾薪，昼不敢走"，严重影响了农耕生产。加上清军、太平军对粮食的掠夺，人们乏食，饥馑荐臻。

太平天国前期，军需粮饷主要来自沿途攻克的官署府和富豪的"进贡"；后期，被清军长期包围在一地，又没有稳固的经济基础，加上连年自然灾害粮食极度匮乏。为了解决军队给养而就地进行横征暴敛，作战的主要目的也是解决粮食短缺问题。同治元年（1862），春荒非常严重，活跃在境内的太平军侍王李世贤、辅王杨辅清、堵王黄文金、襄王刘官芳、匡王赖文鸿、奉王古隆贤等部为就粮求活而奔走转战，不仅导致了太平天国为解救天京之围制订的"进北攻南"计划失败，而且折损了大量的有生力量。

湘军统帅曾国藩在给其同僚的信中认为：太平军向清军投降的一个重要原因是"米粮甚少，金陵贼首不肯少为接济""贼中无米，急图反正以便就食"。驻扎在皖南的十余万湘军由于清政府供给的军粮饷不能及时运到，以致攻城后烧杀抢掠无恶不作，加剧了人民的贫穷。清军和太平军所到之处老百姓"掘野菜和土而食""人相食"的记载史不绝书，甚至出现了将人肉标价出售的现象，冲击人伦道德底线。同治元年4月2日（三月初四）曾国藩在其家书中云："口粮极缺，则到处皆然，兵勇尚有米可食，皖南百姓则皆人食人肉矣。"胡在渭《徽难哀音》（二编）载："贼未退以前，乡村粮食已尽，往往掘野菜和土而食，贼既退，米价每斗至二千钱，（人）肉每斤五六百钱，日不能具一食，绩溪之乡村，有至于食人者，于是饥饿而毙者，亦不可胜计。"

咸丰十年（1860），太平军第三次占领旌德县城驻兵一年半之久，时旌德团练局团总吕锦文偕白地团练首领王炳炎，退守箬岭（老庵）固守，驻旌德、太平两县太平军围攻箬岭，始终不克。旌德白地、江村等地处战场前沿的村民深受其害，"围困日久，内外断绝，民初啖皮箱，糠秕、草根、树皮。迄腊月天雪，掘食死尸，并杀人为食"。旌德江村《济阳江氏金鳌派宗谱》载："咸丰辛酉（1861），吾族十室九空，遗子之民至于相食，其存者不及嘉道盛时百分之一。""族人丙崖，兆棠皆被人食。兆棠病卧在床，见有持刀来者，因哀之曰：'我终为君腹中之物，何妨稍缓须臾，待我气绝矣'，亟戕之。又族伯笏迁，以三子全福出嗣胞弟，年已十三矣，为嗣母所食。此二者，当时不戕，后又知丧于谁手？"谚云："挨到嗷嗷欲疗饥，权寻人肉剟在手。人肉未食已巳颓，巳身之肉人拿走。"

（三）瘟疫

连绵不断的战争，尸横遍野，尤其是尸体没有及时清理，遇高温腐烂，"蒸郁积为瘟气"，极易引发瘟疫。一人患病百人被染，救济不及，只需几日即成蔓延之势。

据张剑光《三千年疫情》及《曾文正公全集·未刊信稿》载，同治元年（1861）至三年皖南、苏南、浙西北爆发的瘟疫，宣城、广德、宁国、泾县等无一幸免，"疫病所至、村落为虚""白骨蔽野、十室九空"。

同治元年八月，曾国藩特使、湘军将领甘晋在致曾国藩信中报告说，湘军占领宁国府（治今市区）后（注：指六月十五日，浙江提督鲍超率部克服宁国府，见曾国藩同治元年七月初二日《克复宁国府城并请奖恤出力员弁折》），"暑疫大作"，疫疾殁者十之二三，患病者十之三四，其能出队者不及四成。刚攻克宁国府时，城内原有居民加上投降的太平军总人口不会少于二万多人，再加上进城从事贸易的商人和原料来出逃的居民，总人口数超过三万，但最近两月以来，清军加上平民瘟疫去世的有二三万人。看看城内走在路上的人，一个个面带病容，十人中仅一二人是健康的。城内外五六里，人死后留下的臭气简直不能忍受，一路上还没掩埋的病尸，即使想快速地把尸体埋进土里，但谁去埋，谁马上也会得病，因而没有人敢去埋死人（有旋埋而掩埋之人旋毙者），只能任凭臭气冲天。沿路尚有尸骸，在城河（主要指水阳江、宛溪河）里，漂浮着尸体，互相连接有三里光景。尸体上生满了蛆，只要有船经过，这些蛆就会爬上船沿，吓得船只不敢通航。城里的水井和近城的河流湖泊，都开始发臭浑浊，人如果一吃这水就会染疫，所以没有人敢吃。

严重的疫情，迫使曾国藩不得不向清廷告急奏报。闰八月十二日，他报告说："长江南岸各军，普遍盛行疾疫。尽管现在已是秋天，但疫病仍没有停息减缓的迹象。疫病以宁国（府）所属境内最为厉害，金陵次之，徽州、衢州次之。水师及上海、芜湖各地驻军，也都是疠疫繁兴，死亡相继，兵士减损严重。"他在报告中根据甘晋的汇报，着重把宁国府的灾情谈得十分详细。他说宁国府城内外，尸骸狼藉，无人收埋，军民死亡相继，道殣相望。河中积尸生虫，往往缘船而上，河水及井水都不可以吃了，一些有财力的居民，用船到数百里外装水运回城内饮用。整个宁国府城臭秽之气

太平天国玉玺文字

冲天，十病八九。由于害怕传染，无人敢接近病人，更不用说病人能够得到有效的治疗了。许多病人被集中到一起，由于健康人都吓得走开了，无人送药，连饭也没有人肯烧给他们吃。

自这年七月以来，以宁国府为首的这次安徽疾疫大流行，对湘军打击极大，士卒伤亡达十之四五，"疾病物故万有余人，良将循吏折损孔多"。鲍超霆军营中病者万余、死者日数十人。统帅鲍超本人不得不逃至芜湖养病，由总兵宋国代统其军。张运兰一军驻扎在太平、旌德等处，"病者尤多，即求一缮禀之书识、送信之夫役，也难得其人"。曾国藩感叹道："诚宇宙之大劫，军行之奇苦也""无日不在惊涛骇浪之中"。将领士兵死伤得这么多，必然是大大削弱了湘军的战斗力，而太平天国农民起义军却重新得到了发展的机会。

光绪《广德州》载："五月至八月积尸满野，伤亡殆尽。"民国《宁国县志·杂志》载："同治元年，乱定。五月，宁国瘟疫流行，全境死亡枕藉，无人掩埋。"同治《宁国县通志·杂志》载："尸体遍野，疠气干霄，阴郁成灾，祸延游客，阳微积眚，殃及土氓。"1988版《绩溪县志》载："是年，大疫流行，人口死亡甚众。"《泾川张香都朱氏续修支谱》载：泾县"大兵之后，瘟疫盛行，数季不息，归者皆死"。胡在渭《徽难哀音》（二编）载："庚申之乱，徽人之见贼遇害者，才十之二三耳，而辛酉五月，贼退之后，以疾疫亡十之六七。"

同治二年（1863），曾国藩自安庆东下，观察的情形是："壮者被掳，老幼相携，草根掘尽，则食其所亲之肉""徽（州府）、池（州府）、宁国（府）等属，黄茅白骨，或竟日不逢一人"。

同治十年（1871）六至八月，德国著名地质学家、旅行家李希霍芬男爵从上海到宁波，经浙江金华、桐庐等县，进入天目山，越千秋关，至境内宁国、泾县，到芜湖，乘船至镇江，进行较细致的地质考察和测量，其田野调查看到的景象是："尽管土壤肥沃，河谷地带已完全荒芜。当你走近一组隐蔽在树丛后的粉刷得洁白的房屋时，会明白它们已成了废墟。这是当年富饶的河谷地带变为荒芜的有力见证。不时可见到临时搭凑的小屋，暂为一些可怜的穷人的栖身之处，他们的赤贫与周遭肥沃的田地形成鲜明的对比。我提到过的城市，如桐庐、昌化、於潜、宁国等地到处都是废墟，每城仅数十所房屋有人居住。这些都是十三年前的太平天国叛乱者造成的。联络各城的大路已成狭窄小道，很多地方已长满高达十五英尺的荒草，或者已长满难于穿越的灌木丛。以往河谷中人烟稠密，这从村庄的数量之多和规模之大可以得到证明；所有原来的房屋都以条石或青砖建造，有两层，其式样之好说明以往这里原是非同寻常的富裕和舒适。无论是河谷中的田地，还是山坡上的梯田，都已为荒草覆盖，显然没有什么作物能在这枯竭的土地上繁衍。"

四、市境人口损失差异分析

战争中不同职业的人们的命运也有较大的差异。曾任建平知县、安徽布政使、浙江巡抚、两江总督的马新贻对此深有体会，他在其《办理垦荒新旧比较荒熟清理庶狱折》中分析认为：士人商贾，或外有亲友，生计可投，或向于道路往来熟悉，或稍有轻便衣赀可携，以为苟且糊口之计，故流散者虽多，死亡者较少。至于各处农民，外无可携，贼氛所至，被掳者死于锋镝，避匿者饿填山谷，故流散殊少，死亡最多。

具体至市域七县市区来看：宣州区地境水阳江、青弋江横贯其中，百姓"务农力田"，以农业为主；宁国、广德、郎溪虽然山产资源丰富，但民人不事商贾，故"虽号沃壤，而家无余资"。地方志书载：宣州区史上"宣俗和柔为多，民怀土轻去乡"；宁国市史上"民安土重迁"；郎溪、广德

"率皆安土重迁，习勤守朴"，其四县市区"向年在家务农者居多，客地贸易者稀少，以故兵燹之后，凋残最甚"。泾县、旌德、绩溪地处山区，山多田少，农业生产条件恶劣，民人"多以贸易起家"，其三县经商者多，眼界开阔，轻去其乡。1904 年，境内移民最少的绩溪县只有 1493 人，与其紧邻的宁国县移民多达 120131 人，是绩溪的 80.5 倍，而广德县移民比例比绩溪高出 88.6 个百分点。

光绪三十年今宣城市县市区土著及移民基本情一览表

项目 县市区	土著人口情况			移民人口情况			全部人口分布情况		
	男	女	小计	男	女	小计	合计	土著比例(%)	移民比例(%)
宣州区	91597	67144	158741	62424	38232	100656	259397	61.2	38.8
郎溪县	14858	9806	24664	38215	23764	61979	86643	28.5	71.5
广德县	8341	5191	13532	63437	38631	102068	115600	11.7	88.3
泾县	61318	38733	100051	6334	4043	10377	110428	90.6	9.4
宁国市	14801	12122	26923	70858	49273	120131	147054	18.3	81.7
绩溪县	46866	39999	86865	969	524	1493	88358	98.3	1.7
旌德县	23547	15719	39266	3109	2515	5624	44890	87.5	12.5
合计	261328	188714	450042	245346	156982	402328	852370	52.8	47.2

资料来源：《皖政辑要》。

五、余论

咸丰同治年间，太平天国与清军的战争虽然遍布大半个中国，皖、苏、浙、赣四省受灾最重，但是，以今省辖市地域为界，从战争当事人的陈述以及当代学者研究成果来综合分析，今宣城市境在安徽省境内受灾最为惨重，在全国可能也是如此。

（一）佐证材料有二

1. 两江总督曾国藩和安徽巡抚乔松年的调查报告和奏折以及继任两江总督马新贻的奏折。同治三年两江总督曾国藩奉旨会同安徽巡抚乔松年等"查明皖省各州县应征钱粮、杂税，分别被灾轻重，酌拟蠲免年份"。经过一番调查，曾国藩他在上报的《蠲免皖省钱漕粮折》奏折中称："臣等复安徽全省，贼扰殆遍，创巨痛深。地方虽有已复之名，而田亩多系不耕之土。其尤甚者，或终日不过行人，百里不见炊烟。据查核，皖南徽、宁、广等属兵戈之后，继以凶年，百姓死亡殆尽，白骨遍野，此受最重者也。"

为了"分别被灾轻重，酌拟蠲免年份"，曾国藩将安徽境内所辖五十七个州县依受灾程度划分为最重、较重、次重、稍次四个等级，其中受灾最重的十一个州县分别是绩溪、宁国、旌德、太平、宣城、南陵、泾县、青阳、石埭、广德、建平，也就是说境内所辖的宣城、郎溪、广德、泾县、宁国、绩溪、旌德七县均为受害最严重的州县。

曾国藩核定的《皖省开垦荒田章程》中的受灾情况，也"以皖南新复地方，流民未集，其田产荒芜，以宣城、南陵、泾县、旌德、太平、绩溪、青阳、石埭、建德九县为最"，拨给九县湘平银 2.7 万两，用于开垦荒田，其中今宣城市境内有宣城、泾县、旌德、绩溪四县。

同治四年（1865），两江总督曾国藩、安徽巡抚乔松年恳请朝廷蠲各安徽各州县应钱粮、杂税。朝廷允准所请，除免除咸丰九年前安徽民欠钱粮、糟米外，广德、建平、宁国三州县咸丰十年至同治三年，绩溪、旌德、太平、宣城、南陵、泾县、青阳、石埭八县咸丰十年至同治四年，滁州、歙县、东流等十六州县咸丰十年至同治三年，望江、休宁、祁门、和州等二十五州县咸丰十年至同治二年，婺源、泗州等五州县咸丰十年至同治元年，一应民欠正杂钱粮银米、商牙鱼杂各税、压征芦课各项官租，概行蠲免豁免。其中今宣城市境内广德、建平、宁国、绩溪、旌德、宣城、泾县减免最多，从某种角度来讲也是受灾最惨。

同治七年（1868）八月，继任两江总督的马新贻在其《招垦荒田酌议办理章程折》中也认为："兵燹之后，各省之中以皖南荒田为最多，其地方亦以皖南为最盛，如宁国、广德一府一州，不一数百万亩。"

战后，清政府虽然采取措施积极招垦，但是恢复异常缓慢，经过40年的恢复，光绪三十年（1904）左右，市境内的土地垦殖率（注：耕地面积占土地总面积的比例）只有4%左右，低于安徽全省平均水平9个百分点。

2. 今人研究成果。复旦大学葛庆华认为：太平天国战争期间，皖苏浙交界地区各州县由于自然、社会条件的差异，战时人口损失差别较大。宁国府（辖宣城、宁国、泾县、旌德、南陵、太平县）人口损失最大，次之为广德直隶州（辖建平县）、苏南七县（辖溧水、高淳、句容、金坛、溧阳、宜兴、荆溪县），湖州府（辖长兴、孝丰、安吉、武康、德清、乌程、归安县）最低。以分县来说：宣城、宁国、广德、建平、溧阳、句容、金坛、宜兴、荆溪、安吉、孝丰、武康、南陵、旌德、泾县等人口损失率都在90%以上；次为溧水、长兴、德清、太平等县人口损失率在80%—90%之间；乌程、归安、高淳人口损失率在80%以下。

（二）最惨原因有三

1. 地形因素。皖南包括宣城境内，不似其他地方，人口、财富多集聚城市，太平军攻占不了城池，并无法生存。而皖南地境，人口、财富多聚集在乡村，太平军不用攻占城池，便可随意获取兵源和财富，长期居住。这应是皖南在安徽乃至全国受灾的重要原因之一。

《同治三年皖南肃清上曾涤生相国议善后条陈》文分析得最为透彻全面。文曰："皖南情形与他省迥异，江西江北多平原旷野，势宜谨守城营，兵法云'平地守城'是也。城镇而外，聚族而居者类皆茅舍数十间，无大村落，故坚守城营，贼来驻扎，势不能久。皖南则不然，山势罗列如城，堪舆家所谓罗城也。古来建立郡县，大抵因山势制宜，皖南南与浙省接壤，东与江苏连界，皆有山如城以为之限，惟分高下耳。至于郡县，罔不各有所谓罗城，俨若自成一家，山势环列如城，其缺断下处居然如门，所谓隘口也。大厦鳞次栉比，千家万家群居聚处，村落之盛势媲郡县，故贼数十万众至，随地安下窝巢，绰有余裕，不必得城池，可以久驻。盖我皖南富庶不在城池，而在乡村，徒守城池，贼来乡村，惨遭蹂躏。一城空存如乔木然，枝叶蕃茂浓阴蔽复数十亩，今任樵夫牧竖日夕，荷斧缺斤横肆肃落，而徒饬其固守一干，欲何为者？为皖南议善后事宜，生以扼守隘口为第一策。隘口不守，流民不敢安集，田地不能开垦，恐又适以资贼也。"

晚清战难后的村庄景象

2. 瘟疫。瘟疫造成的人口损失远超过战争本身造成的人口损失。瘟疫越严重的地区，人口死亡就越多，反之则少的多。

葛剑雄等的《人口与中国的现代化》书中认为："太平天国战争期间，长江中下游地区造成了数以千万计的人口死亡，但江苏、安徽、浙江的死亡人口中，只有30%是直接死于战争本身，其余70%则是死于另一种烈性传染病——霍乱。"

曹树基在其《鼠疫流行对近代中国的影响》书中也认为："在太平天国战争期间，苏、浙、皖三省在战争中的死亡人口只占人口死亡总数的30%，死于霍乱的占70%。"以宁国县为例，史载："（民）死于锋镝者十之三，死于瘟疫者十之七。"同治元年（1861）至三年（1864）皖南、苏南、浙西北爆发的瘟疫，宁国（府）所属境内最为厉害，金陵次之，徽州、衢州次之。从某种程度说，宁国府境死亡的人最多，金陵府、徽州、衢州相对较少。

3. 职业。战争中不同职业的人们的命运也有较大的差异。经商者多眼界开阔，轻去其乡；以农业为主者，多安土重迁。从整体上来讲，徽州府一府六县外出经商之人较宁国府多，战争期间，徽州府外出投亲靠友的自然比宁国府多。

（陆再奇）

太平天国过后宁国移民故事

云山人诵诗过大年的故事

宁国万家乡云山古道（今名吴越古道）一带，清光绪初年，迁来好多外地人，有湖北的汪家，有浙江江山的柴家，有江北安庆的李家、吴家、彭家、汪家……刚来的几年中，外地人总是心存芥蒂，和本地人相处不是那样融洽，时不时地产生一些小摩擦。逢年过节时，外地人又格外思念家乡，思念亲人。所以，春节期间总有一种闷闷不乐的感觉。有一年过年前，为了改变这种气氛，缓和与当地人的关系，安庆迁来定居的李大伯提议，外来人和当地人共同聚集在一起过一个年。他的倡议很快得到当地大户何氏、鄢氏、奚氏、钟氏的同意。何家房子大，何老爷邀请大家在何家集中过年。

除夕这一天的何家，有的拿米做饭，有的和面做馒头，有的带来野猪、野兔肉，有的带来笋干、香菇。何家老爷拿出三十几斤猪肉，鄢家做了两作豆腐（约一次 15 斤黄豆做豆腐为一作）送来，奚家将孝丰亲戚送来的两坛老酒也挑来啦。几位年长者在看柴老伯的儿子写对联，几位姑娘在看杨家姑娘剪纸，一群后生们在打扫卫生，大人们忙得不亦乐乎，小孩们高兴得你追我赶，拍手欢笑。

这时，安庆迁来的李老伯，用生硬的安庆话对大家说，今天，我们不但要过一个热闹的年，还要过一个有意思的年味来。他提议，诵诗过大年，即选出四位代表，本地人两位，外来人两位，宴席上分别诵读一首诗。诗的首句句首二字为"小小"、句尾三字要有"四四方"，二句句尾三字必须是"摆中央"，末句句尾四字必须是云山人的姓。作出的诗大致符合规定者，请何老爷包红包，不合规定的罚酒三杯。柴老伯话音刚落，"好！好！"

声不断，立刻得到众人的喝彩。

柴老伯的儿子（江山人）首先说，算我一个。安庆桐城迁来的李家媳妇说，我算一个。当地人也不示弱，奚氏太婆说我也参加，算一个。鄢家大伯说："山上烧柴（柴氏居山上），山下冒烟（鄢氏居山下），柴家参加，我也来一个。"

经过一下午的忙碌，烧了六桌菜，大家自带碗筷，齐聚何家老屋。何老爷说，今天大家聚在一起过年不容易。闲话少说，请大家举起杯，先敬天地一杯。众人高高地举起杯，缓缓地将酒洒向地下。何老爷又说道，第二杯酒各自敬祖宗，你们迁到这里，

皖浙交界的吴越古道

祖宗带不来，但不能忘祖。众人同何老爷一道，将杯中的酒又缓缓地洒向地下。何老爷接着说，这第三杯酒敬大家，今后我们就是乡亲了，不分本地、外地，有福同享，有难同当。大家同时一饮而尽。此时外来人心理涌起一股感激之情，背井离乡，历经磨难来到云山，多亏何老爷及本地人的关照，才得以顺利定居下来。奚老伯接过话茬，说道："大家记住何老爷的话，有福同享，有难同当。日子长远，相互照应。闲话少说，言归正传，现在喝酒、作诗。"

柴老伯的儿子带头叫好，说"我先来"，同时高声朗诵："小小砚台四四方，一支香墨摆中央。提起羊毫文章做，做一首吴钟王章。"大家喝彩，说得好，并迫不及待等待下一位作诗者。这时，李家媳妇不慌不忙地站起来，用清脆悦耳的声音说道："我来献丑：小小被褥四四方，拿起枕头摆中央。提起花针把花绣，绣一个彭周何方。"说毕，向长者祝一深躬。此时，不约而同地响起一阵掌声。不等掌声结束，奚氏太婆急不可待地说道："我来，

我来。小小锅台四四方，一口铁锅摆中央。火烧锅爊把饭做，做一锅鄢奚毛张。"大家又是一阵鼓掌声，同时把目光投向鄢家大伯。鄢家大伯站起来，一手拿汤勺，一手指着桌子，不慌不忙地说道："小小桌子四四方，一碗肉圆摆中央。手拿汤勺捞几个，恭送给陈徐杨汪。"话音一落，引得大家捧腹大笑。

杨家姑娘对柴家小伙早已心生爱慕，见柴家小伙诵了一首诗，也不甘示弱，自告奋勇地说，我也来一首："小小红纸四四方，一把剪刀摆中央。拿起剪刀剪福字，剪出个胡仙高尚。"小姑娘们立即鼓掌说"好"。何老爷这时也即兴说道："小小房子四四方，六张酒桌摆中央。五湖四海聚一起，从此后有福同享（谐音'尤傅童项'）。"大家齐声鼓掌说好。有个后生说，何老爷说得是好，但不符规则，应罚酒一杯。何老爷端起酒杯，说道：认罚，将一杯酒一饮而尽。吃饱喝足后，何老爷给上述诵诗的人一人一个红包，同时还给在场的小孩一人一个红包。

除夕年饭后，年轻人到汪家桥看戏去了，年长者带着小孩回家守岁。这次云山过年吃年夜饭，是"长毛造反"后年味最有意义的一次，故而被传为佳话。

从此后，云山乡民和睦，世代友好，不分里外，亲如一家。

吴越古道是游客称羡的风景大餐。一路攀登，一路诗意。山高险峻，湖生天上。美景阅不尽，故事听不完。花香鸟语入耳际，潺潺溪水洗尘埃。千顷关口犹在，不见硝烟；天池之水涟漪，风轻云淡。千顷山风光无限，历史遗迹尚存，文化底蕴深厚；乐利峰峭然昂首，远眺浙之钱塘，北望皖之长江。

古道步步有底蕴，沿途处处藏妙景。2018 年 6 月 9 日召开的"2018 长三角古道旅游大会"，吴越古道被列为长三角地区十大古道之一。高原乡间俚语赞美吴越古道曰："凝寒滴翠生苍苔，雄关壁垒太古色。越门牧笛问酒家，吴国征车寻春社。红影半含天池渺，余晖倒映乐利赊。中外宾客四季游，手提相机美景摄。"

落花坞的故事

地名落花坞，位于宁国市云梯畲族乡白鹿村，距市区 45 公里。落花坞的故事流传在宁国市云梯畲族乡、仙霞镇一带。畲族为晚清迁徙而来的移民。

宁国市东南境内云梯畲族乡千秋关脚下，有一道高山峡谷。谷口处有一村庄，名白鹿村，居住着畲、汉两族的乡民，世世代代和睦相处。不知从何年何月起汉族人氏订了一条清规戒律，畲、汉不许通婚。有一个汉族小伙子却偏偏爱上了一个畲族姑娘，且私订终身。按族规他们要被游乡示众，然后沉塘处死。这对恋人性格倔强，感情又深，他们没有坐等处罚，而是双双逃进了高山峡谷，当追撵他们的人追到峡谷口时，却看见片片桃花自高山飘下，从天而降，桃花似一堵花墙挡住了人们的视线，分辨不清进入峡谷的路口。追撵他们的人惊得目瞪口呆，畏葸不前，认为这是天意，万万不可违背，只得心灰意冷地回去了。从此，这对情人在峡谷里男耕女织，繁衍后代，过着幸福美满的生活。

之后，畲、汉两族不通婚的清规戒律也随之被破除，畲、汉两族亲上加亲。这个高山峡谷便被后人称之为"落花坞"，山高 605 米，山名为"落花尖"，溪流名为"落花溪"。地名"落花坞""落花尖""落花溪"一直延留至今。

桂花树的故事

地名桂花树，位于宁国市西津街道双溪村，距市区 5 公里。

太平天国时期，宁国百姓死伤无数，尸骨遍野，继而瘟疫泛滥、灾害频繁，致使人丁消亡，十不存一。人口急剧下降，大量熟地变成了荒田。为了解决苏皖赣抛荒严重、民政废弛的严重问题，同时为了增加朝廷财政收入，两江总督曾国藩采纳了幕僚薛福成的建议，向外招徕客民耕垦，优惠的移民垦荒政策吸引了大批外地人移居皖南各县。移居宁国客民以湖北人、河南人居多，其次是安庆人和浙江人。他们只好响应"劝农局"的号召，一户数口人，几户乃至数十户一道，成群结队地来到宁国，出现了"一担箩筐下江南"的景象。

清同治十二年（1872）的夏天，湖北黄州（今名黄石市）的三四家樊姓村民，结伴携妻带儿，背井离乡，一路风尘仆仆，历尽坎坷，历经数月，来到宁国双溪铺三十四都周家庄。周家庄村中房屋里空无一人，床上完好的蚊帐，一动就粉碎了，有的床上还有人的骨骸，庭院长满了一人高的野草。田地里到处是小树、杂草。村头两株 500 年树龄的桂花树十分高大，树姿飘逸、枝繁叶茂、四季常青。树上挂有许多褪了色的红绸布。青山绿水环绕村子四周，土地松软、肥沃，村民们便在周家庄定居下来。他们清理房屋，打扫卫生，清除田间地里的树木、杂草，开垦荒地，赶种秋季作物。

正当大家忙得不亦乐乎时，村民们一个个感到四肢无力，不思饮食，不知是水土不服，还是瘟疫复来，惊恐万分，纷纷想再外迁他处。正当人们一筹莫展时，樊家老祖母得知，村头桂花树是神树，用金色的桂花泡茶喝，能祛除邪气治百病。为保家族平安，她一连三天，三更起床，在桂花树下燃烧香纸祭拜，企盼桂花树开花。也许樊祖母的诚心感动了上苍，炎热的秋天气温急剧变冷，凉风阵阵。第四天，桂花树果然开花啦。金色的花儿一团团，一簇簇，开满枝头，芳香四溢。

人们闻到桂花香味，神清气爽，病情立刻好转了许多。樊祖母忙采摘桂花，和茶叶一起泡出香喷喷的桂花茶，给大家饮用。一连饮了几天桂花茶，全村人的病都好了。桂花香飘全村，驱散了邪气，村中再也没有了灾难。桂花树护佑村民的神奇故事传遍了四周乡里。

村中长者视桂花树为风水树，要求大家保护好，不得毁坏。并将村名"周家庄"改名为"桂花树"。自此，樊家人便定居于此。

黄州的乡亲得知樊家定居在宁国桂花树，有神树护佑，刘、康、陈、蔡、吴姓等乡民又陆续从湖北迁来此地定居。"鸡不叫，狗不咬，半夜起来吃年饭的是黄州佬。"此地乡亲们过年保持湖北黄州半夜吃年饭的风俗，一直到 20 世纪 60 年代才慢慢改变。

湖北黄州移民定居桂花树以后，和当地村民友好相处，辛勤劳作，勤俭持家，慢慢地过上了安定的日子。村民们一直对桂花树敬若神明，精心保护。后人赞颂桂花树曰：

桂花绽放十里香，瘟疫邪气一扫光。

黄州客民勤劳作，四季平安人丁旺。

环城诸山的传说

环城诸山的传说流传在宁国县城一带。传说不知是哪年哪月，有一只青蛙精带领一队喽啰气势汹汹直奔宁国县城，眼看一城百姓要遭殃。就在青蛙精快到城边时，眼前突然耸立起一座山挡住去路。这山不高，山路不宽，树林不深，可青蛙精总感到危机四伏。它问山边茶棚的一个老人，这山叫什么名字？山里可有伏兵？老人是"神仙"下界，有心搭救全城生灵，就正言答道："这山原无名，只因这儿有一条千年乌蛇在修炼，因此叫乌蛇岭（实名巫山岭）。"青蛙精一听，吓得浑身直冒冷汗，自知犯讳，撒腿就跑。老人立即对山喝道："乌仙此时不显灵，难修正果。"话音刚落，只听到轰隆隆，山摇地动，石破天惊，一条几丈长、水桶般粗的乌蛇兀地窜出，挡住了青蛙精的去路。一蛇一蛙立刻争斗起来，整整打了三天三夜，未分胜负。蛇蛙激战，惊动了环城诸山的老虎、狮子、凤凰和金鸡，它们联合起来，对青蛙精群起而攻之。青蛙精终于寡不敌众，被乌蛇一口吞掉。从此，环城无名诸山都有了名字，它们就是现在的乌蛇岭、狮子山、老虎山、凤凰山和鸡山。

田化龙造反的故事

宁国东乡七都波浪（今名阳山）泰山，又名太山、太首山，花岗岩山体，巍峨挺拔、气势雄伟，为宁国东部主要山峰之一，地处宁国、广德两县交界地带，山高林密，居民稀少。唐代高僧黄檗往来宁国、广德时，途经此地，喜爱风景优美，在此建立寺庙，后人称祖师殿，又称祖师庙。晚清广德人张光藻有《太首山晚眺》诗，曰："高岭接天上，夕照下林端。万壑树已暝，一峰光自寒。钟声出寺远，石磴到山宽。归路逢僧话，兹游兴未阑。"又作《金水庵忆太首山寺》，曰："此身曾住翠云巅，静坐参禅阅四年。山势能穷千里目，钟声直下九重天。石栏待月惊仙鼠，竹径迎风听晚蝉。古柏名花无恙否？为君欲订再来缘。"

清廷昏庸腐败，许多人倾家荡产、妻离子散，各地民不聊生，官逼民反，民间充满了对腐败政府的仇恨。在太平天国、义和团革命运动的影响下，广德同仁乡南七堡等地的反清秘密活动风起云涌，席卷皖东南。清光绪庚子二十七年（1901）二月初二，皖浙边界哥老会首领田化龙率领哥老会员及农民千余人，在宁国东乡七都太山祖师庙聚集誓师起义。田化龙，字泽春，浙江孝丰人，原籍湖南长沙县，出生于清咸丰六年（1856）。他身材魁梧，目光炯炯，臂力过人，肩扛200斤货物越山岭如履平地。当时有歌谣："石榴花开火样红，太山造反田化龙。二月初二把山下，七十二个大英雄，你看威风不威风?!"歌谣传遍孝丰、广德、宁国边境一带。

光绪二十七年二月初三，田化龙自号"九千岁""大元帅"，同"元帅"陈自龙、左思龙、朱红龙、万子龙带领72个义军头领和义军队伍浩浩荡荡，高唱着歌谣，向宁国县城进发。行军途中，惊慑省、府、州、县。安徽巡抚王之春闻警，立即电令皖南镇黄本富和浙江、广德等地兴师"围剿"，并令周边四邻乡练扼要堵击。翌日傍晚，义军屯兵河沥溪、巫山岭一带，直逼宁国县城。知县郑思贤强令全城百姓登城固守，夜间以灯笼火把巡回城头，义军误以城内有防，未敢强攻。初五、初六两日，各路清军麇集，对义军形成包围态势，义军奋力反击，终因寡不敌众，临阵殉难三百多人，余皆突围离散。田化龙化装隐匿狮桥夏霖深山区，因奸细密报被捕。二月初八夜同万思益（万四一）、万国华、何文盛等义军首领一起被俘，后押解县城南门山岗被残杀。

田化龙造反，一场震惊皖南的大规模农民起义，前后历时半月，遭清政府镇压而失败。

参考资料

1. 徐川一：《太平天国安徽省史稿》，安徽人民出版社，1991 年。

2. 《马克思恩格斯论中国》，人民出版社，1997 年。

3. 《马克思恩格斯全集》，人民出版社，2006 年。

4. 《孙中山选集》，人民出版社，1956 年。

5. 张一文：《太平天国军事史》，广西人民出版社，1992 年。

6. 北京太平天国历史研究会：《太平天国史译丛》第二辑，中华书局，1983 年。

7. 姜涛：《金田起义再辨析——近代史研究》，中国社会科学院近代史所，1996 年第 2 期。

8. 贾熟村：《对石达开集团的考察》，《河北学刊》，第 6 期。

9. 中国社会科学院近代史所近代史资料编辑室：《太平天国文献史料集》，中国社会科学出版社，1982 年。

10. 中国第一历史档案馆：《清代档案史料丛编》第五辑，中华书局，1980 年。

11. 史仲文：《中国全史·第 083 卷·清代军事史》，中国书籍出版社，2011 年。

12. 太平天国历史博物馆：《太平天国资料汇编》第一册，中华书局，1980 年。

13. 《太平天国运动》，中国政府网。

14. 《太平天国起义》，中国青年网。

15. 《太平天国反抗满清压迫大起义》，凤凰网。

16. 《太平天国失败的原因及其历史教训》，中国新闻网。

17. 《洪秀全从落第秀才到造反领袖》，广西新闻网。

18. 蒋蓝：《太平天国第一王——石达开与雅安》，文汇出版社，2022年。

19. 宋平明：《太平天国狂飙实相》，世界图书出版有限公司，2023年。

20. 《太平天国运动》，百度网络。

21. 《太平天国军事史概述》，中华书局，1982年。

22. 同治光绪《宁国县通志》，《武备志·兵事》《人物志·烈女》等。

23. 民国《宁国县志·大事记》，引自山门程子山著《劫后余生录》。

24. 光绪二十四年《皖志便览》。

25. 史州：《皖志综述》，1987年。

26. 民国《宁国县志·武备志》。

27. 民国《昌化县志·兵氛》。

28. 民国《宿松县志·艺文》。

29. 《安徽近代史》第102、103页。

30. 新编（1997年版）《宁国县志》，《大事记》《军事》等。

31. 宁国文史资料第二、第五辑。